U0484586

胸怀大气
陶诗言传

科学家学术成长资料采集工程
中国科学院院士传记丛书

陈正洪 杨桂芳 ◎ 著

1919年	1938年	1945年	1950年	1980年	1986年	1987年	1996年
出生于浙江嘉兴	免试推荐到国立中央大学	在中央研究院气象研究所工作	在联合天气分析预报中心工作	当选中国科学院学部委员	当选中国气象学会理事长	获国家自然科学一等奖	获何梁何利奖

老科学家学术成长资料采集工程
中国科学院院士传记丛书

胸怀大气

陶诗言传

陈正洪 杨桂芳 著

中国科学技术出版社
上海交通大学出版社

图书在版编目（CIP）数据

胸怀大气：陶诗言传/陈正洪，杨桂芳著．—北京：中国科学技术出版社，2014.1

（老科学家学术成长资料采集工程 中国科学院院士传记丛书）

ISBN 978-7-5046-6484-6

Ⅰ.①胸… Ⅱ.①陈… ②杨… Ⅲ.①陶诗言（1919—2012）-传记 Ⅳ.① K826.14

中国版本图书馆 CIP 数据核字（2013）第 283982 号

出版人	苏 青 韩建民
责任编辑	冯 翔 周晓慧
责任校对	刘洪岩
责任印制	张建农
版式设计	中文天地

出 版	中国科学技术出版社 上海交通大学出版社
发 行	科学普及出版社发行部
地 址	北京市海淀区中关村南大街16号
邮 编	100081
发行电话	010-62173865
传 真	010-62179148
网 址	http://www.cspbooks.com.cn

开 本	787mm×1092mm 1/16
字 数	255千字
印 张	16
彩 插	2
版 次	2014年4月第1版
印 次	2014年4月第1次印刷
印 刷	北京华联印刷有限公司
书 号	ISBN 978-7-5046-6484-6 / K·132
定 价	53.00元

（凡购买本社图书，如有缺页、倒页、脱页者，本社发行部负责调换）

老科学家学术成长资料采集工程
领导小组专家委员会

主　任：杜祥琬
委　员：（以姓氏拼音为序）
　　　　巴德年　　陈佳洱　　胡启恒　　李振声
　　　　王礼恒　　王春法　　张　勤

老科学家学术成长资料采集工程
丛书组织机构

特邀顾问（以姓氏拼音为序）
　　　　樊洪业　　方　新　　齐　让　　谢克昌

编 委 会
主　任：王春法　　张　藜
成　员：（以姓氏拼音为序）
　　　　艾素珍　　曹振全　　董庆九　　胡化凯　　韩建民
　　　　景晓东　　李虹鸣　　廖育群　　罗　晖　　吕瑞花
　　　　苏　青　　王康友　　王扬宗　　夏　强　　张柏春
　　　　张大庆　　张　剑　　张九辰　　周德进

编委会办公室
主　任：张　藜　　许向阳
副主任：许　慧　　张利洁　　刘佩英
成　员：（以姓氏拼音为序）
　　　　崔宇红　　冯　勤　　何继红　　何素兴　　李金涛
　　　　李俊卿　　李惠兴　　刘　洋　　罗兴波　　沈林苣
　　　　万红军　　王传超　　言　挺　　余　君　　张晓华
　　　　周　勇

老科学家学术成长资料采集工程简介

老科学家学术成长资料采集工程（以下简称"采集工程"）是根据国务院领导同志的指示精神，由国家科教领导小组于2010年正式启动，中国科协牵头，联合中组部、教育部、科技部、工信部、财政部、文化部、国资委、解放军总政治部、中国科学院、中国工程院、国家自然科学基金委员会等11部委共同实施的一项抢救性工程，旨在通过实物采集、口述访谈、录音录像等方法，把反映老科学家学术成长历程的关键事件、重要节点、师承关系等各方面的资料保存下来，为深入研究科技人才成长规律，宣传优秀科技人物提供第一手资料和原始素材。按照国务院批准的《老科学家学术成长资料采集工程实施方案》，采集工程一期拟完成300位老科学家学术成长资料的采集工作。

采集工程是一项开创性工作。为确保采集工作规范科学，启动之初即成立了由中国科协主要领导任组长、12个部委分管领导任成员的领导小组，负责采集工程的宏观指导和重要政策措施制定，同时成立领导小组专家委员会负责采集原则确定、采集名单审定和学术咨询，委托中国科学技术史学会承担具体组织和业务指导工作，建立专门的馆藏基地确保采集资料的永久性收藏和提供使用，并研究制定了《采集工作流程》、《采集工作规范》等一系列基础文件，作为采集人员的工作指南。截至2012年底，已启动247位老科学家的学术成长资料采集工作，获得手稿、书信等实物原件资料21496件，数字化资料72310件，视频资料96582分钟，音频资料104289分钟，具有重要的史料价值。

采集工程的成果目前主要有三种体现形式，一是建设一套系统的"老科学家学术成长资料数据库"（本丛书简称"采集工程数据库"），提供学术研究和弘扬科学精神、宣传科学家之用；二是编辑制作科学家专题资料片系列，以视频形式播出；三是研究撰写客观反映老科学家学术成长经历的研究报告，以学术传记的形式，与中国科学院、中国工程院联合出版。随着采集工程的不断拓展和深入，将有更多形式的采集成果问世，为社会公众了解老科学家的感人事迹，探索科技人才成长规律，研究中国科技事业的发展历程提供客观翔实的史料支撑。

总序一

中国科学技术协会主席 韩启德

老科学家是共和国建设的重要参与者,也是新中国科技发展历史的亲历者和见证者,他们的学术成长历程生动反映了近现代中国科技事业与科技教育的进展,本身就是新中国科技发展历史的重要组成部分。针对近年来老科学家相继辞世、学术成长资料大量散失的突出问题,中国科协于2009年向国务院提出抢救老科学家学术成长资料的建议,受到国务院领导同志的高度重视和充分肯定,并明确责成中国科协牵头,联合相关部门共同组织实施。根据国务院批复的《老科学家学术成长资料采集工程实施方案》,中国科协联合中组部、教育部、科技部、工业和信息化部、财政部、文化部、国资委、解放军总政治部、中国科学院、中国工程院、国家自然科学基金委员会等11部委共同组成领导小组,从2010年开始组织实施老科学家学术成长资料采集工程。

老科学家学术成长资料采集是一项系统工程,通过文献与口述资料的搜集和整理、录音录像、实物采集等形式,把反映老科学家求学历程、师承关系、科研活动、学术成就等学术成长中关键节点和重要事件的口述资料、实物资料和音像资料完整系统地保存下来,对于充实新中国科技发展的历史文献,理清我国科技界学术传承脉络,探索我国科技发展规律和科技人才成长规律,弘扬我国科技工作者求真务实、无私奉献的精神,在全社会营造爱科学、学科学、用科学的良好氛围，是一件很有意义的事情。采集工程把重点放在年龄在 80 岁以上、学术成长经历丰富的两院院士，以及虽然不是两院院士、但在我国科技事业发展中作出突出贡献的老科技工作者，充分体现了党和国家对老科学家的关心和爱护。

自 2010 年启动实施以来，采集工程以对历史负责、对国家负责、对科技事业负责的精神，开展了一系列工作，获得大量反映老科学家学术成长历程的文字资料、实物资料和音视频资料，其中有一些资料具有很高的史料价值和学术价值，弥足珍贵。

以传记丛书的形式把采集工程的成果展现给社会公众，是采集工程的目标之一，也是社会各界的共同期待。在我看来，这些传记丛书大都是在充分挖掘档案和书信等各种文献资料、与口述访谈相互印证校核、严密考证的基础之上形成的，内中还有许多很有价值的照片、手稿影印件等珍贵图片，基本做到了图文并茂，语言生动，既体现了历史的鲜活，又立体化地刻画了人物，较好地实现了真实性、专业性、可读性的有机统一。通过这套传记丛书，学者能够获得更加丰富扎实的文献依据，公众能够更加系统深入地了解老一辈科学家的成就、贡献、经历和品格，青少年可以更真实地了解科学家、了解科技活动，进而充分激发对科学家职业的浓厚兴趣。

借此机会，向所有接受采集的老科学家及其亲属朋友，向参与采集工程的工作人员和单位，表示衷心感谢。真诚希望这套丛书能够得到学术界的认可和读者的喜爱，希望采集工程能够得到更广泛的关注和支持。我期待并相信，随着时间的流逝，采集工程的成果将以更加丰富多样的形式呈现给社会公众，采集工程的意义也将越来越彰显于天下。

是为序。

总序二

中国科学院院长 白春礼

由国家科教领导小组直接启动，中国科学技术协会和中国科学院等12个部门和单位共同组织实施的老科学家学术成长资料采集工程，是国务院交办的一项重要任务，也是中国科技界的一件大事。值此采集工程传记丛书出版之际，我向采集工程的顺利实施表示热烈祝贺，向参与采集工程的老科学家和工作人员表示衷心感谢！

按照国务院批准实施的《老科学家学术成长资料采集工程实施方案》，开展这一工作的主要目的就是要通过录音录像、实物采集等多种方式，把反映老科学家学术成长历史的重要资料保存下来，丰富新中国科技发展的历史资料，推动形成新中国的学术传统，激发科技工作者的创新热情和创造活力，在全社会营造爱科学、学科学、用科学的良好氛围。通过实施采集工程，系统搜集、整理反映这些老科学家学术成长历程的关键事件、重要节点、学术传承关系等的各类文献、实物和音视频资料，并结合不同时期的社会发展和国际相关学科领域的发展背景加以梳理和研究，不仅有利于深入了解新中国科学发展的进程特别是老科学家所在学科的发展脉络，而且有利于发现老科学家成长成才中的关键人物、关键事件、关键因素，探索和把握高层次人才培养规律和创新人才成长规律，更有利于理清我国科技界学术传承脉络，深入了解我国科学传统的形成过程，在全社会范围内宣传弘扬老科学家的科学思想、卓越贡献和高尚品质，推动社会主义科学文化和创新文化建设。从这个意义上说，采集工程不仅是一项文化工程，更是一项严肃认真的学术建设工作。

中国科学院是科技事业的国家队，也是凝聚和团结广大院士的大家庭。早在1955年，中国科学院选举产生了第一批学部委员，1993年国务院决定中国科学院学部委员改称中国科学院院士。半个多世纪以来，从学部委员到院士，经历了一个艰难的制度化进程，在我国科学事业发展史上书写了浓墨重彩的一笔。在目前已接受采集的老科学家中，有很大一部分即是上个世纪80、90年代当选的中国科学院学部委员、院士，其中既有学科领域的奠基人和开拓者，也有作出过重大科学成就的著名科学家，更有毕生在专门学科领域默默耕耘的一流学者。作为声誉卓著的学术带头人，他们以发展科技、服务国家、造福人民为己任，求真务实、开拓创新，为我国经济建设、社会发展、科技进步和国家安全作出了重要贡献；作为杰出的科学教育家，他们着力培养、大力提携青年人才，在弘扬科学精神、倡树科学理念方面书写了可歌可泣的光辉篇章。他们的学术成就和成长经历既是新中国科技发展的一个缩影，也是国家和社会的宝贵财富。通过采集工程为老科学家树碑立传，不仅对老科学家们的成就和贡献是一份肯定和安慰，也使我们多年的夙愿得偿！

鲁迅说过，"跨过那站着的前人"。过去的辉煌历史是老一辈科学家铸就的，新的历史篇章需要我们来谱写。衷心希望广大科技工作者能够通过"采集工程"的这套老科学家传记丛书和院士丛书等类似著作，深入具体地了解和学习老一辈科学家学术成长历程中的感人事迹和优秀品质；继承和弘扬老一辈科学家求真务实、勇于创新的科学精神，不畏艰险、勇攀高峰的探索精神，团结协作、淡泊名利的团队精神，报效祖国、服务社会的奉献精神，在推动科技发展和创新型国家建设的广阔道路上取得更辉煌的成绩。

总序三

中国工程院院长　周　济

由中国科协联合相关部门共同组织实施的老科学家学术成长资料采集工程，是一项经国务院批准开展的弘扬老一辈科技专家崇高精神、加强科学道德建设的重要工作，也是我国科技界的共同责任。中国工程院作为采集工程领导小组的成员单位，能够直接参与此项工作，深感责任重大、意义非凡。

在新的历史时期，科学技术作为第一生产力，已经日益成为经济社会发展的主要驱动力。科技工作者作为先进生产力的开拓者和先进文化的传播者，在推动科学技术进步和科技事业发展方面发挥着关键的决定的作用。

新中国成立以来，特别是改革开放30多年来，我们国家的工程科技取得了伟大的历史性成就，为祖国的现代化事业作出了巨大的历史性贡献。两弹一星、三峡工程、高速铁路、载人航天、杂交水稻、载人深潜、超级计算机……一项项重大工程为社会主义事业的蓬勃发展和祖国富强书写了浓墨重彩的篇章。

这些伟大的重大工程成就，凝聚和倾注了以钱学森、朱光亚、周光召、侯祥麟、袁隆平等为代表的一代又一代科技专家们的心血和智慧。他们克服重重困难，攻克无数技术难关，潜心开展科技研究，致力推动创新发展，为实现我国工程科技水平大幅提升和国家综合实力显著增强作出了杰出贡献。他们热爱祖国，忠于人民，自觉把个人事业融入到国家建设大局之中，为实现国家富强而不断奋斗；他们求真务实，勇于创新，用科技为中华民族的伟大复兴铸就了辉煌；他们治学严谨，鞠躬尽瘁，具有崇高的科学精神和科学道德，是我们后代学习的楷模。科学家们的一生是一本珍贵的教科书，他们坚定的理想信念和淡泊名利的崇高品格是中华民族自强不息精神的宝贵财富，永远值得后人铭记和敬仰。

通过实施采集工程，把反映老科学家学术成长经历的重要文字资料、实物资料和音像资料保存下来，把他们卓越的技术成就和可贵的精神品质记录下来，并编辑出版他们的学术传记，对于进一步宣传他们为我国科技发展和民族进步作出的不朽功勋，引导青年科技工作者学习继承他们的可贵精神和优秀品质，不断攀登世界科技高峰，推动在全社会弘扬科学精神，营造爱科学、讲科学、学科学、用科学的良好氛围，无疑有着十分重要的意义。

中国工程院是我国工程科技界的最高荣誉性、咨询性学术机构，集中了一大批成就卓著、德高望重的老科技专家。以各种形式把他们的学术成长经历留存下来，为后人提供启迪，为社会提供借鉴，为共和国的科技发展留下一份珍贵资料。这是我们的愿望和责任，也是科技界和全社会的共同期待。

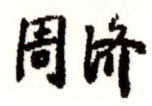

周济

陶诗言工作照

陶诗言为中国气象史研究题词

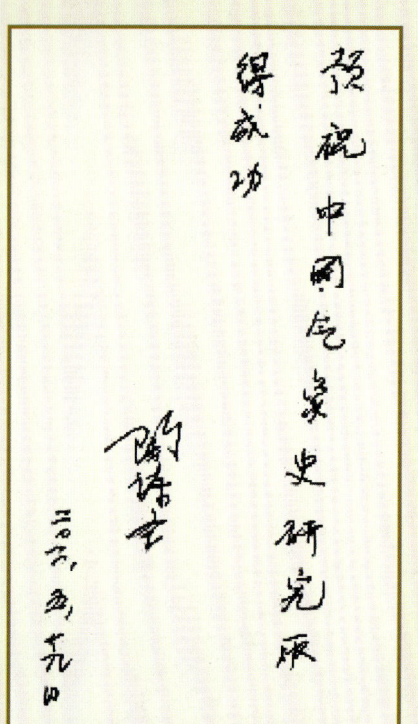

陶诗言接受访谈（右为陶诗言）

陶诗言为采集小组提供线索

序

陶诗言先生是我国天气学和天气预报的科学大师。他一生在天气理论和分析诊断方面做出了重大贡献，同时也在我国天气预报业务发展上起了十分重要的作用。他在70年的学术生涯中以坚忍不拔的毅力和严谨的治学精神在学术上取得了重大成果，在国内外学术界获得很高的声誉。他培养了一批又一批科研与业务人才，我国老一辈的预报员大多是他的学生，可谓桃李满天下。

1962年，我的学年论文得到了陶诗言先生的指导，从此我成为他的学生，至今已50年了。他的治学精神和高尚品德一直是我从事科学研究和待人处事的楷模，一直鼓舞和激励着我不断前进。

我对陶诗言先生的认识主要有五个方面：

首先，陶先生具有勤奋好学和持之以恒的治学精神。他并没有留过洋，却对国内外科学进展、各学派的主要成就十分了解，这使他能够始终站在大气科学的最前沿，总是能够发表真知灼见的关键性意见。直到耄耋之年，他仍然读书不止，笔耕不停，勤奋不减当年。近一二十年，他致力于解决气候预测问题，引领了气候预测业务的进展。在国家气候中心和中国气象局这一领域的每一步进展中，陶诗言先生都针对关键科学问题提出过高屋建瓴的指导性意见。1980年，花甲之年的陶诗言赴美国大气科学研究中心进行了三个月的学习和研究工作。当时，我也在美国，每次我去办公室看他，总见他对许多材料做了大量笔记，构思了许多草图。短短三个月，他独自撰写了一篇论文，并且与我共同写了一篇文章，都发表在美国气象学会会刊上。

第二，陶先生淡泊名利，一生从不为名利所累。对于各种奖项，先生均淡然处之。1992年陶诗言主持的"中国暴雨的研究"获得中国科学院自然科学一等奖。当时评委和课题组成员都建议他继续申报国家奖，但他认为，暴雨是一个十分复杂的问题，我们并没有从根本上解决暴雨的机理和预报问题，还需要继续研究，坚决不同意申报更高级的奖项。1995年在申报他指导多年的"东亚季风研究"奖项时，坚持不列入自己的名字（该项获得了国家科技进步奖二等奖），他认为应该将更年轻的同志排名在前。

第三，陶先生虽然在中科院地球物理研究所和大气物理研究所专门做研究工作，但他从不把自己封闭在象牙塔中，而是走出院所，与业务实际紧密结合。不但经常到中国气象局参加预报会商和业务研究工作，同时也对地方的气象部门和预报员给予指导。他在各种场合的发言从不空谈，而是力求解决实际问题。由于在所有工作中身体力行，陶先生受到了广大业务和研究人员的爱戴。

第四，陶先生具有高尚的学术道德和人品，学风十分严谨。作为他的学生，我的许多文章经过他一字一句的斟酌和修改，对应列的引文和他人观点都一一把关。他的发言和文章内容真切，朴实无华，有很高的实用价值。

第五，陶先生有着深厚的国学知识和文字功底。凡他写的文章，言简意赅，切中实质，无不见文学功力，使人读来深受启发，有豁然开朗之感。对于他深厚的文字功底和善于抓住本质的能力我深有体会。文章经他修改，真是蓬荜生辉，用现今流行的语言说就是亮点突出或凸现。这说明，他终生所学均化为了自己的智慧，以至于能够驾轻就熟地阐述。

陶先生的成长之路说明，一个人要达到科学顶峰绝无捷径可走，必须付出毕生的精力。陶先生一生攀登不止，坚忍不拔，所以他才能成为一位学术大师。他为我们后辈树立了一个永远的榜样，值得当代学生和青年们继承和学习。

丁一汇
2011年10月22日

丁一汇，陶诗言学生，中国工程院院士。

目 录

老科学家学术成长资料采集工程简介

总序一 ·· 韩启德

总序二 ·· 白春礼

总序三 ·· 周　济

序 ·· 丁一汇

导　言 ·· 1

| 第一章 | 观察量雨的学子 ··· 7

"陶之大户"中的故乡和童年 ·· 7
快乐的足球中锋 ··· 10
在动乱的社会打下扎实的基础 ·· 13

| 第二章 | 中国第一批大气专业本科生 ·· 20

　　转入气象冷门 ··· 20
　　松林坡上读书声 ··· 24
　　毕业与助教 ··· 28

| 第三章 | 中研院气象研究所的学术摇篮 ······································ 32

　　重庆北碚　大开眼界 ··· 32
　　北极阁前的雪松 ··· 42
　　温馨的精神港湾 ··· 52

| 第四章 | "预报员"生涯 ·· 55

　　联合天气分析预报中心副主任 ··· 55
　　天气预报的风险 ··· 61
　　批判苏联平流动力理论 ··· 66
　　总结经验和人才培训 ··· 69

| 第五章 | 经典之作：东亚大气环流的研究 ···································· 73

　　中国寒潮的研究 ··· 73
　　Tellus 上的三篇著名论文 ··· 76
　　东亚大气环流的扩展研究 ··· 80

| 第六章 | 中国卫星气象学的开拓者 ·· 83

　　"两弹"试验中气象保障的功臣 ······································· 83
　　气象卫星数据的接收与应用 ··· 87
　　202训练班 ··· 92

| 第七章 | 学术高峰之中国暴雨研究 | 96 |

对中国暴雨机理的深入分析 …… 96
"75·8"暴雨大会战 …… 99
《中国之暴雨》 …… 103
暴雨的后续研究 …… 105

| 第八章 | 东亚季风：指引研究方向 | 110 |

提出了东亚季风系统的重要概念 …… 110
中方首席科学家 …… 113

| 第九章 | 走向世界的大学者 | 117 |

研究气象灾害的领军人物 …… 117
推进国内外学术交流 …… 119
两次青藏高原大气科学试验 …… 124

| 第十章 | 精心栽培大气科学人才 | 129 |

勤奋一生育桃李 …… 129
培养出的院士——丁一汇 …… 133
半个世纪师生情 …… 141

| 第十一章 | 闲不住的晚年生活 | 146 |

结　语　本土成长的气象学一代宗师 …… 154

附录一　陶诗言年表 …… 182

附录二　陶诗言主要论著目录 …… 216

参考文献 …… 230

后　记 …… 234

图片目录

图 1-1　嘉兴的石桥……8
图 1-2　甸上陶家旧居外墙……8
图 1-3　嘉兴实验小学王琬青女士肖像……10
图 1-4　陶诗言给嘉兴实验小学（当年集贤小学）百年校庆的回信……11
图 1-5　浙江省嘉兴一中历史沿革图……13
图 1-6　现嘉兴一中校园全景……14
图 1-7　宁海中学校门……16
图 1-8　南京宁海中学校友陶诗言征询表……17
图 1-9　陶诗言中央大学学籍表……19
图 2-1　顾震潮……22
图 2-2　中央大学气象专业同学合影……23
图 2-3　2011 年陶诗言在家中与黄士松叙谈……24
图 2-4　陶诗言和黄士松在学术会议上……25
图 2-5　陶诗言南京大学学业成绩表……28
图 3-1　国立中央研究院南京北极阁气象研究所……34
图 3-2　在北极阁气象台施放高空测风气球的场景……35
图 3-3　赵九章……37
图 3-4　涂长望……38
图 3-5　1945 年陶诗言在中央研究院气象研究所的学术报告通知（一）……41
图 3-6　1945 年陶诗言在中央研究院气象研究所的学术报告通知（二）……41
图 3-7　陶诗言学术报告内容记录……41
图 3-8　北极阁照片……45
图 3-9　北极阁一侧办公楼……46

IV

图 3-10	1985年陶诗言站在北极阁自己种的雪松前	46
图 3-11	1948年度中央研究院气象研究所聘任研究人员名单	47
图 3-12	罗斯贝	48
图 3-13	赵九章全家	50
图 3-14	竺可桢"求是精神"题词	51
图 3-15	曾在北极阁工作的代表合影	52
图 3-16	张志伦年轻时的照片	53
图 3-17	陶诗言与夫人张志伦在家中	53
图 4-1	"联心"三主任合影	57
图 4-2	"联心"旧址所在地	58
图 4-3	1954年8月25日中国气象学会第二届全国会员代表大会	67
图 4-4	《中国短期天气预报手册》第一分册《东亚大型天气过程》封面书影	70
图 4-5	《高空分析与天气预告》封面书影	71
图 5-1	发表在 *Tellus* 上的文章	77
图 5-2	东亚大气环流研究获国家自然科学奖一等奖证书	80
图 5-3	《中国夏季副热带天气系统若干问题的研究》封面书影	82
图 6-1	方宗义	86
图 6-2	陶诗言荣立一次二等功喜报	87
图 6-3	陶诗言荣立大功一次喜报	87
图 6-4	低分辨率极轨气象卫星云图接收机天线	88
图 6-5	陶诗言研究小组用过的仪器设备	89
图 6-6	《卫星云图的接收和分析》封面书影	91
图 6-7	美国 Gerd Wendler 向陶诗言索要青藏高原卫星图片的信件	91
图 6-8	202训练班照片	93
图 6-9	《卫星云图使用手册》封面书影	93
图 6-10	1985年获国家科学技术进步奖三等奖证书	94
图 6-11	1987年获国家自然科学奖三等奖证书	95
图 7-1	《中国的梅雨》封面和封底书影	97
图 7-2	"75·8"河南特大暴雨破坏的京广铁路,50吨的火车车厢被冲走五公里,铁轨被扭成麻花形	100
图 7-3	"75·8"暴雨中的灾民	101

图7-4	《中国之暴雨》封面书影	103
图7-5	黄河水利委员会翻印《暴雨》的讲义	106
图7-6	《1998夏季中国暴雨的形成机理与预报研究》封面书影	108
图7-7	《长江流域梅雨锋暴雨灾害研究》封面书影	108
图8-1	1994年亚洲季风及其变异国际研讨会在广州召开	113
图8-2	1985年陶诗言率领中国季风代表团到美国Monterey参加中美季风研讨会，与美国海军研究院副院长Shrady合影	115
图9-1	1982年中美山地气象学会议	120
图9-2	第20届中国气象学会理事合影	121
图9-3	陶诗言随团访问台湾	123
图9-4	陶诗言在中国文化大学授予荣誉博士仪式上发言	124
图9-5	《西藏高原气象学》封面书影	125
图9-6	第二次青藏高原试验专家组	126
图10-1	1979—1981年中科院研究生院课程表	130
图10-2	陶诗言给学生的批注	130
图10-3	2005年5月12日陶诗言写给学生吕俊梅的信件	131
图10-4	陈隆勋	133
图10-5	丁一汇	134
图10-6	徐国昌	141
图10-7	陶诗言与徐国昌	142
图10-8	陶诗言给徐国昌的回信	143
图11-1	2008年在大气物理研究所天气会商中发言	149
图11-2	陶诗言在甘肃燧峰山留影	152
图结-1	大气所王会军所长在陶诗言九十华诞学术研讨会上发言	159
图结-2	曾庆存院士在陶诗言九十华诞学术研讨会上发言	159
图结-3	比亚克里斯	160
图结-4	陶诗言指导天气会商	161
图结-5	陶诗言在纪念竺可桢诞辰120周年座谈会上发言	168
图结-6	邹竞蒙	169
图结-7	1995年受聘为国家气候中心专家咨询委员会委员	169
图结-8	中央气象局党组向中央组织部商调陶诗言任职的报告	170
图结-9	陶诗言和叶笃正在1978年全国科学大会上	171

图结-10	叶笃正九十华诞庆祝会上合影	172
图结-11	两位寿星合影	172
图结-12	陶诗言在顾震潮纪念会上发言	173
图结-13	陶诗言先进工作者核定通知书	174
图结-14	陶诗言部分荣誉证书	175

导 言

　　陶诗言院士是当代中国著名的气象学家，是我国天气预报理论和方法的开拓者之一，是国际知名的大气环流和季风研究专家。陶诗言1919年出生于浙江省嘉兴县，1942年毕业于中央大学地理学系，1944年进入中央研究院气象研究所，跟随我国著名气象学家竺可桢、赵九章等从事科研工作。20世纪50年代，他从北半球大气环流出发，提出影响我国的寒潮路径，大大提高了寒潮预报水平。60年代，他为我国"两弹"试验提供了准确的气象保障。他也是中国卫星气象事业的开拓者，最早将卫星资料用于我国天气分析和预报，填补了中国卫星气象的空白。70年代，针对我国暴雨灾害的严重性，陶诗言对暴雨以及中、小尺度系统的天气学特征及动力学进行了系统而全面的研究，大大提高了对我国暴雨系统的认识。80年代后，他对东亚季风变化和异常、成因与预测进行了系统研究，使我国在季风研究方面跨进世界先进行列。陶诗言还对气候预测和气象灾害进行深入研究，取得了一些重要成果。陶诗言大力推动两岸气象界的交流与合作，得到两岸气象界同仁的肯定与尊崇，推动中国气象学界走向世界，为我国大气科学赢得良好的成长空间。即便退休之后，陶诗言在耄耋之年，仍以"老骥伏枥，志在千里"的精神，为我国的大气科学事业作出重要贡献。

　　陶诗言的一生始终站在国际气象科学前沿，将国家重大需求作为自己的研究任务和方向。陶诗言院士为我国当代天气预报的理论和实践撰写了许多论著，已发表科学论文170余篇，著作（专著、合著、译著）30多部，在国际大气科学界享有崇高的声望。比如20世纪60年代日本《气象纪要》杂志的某一期有一半以上篇幅用来登载陶诗言院士的学术论文；1978年10月陶诗言作为会议主席主持召开了由世界气象组织（WMO）委托组织的国际台风会议，有50多个国家专家参加，这在当时大大提高了中国气象学界的国际声望；陶诗言一直担任中美关于大气CO_2气候效应合作研究的中方首席科学家，多次应美国、日本、法国等国家邀请进行学术交流和讲学。

陶诗言院士对中国气象事业的贡献，得到了国家和人民的信任与尊敬。1978—1984年陶诗言院士担任中国科学院大气物理研究所副所长、代所长；1978年获全国科学大会奖，1980年当选为中国科学院学部委员（院士）；1978—1992年当选为第五届、第六届及第七届全国政协委员；1982年被选为第20届中国气象学会副理事长，1986年当选第21届中国气象学会理事长；1987年因东亚大气环流研究（与叶笃正院士等合作）获国家自然科学奖一等奖；他的"中国之暴雨"研究获1992年中国科学院自然科学奖一等奖。由于成就突出，他于1996年获何梁何利基金科学与技术进步奖。1977—1996年任联合国世界气象组织大气科学委员会中国首席代表；1988—1992年任第四届科联和联合国世界气象组织联合科学委员会（JSC）委员等。

根据"老科学家学术成长资料采集工程"的总体部署，采集小组进行了大量的陶诗言成长资料采集和学术成长研究工作。为了全面还原陶诗言一生的学术成长和人生轨迹，我们综合了科学技术史、科学技术哲学等学科理论，采取了包括人物访谈、档案查阅与资料考证、图片收集和分析、音视频采集和整理、工作场所的考证、文本分析与解读以及对比验证等研究方法，力求真实、全面、科学地反映陶诗言一生的学术成长及其规律。

采集小组广泛收集了陶诗言公开发表和没有公开发表的国内外文献和书籍，收集的著作包括《高空分析与天气预告》、《锋生与高空变形场的改变》、《大气环流》、《中期天气预告》、《西藏高原气象学》、《北半球冬季阻塞形势的研究》、《中国夏季副热带天气系统若干问题的研究》、《平流层大气环流及太阳活动对大气环流影响的研究》、《平流层大气环流的研究》、《中国夏季副热带天气系统若干问题的研究》、《卫星云图在天气分析和预报中的应用》、《热带天气预告手册》、《大气的锋》、《中国之暴雨》、《中国的梅雨》等多部早年原版著作（译著、合著等）书籍；收集发表论文170多篇；重要传记资料13份。由于战乱、社会变革、单位变迁等原因，目前陶诗言尚存的未公开出版手稿、信件较少，为此我们通过报刊征集和私人通信等各种方式，与陶诗言院士的学生、同行、家属和朋友多次交流，征集到一些珍贵的史料。不可否认，这些材料为系统揭示陶诗言人生经历和研究积累，特别是成长规律，提供了一些清晰的历史脉络。

在查阅资料、整理和比对核实方面，我们先后赴上海、浙江嘉兴、江苏南京、北京等地进行了信息和资料的收集，其中包括浙江嘉兴实验小学档案室、嘉兴一中档案室、宁海中学档案室、南京大学档案室和博物馆、江苏气象局北极阁气象博物馆、南京第二历史档案馆、上海图书馆、中国科学院大气物理研究所档案馆、中国气象局图书馆和档案馆、国家图书馆等，力求完整地搜集陶诗言院士求学和工作期间的档案材料，包括大学学籍表、成绩单、科研资料等。另外，我们对陶诗言工作过的原中央研究院北极阁气象研究所、大气物理研究所办公室等进行实地探访，考察了主要气象观测设施和陶诗言工作的办公室等场所等。在陶诗言家中详细采集了陶诗言的工作和生活现状，并完成了实物材料的搜集、整理。我们试图通过宏观的考察和微观分析和描述，详细解析并完整还原陶诗言及其研究团队的科研工作氛围和生活状况。

在全面了解学科背景和资料文献的基础上，采集小组对陶诗言院士进行了多次专题访谈，对陶诗言求学期间所在的嘉兴实验小学、嘉兴一中、宁海中学、南京大学（原中央大学）的有关老师，以及最早工作的北极阁和后来的中国科学院大气物理研究所和中国气象局的同行等进行了专门访谈，对其学生丁一汇院士等、助手卫捷教授、大学同学黄士松教授和学生兼同事徐国昌教授、其子陶礼光教授和相关的朋友进行了逐一访谈。通过访谈，尽可能挖掘陶诗言学术成长经历的具体细节和学术思维的重要节点，重点厘清了目前已有文献和记录中不尽详细的关键信息。

在学术成长规律方面，研究组对陶诗言的专著、论文进行了详细分类整理，迄今为止，陶诗言共发表著作（专著、合著、译著）31部，论文170多篇，获得科技成果和各种荣誉24项。通过研究，采集小组对陶诗言的学术经历有了较为深入的理解，对于陶诗言的学术传承、求学、科学研究历程和科学思维的形成，特别是他对当代中国气象学发展促进等基本问题的理解有了更多的思考。另外，我们还结合科学哲学、科学史的研究方法，详细考证了历年的《中国气象报》、中国科学院大气物理研究所的大事年表以及国内外有关气象学期刊等文献，考察并研究了国内外气象学学科发展历程、学术和历史大背景，比如陶诗言积极倡导和组织的两岸学术交流以及赴国外的多次考察、国际合作与交流等、陶诗言组织的主要学术活动和会议，对气象学主要进展的建议等。

通过这些工作，采集小组希望能更深入地阐述陶诗言的求学、教育、科研和学术成长的历程和规律，并藉此反映当代中国大气科学发展的本土特性，提升这本研究传记的学术价值。

经过近两年的努力，采集小组完成了陶诗言学术成长规律研究和学术传记。由于目前还没有一本专门的陶诗言传记，较之之前已有的文献，本书的资料更加翔实、内容更加丰富，其中不乏涉及了更多的历史细节。本书将陶诗言置于国内外气象学发展的特定阶段和学术创新的大学科背景下，考察长辈、同行对陶诗言学术成长的潜移默化的影响，探讨陶诗言学术成长的本土特征，探索陶诗言人生轨迹与气象学发展之间的密切关系等。陶诗言院士的学术视野非常宽广，在人才培养和团队建设方面有自己独特的见解。陶诗言虽然没有海外留学经历，最高学历是本科，但在实践中逐渐成长为国内外公认的气象学家，是本土成长起来的气象学一代宗师，他的成长案例也是中国当代大气学科本土特性的典型代表。

在研究报告的结构安排上，我们突出了时间主线，以陶诗言学术成长的重要时间节点和关键转折点作为章节划分的标准，同时考虑到陶诗言学术思想脉络的形成和主要贡献进行详细阐述。第一章描写陶诗言少年求学的状况，如何在动乱的年代打下扎实的知识基础。第二章阐述了他成为中国第一批大气科学本科生的历程。第三章研究了新中国成立前陶诗言在中央研究院气象研究所的学术训练和积累。第四章讨论了陶诗言在联合天气分析预报中心做预报员的工作，从中积累了大量宝贵的天气实践知识。第五章开始阐述陶诗言的学术贡献，这一章主要介绍在大气环流等方面的科学贡献。第六章阐述陶诗言对中国卫星气象学的开拓和应用。第七章记叙了在"75·8"暴雨之后，陶诗言对中国暴雨的专门研究。第八章描述了他对东亚季风的研究和引领。第九章阐述了陶诗言推动两岸交流和国际合作，同时把中国大气科学推向世界舞台。第十章论述了陶诗言培养学生的感人情景。第十一章记述了陶诗言继续发挥余热，勤奋做科研以及丰富多彩的晚年生活。最后在结语中探讨了陶诗言学术成长的规律，在本土成长为一代宗师的主客观条件。

陶诗言是中国本土成长起来的气象学一代宗师，他胸怀大气、一生求索的精神也许不是一本书所能尽述，就以采访中陶诗言说过的两句话作为导言的结语。

"我有一个要求，中国有句古话：誉人不择己美，毁人不择己恶。不要把我写得太好了。"

"我最后总结我成功的三句话：自身的努力，良好的师友，还有机遇。"

第一章
观察量雨的学子

陶诗言身上很多经历和个性品质，往往可在他的童年和故土中寻到踪迹，并且刻上一生的印记，难以磨灭。

"陶之大户"中的故乡和童年

嘉兴位于浙江省东北部、长江三角洲杭嘉湖平原腹心地带，是长江三角洲的重要城市之一。嘉兴物华天宝，社会文明程度较高，人民素质较好。历史上经济文化发达，传统文化底蕴深厚，养成崇文重学，并且重气节、守道德的民风。近代嘉兴对封建意识摆脱得较早，对新鲜事物敏于接受与学习。

嘉兴是一座有特殊文化底蕴的城市，嘉兴境内有一大批名人故居和纪念馆、陈列馆，正所谓自古人杰地灵、名人辈出，特别是文化名人在中国历史上占有重要地位，比如近现代有商务印书馆张元济、爱国民主人士沈钧儒、国学大师王国维，艺术家、教育家李叔同（弘一法师）、文学巨匠茅盾、新月派诗人徐志摩、漫画宗师丰子恺、数学家陈省身、武侠小说家金庸等。1919年8月1日，陶诗言出生于浙江省嘉兴县一个知识分子家庭。陶诗言的家族在当地属于望族，祖上出过一些官员，做过最大的官是知府，家族最旺的时候是乾隆年间，直到在清朝嘉庆以前家族还是很富有。太平天国运动之后，家族逐渐衰败，开始没落。不过陶诗言小时候，家族相比周围居民还比较富有，因此得以受到良好的启蒙教育，陶家家庭教育比较严，形成了良好的家风，这对于陶诗言早期的成长起到了一定的熏陶作用。如果今天去追寻过去的足迹，就会发现江南美丽的风光和深厚的诗书文化底蕴对陶诗言的早年成长起到潜移默化的作用，对其为人、做事、研究都有潜在的影响。

陶诗言在嘉兴这样美丽灵秀的地方出生成长，度过了人生的最初阶段。家乡的熏陶和烙印一直跟随他一生，陶诗言小时候住的地方叫集街，如今已改成了嘉兴市宽阔的中山路，大路延伸段一直往西拓展，只需半个小时就可以直通水乡乌镇。

陶诗言儿童时期，陶家在嘉兴王江泾附近还有几百亩田地、几百间房子（有传说上千间房子），被当地人称为"陶之大户"。陶诗言有兄弟姐妹六人，陶诗言排行老二。

图1-1　嘉兴的石桥（摄影：陈慧、沈艳）

图1-2　甸上陶家旧居外墙（传说中甸上陶家那千余间的宅屋，如今只剩下"大园42号"的三间。）（摄影：陈慧、沈艳）

父亲陶传鼎在嘉兴当小学教师，他不甘心守着家产就此度过一生。1933年陶传鼎的同学当时在国民政府里担任官职，他就跟着到了南京国民政府，做了一个小官。在国民党政府机关任公务员，陶传鼎的收入比在嘉兴当小学教员高得多，但也导致日后与陶诗言天各一方。新中国成立前夕，陶传鼎作为国民政府职员，不得不跟随国民党军队到达台湾。此前陶诗言的大哥与三弟于1946年抗战胜利之后已经先行到达台湾。1949年陶诗言和老四、老五、老六留在大陆照顾母亲。从此陶诗言与父亲和两个兄弟，相望两岸，多年不曾联系。

陶传鼎生前从来不愿多麻烦人，90多岁了，也是从来不会主动要求孩子帮他做什么事情，按他的话说能不麻烦别人就不麻烦别人，比如90多岁还自己洗澡，不让儿子帮忙。这一点陶诗言很像他父亲，不愿给别人增添麻烦。陶诗言的儿子陶礼光是教育学教授，他说："我的三叔三婶，即便90多岁都不去麻烦别人，我三叔跟我谈到，祖父遇到什么事情都是替别人考虑，没有说从自己的角度考虑，特别不愿去麻烦别人。我爸爸也是这样的人，这点给我的影响是很深刻的。"[①]

陶诗言的母亲没有什么文化，是一位勤劳、善良的家庭妇女，对人十分友善，跟邻里之间相处非常好。她虽然没有读过书，但她对周围所有的人都特别好，陶家当时还有佣人，她对佣人很和善，仿佛一家人。正所谓善有善报，陶诗言的母亲在后来新中国成立前土改和新中国成立后"文化大革命"中都没受过冲击，因为当年所有的贫下中农都为她说好话，没有说她不好的，她一直在嘉兴陶家的老家过着平平淡淡的生活。陶礼光说："没有人说我们陶家是什么地富分子。我是共和国的同龄人，共和国所有的事情我都经历过，各种类似运动我也见过，但是我奶奶在什么运动中都没有受牵连，当地人都说她很好。"[②]

嘉兴当地的所有街坊邻居在陶诗言小时候就一致公认：陶家的人都是非常聪明的，特别善待别人；陶诗言的几个兄弟姐妹非常聪明，将来读书应该都没问题。正如邻居们慧眼所识，陶诗言的兄弟姐妹个个聪明好学，

---

① 陶礼光教授访谈，2011年3月16日，北京。资料存于采集工程数据库。

② 同①。

最后都学有所成。据陶诗言讲述,陶诗言三弟的外语非常好,新中国成立前曾在中国西南当过美军的翻译,还擅长财务结算;四弟是学经济的,曾在上海的一家公司任高级职员;五妹是上海的地下党员,后来在上海南洋一中做校长,新中国成立后曾任上海杨浦区教育局副局长;六弟曾为南京中央大学土木系教授。陶诗言的侄儿辈也都各有成就,这大概可以说明陶家有良好的家风和教育环境,这对陶诗言的早年成长很有帮助。

显然,在南方诗书文化中,父母和家庭对孩子成长有着非常重要的潜移默化的熏陶作用,陶诗言的父亲为理想而奋斗的精神影响着陶诗言一生勤勉努力,陶诗言母亲的待人友善促使他总是能和周围保持良好的人际关系。陶诗言就在这样一个平和温暖的大家庭中安静地度过了童年。1927年,八岁的陶诗言进入当地一所著名的小学读书。

快乐的足球中锋

陶诗言最初在集贤小学(现在叫嘉兴市实验小学)读书。集贤小学原是王琬青女士在嘉兴城内道前街贞节祠首创的道前街女子小学堂,后曾改名为嘉兴县立第三小学、嘉兴县集贤小学、嘉秀镇第一中心国民学校等,新中国成立后更名为嘉兴建设中心小学,1987年被命名为嘉兴市实验小学。

嘉兴市实验小学创建于1905年9月,其前身为秋瑾好友王琬青女士创办的"道前街女子小学堂",1919年更名为"嘉兴县立第一女子小学"。1928年2月,改名为"嘉兴县立第三小学",开始

图1-3 嘉兴实验小学王琬青女士肖像

男女生合校。1929年改名为"集贤小学"。这一时期学校以教学成绩优良而闻名。1937年7月,抗日战争爆发,学校被迫停办,原校址后由日伪设立"嘉兴县立模范小学"。抗战胜利,由嘉兴县政府接收学校,并改名为"嘉兴县湖光镇中心国民学校"。1947年2月,学校改名为嘉秀镇第一中心国民学校[①]。

当年的集贤小学也称嘉兴第三小学,学校非常重视体育活动,早在1915年12月,在庆祝建校十周年时,就举行过学校运动会,有18所小学到会致贺,全校学生积极参加,家长积极参与,组成啦啦队,帮助缝制运动服装。在1930年11月举行的全县第二次联合运动会上,集贤小学团体操练得96.5分,获得冠军,另获小学女子甲组和女生乙组田径赛分组中各得第一名[②]。在这样的氛围中,陶诗言得到良好的运动熏陶。

陶诗言的父亲陶传鼎当时还是嘉兴第二小学教师,后来成为该校总务主任。陶诗言小学一年级在集贤小学学习并住校,所以父亲并没有直接教过陶诗言。嘉兴第二小学离家较远,陶传鼎每个星期回家看望家人,陶诗言1928年从嘉兴第三小学(就是集贤小学)转到父亲所在的嘉兴第二小学。陶诗言在集贤小学读书时间虽然不长,但是却有很深的感情,这所小学百年校庆时,陶诗言回复了一封热情洋溢的信。

少年时代的陶诗言聪颖好学,酷爱体育运动,曾是一位出色的足球中锋。陶家原先房子后面就是个足球场,陶诗言经常在自家后面的足球场踢球。陶诗言从小足球踢得很好,连他的小学老

图1-4 陶诗言给嘉兴实验小学(当年集贤小学)百年校庆的回信

---

① 嘉兴实验小学校史编写组,《悠悠百年》,内部材料。
② 同①。

第一章 观察量雨的学子

师回忆起那时情景都说："陶诗言小时候太顽皮了，一天到晚踢足球。"陶诗言爱踢足球陶冶了他的情操，增强了他的体魄。不过玩得过多就会出现小问题，小时候陶诗言还因过于贪玩足球惹了祸。小学5年级时有一次踢足球，不仅影响了学习，还跟别的小朋友打了一架，对方的头被打破了一点小口，陶诗言被老师狠狠训斥了一顿。这大概是一生温文尔雅的陶诗言小时候为数不多的几次"战斗"之一。被老师训斥使陶诗言很后悔，从那以后陶诗言学习非常勤奋，成绩一直很好，再也没有与别的同学发生过什么冲突。

在我国近代，嘉兴等地较早接受西方民主思想，因此，嘉兴的各级学校教育思想在当时比较先进。陶诗言小学不用再念"四书"、"五经"，一直接受的是现代西式教育，这对他未来成长有个好的起点。陶诗言说："假使我那时候上私塾的话，也许我的文学就学得很好了。但我从小学开始就直接受西式教育。"①

尽管离开家乡很多年，但是回忆起家乡，陶诗言充满感情，陶诗言至今还会说嘉兴方言。陶诗言说："我现在讲话就是南腔北调，有时嘉兴的人来，他们就说一下子能听出我嘉兴的声调。嘉兴方言我还能说许多话。大概2010年我回嘉兴一趟，当时在嘉兴待了一天，去嘉兴南湖玩。当我从游船上来的时候，我听到一个卖东西老太太的吆喝，非常典型的嘉兴话，我听了之后非常亲切，我已经60年没听到家乡话了，非常亲切。我对家乡有很深的感情。故乡的感情嘛，这个不能没有。他们学校100周年的时候②打电话让我去参加，后来我考虑身体原因不敢去。我与对方电话里讲话的时候，（对方）一听，她就说您这就是地道的嘉兴话。我说我自己是'少小离家老大回，乡音无改鬓毛衰'，后面两句我改写了，就是'旧日街道看不见，嘉兴完全变新颜'。"③

读到小学5年级，刚巧嘉兴一中办春季班，1932年1月，小学还没毕业的陶诗言就报考嘉兴一中，结果跳级进入嘉兴一中初中部。

---

① 陶诗言院士访谈（1），2010年9月28日，北京。资料存于采集工程数据库。
② 嘉兴实验小学100周年校庆，邀请陶诗言参加。
③ 同①。

在动乱的社会打下扎实的基础

嘉兴中学读初中

陶诗言中学期间的学习几乎都是在学校搬迁和动乱的社会背景下进行的,所以陶诗言对知识更加渴望,对学习机会更加珍惜,学习更加认真,从而打下了扎实的知识基础。

1932年进入中学后,陶诗言放弃了所有爱好,发奋读书,一跃成为全校的优秀生。1933年,陶诗言的父亲陶传鼎到南京国民政府机关任公务员,全家都搬到南京,只有陶诗言一个人在嘉兴上中学,并在嘉兴住校,暑假时候才回到南京家里与父母团聚。

陶诗言就读的嘉兴一中(嘉兴中学)是当地著名的中学,历史上培养过许多杰出人才。

嘉兴市第一中学以历史悠久、名师众多、人才辈出而著称,其前身嘉兴府学堂创办于1902年。辛亥革命后,学校改称浙江省立第二中学,抗战时期更名为浙江省立嘉兴中学。1937年11月抗战期间迁校至丽水碧湖。1946年恢复省立嘉中。1954年起改为嘉兴市第一中学。学校自创办以来,培养学生三万多人,校友遍布国内外,其中名人辈出,包括:辛亥革命时期著名人士范古农、

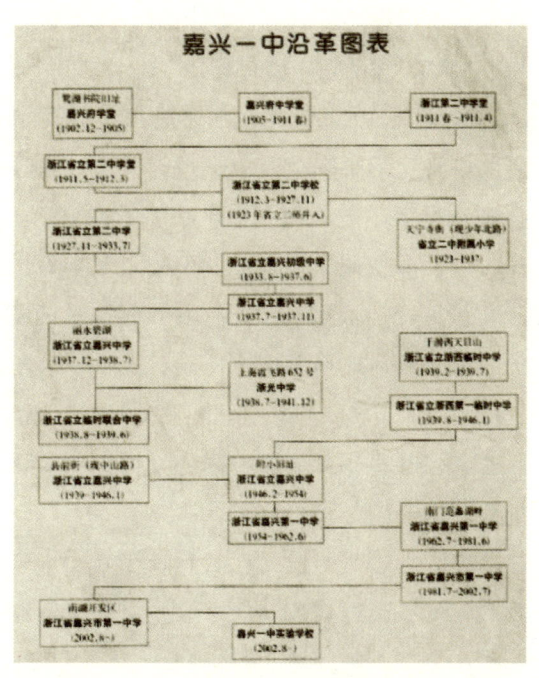

图1-5 浙江省嘉兴一中历史沿革图(资料来源于《浙江省嘉兴一中建校100周年纪念特刊》)

第一章 观察量雨的学子

图 1-6　现嘉兴一中校园全景（资料来源：http://www.jxedu.net.）

褚辅成，文史界知名学者钱玄同、朱希祖，教育家张印通，著名文学家、作家沈雁冰（茅盾）、郁达夫、查良镛（金庸），中国科学院院士汪胡桢、张钟俊、丁舜年、陶诗言、程裕琪、屠守锷，中国工程院院士屠善澄、吴祖垲、吴澄、沈世钊、潘君骅，等等。

　　20世纪30年代的嘉兴还是一个很简陋的城市，那时发电比较少，所以路灯晚上只亮一会儿就会熄灭。陶诗言在嘉兴一中读书时，按当时管理体制，学生还被称作"童子军"，学校管理比较严格，平时不让学生随便出校门。即便周末也是如此，周六下午有出校机会，如果学生想出校，必须要跟训导员报告后才能出去，而且出校要拿个铭牌，到校门口经过门卫验看铭牌后，才可以出去。周日上午一般不让学生出校。陶诗言回忆这段初中生活，记忆深刻，他说："初中管得紧，因为父亲在南京，我孤零零一个人住在嘉兴一中学校内，学习也比较认真。我还记得当时给我们上课的许多老师的音容笑貌。"[①]

　　嘉兴一中当时已是西式教育模式，主要课程包括学习物理、化学等现代科学知识，这对陶诗言未来走上科学道路无疑是不可缺少的。由于嘉兴

---

① 陶诗言院士访谈（1），2010年9月28日，北京。资料存于采集工程数据库。

中学对陶诗言一生影响很大，所以陶诗言对嘉兴中学十分感恩，无法忘怀，心中充满对任课老师的深厚感情。岁月过去了 70 多年，陶诗言看着当年嘉兴中学一些老师的照片，竟然能清晰地记得每个任课老师的姓名和所教的课程，并且还记得老师对自己的教诲。比如陶诗言清晰地记得他当时在嘉兴一中上学时的校长是张印通；还比如初中一年级时，教生物的老师发现陶诗言的头发总是比较长，就跟陶诗言说，头发该理啦，总共说了三次，陶诗言才去理发。不过经过生物老师教导，后来陶诗言头发一长，就自觉地去理发。

由于陶诗言学习用功，陶诗言的学习成绩往往都是 80 分以上，这在班上属于最好的成绩，每年都能拿到奖学金。在研究陶诗言学术成长规律时，采集小组希望能从陶诗言中学时期探寻到他日后走上科学研究之路的蛛丝马迹。但是陶诗言说当时并没有什么要做气象的想法，如果仔细考察与气象相关的经历，就是曾经有一次观察雨量的经历。陶诗言说："在中学的时候，我也没有什么远大理想，就是希望考得好的成绩。那时嘉兴还没有气象局。（当时）就是整个嘉兴地区也没有雨量站，就是委托嘉兴一中看门的门房，下雨了量一量下了多少雨量。1932 年，我在嘉兴中学念书时，有次看到门房在量雨量。我当时很奇怪，就去问门房量这个干吗。现在看来，当时他量雨量一点也不准确，那时我也不知道怎么回事。后来想不到我念了气象，干了气象。"这件小事或许可以看成是"上天"早已安排好这位气象学的一代宗师在早年学习气象的一个端倪吧。

1936 年，陶诗言本应在嘉兴中学初中部毕业。1935 年暑假陶诗言回到南京后，发现南京中学高中部在招生。当时教育体制中，中学也可以进行同等学历招生，就是初中没有毕业也可以报考高中，但它的录取名额不能超过总数的 5%。因为当时陶诗言只在初中读了两年半，没有正式的初中毕业证书，陶诗言就凭学校发的一个学习证书和成绩单去报名，相当于同等学历报名，之后陶诗言凭着坚持不懈努力而积累起来的深厚的知识基础，考上了南京中学（今南京宁海中学）高中部，1935 年，他来到南京读高中。

南京中学

南京宁海中学现为省一级重点中学,其前身可上溯到1890年的文正书院。宁海中学历经江宁府中学堂、江苏省第一中学,1927年省立一中和省立四师范被合并为中央大学区立第一中学,1929年改为江苏省南京中学。南京中学为当时四大名牌中学之一(另外三所是省立扬州中学、省立苏州中学、省立上海中学),吸引了全国各地学生及海外华侨子弟就读。南京中学有光荣的革命传统,当时是南京中学生抗日救亡领导中心,激怒了反动当局,1936年被国民党政府解散,迁往镇江。但镇江的校舍在日军侵占镇江前被日军炸毁,学校被迫迁入重庆,成为国立重庆师范学校,以"良师兴国"为宗旨,培养国民教育师资,抗战胜利后,1946年学校重返南京,称南京市立师范学校。1953年市立师范在宁海路39号即今宁海中学兴建新校舍上课,1962更名为南京市宁海中学。2004年转评为江苏省四星级高中。①

南京中学(宁海中学)当时是一所比较好的学校。《宁海报》"桃源桥"版曾发表林常飞撰写的《蒋介石视察宁海中学》一文,谈及1935年蒋介石视察宁海中学并捐赠1000元大洋的有关情况,这说明当时的南京中学可能是一所比较有影响的学校。部分在南京中学读过书的院士曾经联名

图1-7 宁海中学校门(资料来源:http://www.njnhzx.cn.)

---

① 宁海中学校史,南京宁海中学网址:http://www.njnhzx.cn。

提议将宁海中学改回为南京中学。

陶诗言从嘉兴这样一个小县城来到南京大都市，感到一切都是如此新鲜而又生疏。陶诗言在南京中学的高一上学期时学习文化课，当时学校要求如果不经过三个月的军训，学生将不能毕业，所以到高一下学期，陶诗言在军营里接受了三个月的军训，并在军训中当了一个二等兵。虽然在宁海中学时间不长，但是陶诗言把这所学校当作自己的母校之一，属于这所学校的校友。

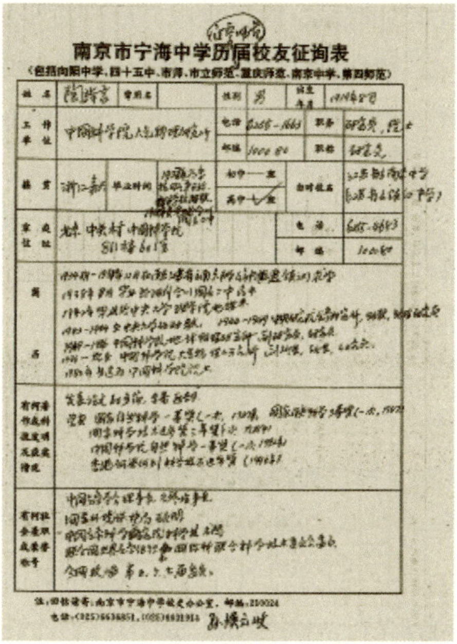

时值抗日战争前夕，各地的学生运动风起云涌，陶诗言的学业受

图1-8　南京宁海中学校友陶诗言征询表
（宁海中学校史办公室孙焕云提供）

到了一些影响。陶诗言读高二时，江苏省政府为镇压学生运动，将南京中学取消，迁到镇江重建的学校，并改名为镇江中学。陶诗言等学生就转到镇江继续学习。1937年7月在陶诗言高三的时候，抗日战争开始了，陶诗言在高三只念了一个多月，上海失守，日军进攻镇江，炸毁了镇江中学，学校被迫解散。

在四川读高中

当时没有了学校，陶诗言准备逃难到四川大后方。陶诗言拿着父亲给的几十块钱，自己乘火车到汉口，1937年12月陶诗言辗转到了四川。回忆这段经历时，陶诗言说："父亲是国民党的小公务员，他随国民政府撤退的时候不能带我走，就给了我几十块钱，我自己乘火车到汉口，准备到四川。1937年的冬天，大概是12月底，我到了四川，那时我年纪轻，很彷徨，不知干什么好，就是想法子在重庆找一个小职员吧。"正在陶诗言

第一章　观察暴雨的学子　17

彷徨的时候，国民党政府最后在四川办了个国立中学，就叫四川国立中学，招收流亡的学生，好多人都去报名。陶诗言也去报名并被录取。1938年3月，陶诗言进入四川国立中学继续念高三，当年6月毕业，所以陶诗言的高三在南京中学和四川中学合起来实际就念了几个月。

抗战时期的高校内迁，是为抗日救亡、复兴民族而进行的一场史无前例、中外罕见的教育大转移。它与中华民族的抗日伟业密切相关。抗战时期我国高校（指国民政府统辖的国立、省立、私立及部委属的大学、学院、专科学校、相当于专科一级的高级职业学校，外国在华办的私立院校）内迁的约124所（含战时新设高校，但不包括迁往租界和香港的高校）。抗战时期因战局的局部骤变原因引起的不同国民和个别学校的迁移连绵未绝，高校内迁出现3次高潮[1]。

不仅大学迁徙，而且有些中学也被迫转移。陶诗言中学期间的学习一直都是在学校搬迁和动乱的社会背景下进行的，所以陶诗言更加渴望学到更多知识。虽然在战争时期，但是中国的大学和中学并没有降低教学质量。高中时代陶诗言的代数、几何、物理、化学课程全部用的是英文教材，而且高中英语课对教材的要求很高，对课外材料的阅读要求也很高，比如要求阅读莎士比亚的一些名著。正因为如此奠定了陶诗言深厚的英文功底。陶诗言回忆说："中学从高一开始，我的数学、物理、化学教科书全是英文书，而且都是美国教材，我从高中一年级到二年级学代数用的教材是英文，到三年级学习解析几何时教材也都是英文。高中学英语课时，对教材要求很高，要阅读许多英文名著。"[2] 可见在战乱的社会中，陶诗言打下了扎实的知识基础。

当时的战乱给中国造成巨大的破坏，陶诗言虽然心有报国之志，但是作为学生，他只能一心读书，对国民党的政治并不太在意。"高一在山沟军训时，学校有国民党三青团，"陶诗言说，"那时记得我们班同学很多都申请了（三青团）团员，我就没加入，为什么呢？因为当时申请当兵时有测验：你最喜欢什么人？我写了岳飞，我没有写蒋介石，假设我写了蒋介

---

[1] 徐国利：关于"抗战时期高校内迁"的几个问题.《抗日战争研究》，1998年第2期。
[2] 陶诗言院士访谈（1），2010年9月28日，北京。资料存于采集工程数据库。

石，恐怕就拉我进三青团了，那时好多青年就给国民党拉进去了。"[1] 对政治的不在意，却让陶诗言可以安心学习。

保送大学

当时的国立中学每年有 5% 保送上大学的名额，1938 年，陶诗言高中毕业时凭借其优异的成绩（图 1-9）被保送到当时全国最好的学府之一——中央大学，开始了其在中央大学的大学生涯。

从陶诗言的学籍卡看，陶诗言当时中学的知识基础还是很扎实的，这为他以后的大学学习和未来的科研工作都打下了扎实的基础。

关于当时为什么选择上中央大学，陶诗言说："国立中学毕业的学生毕业时有 5% 可以保送免试到大学。那时

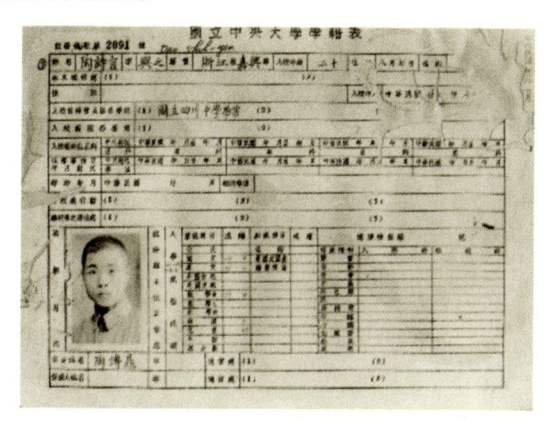

图 1-9　陶诗言中央大学学籍表

比较好的大学就是西南联大、北大、清华、南开等，这都是很有名的。这些好的大学当时多数在昆明，从重庆到昆明，这个路费很贵，我没钱。中央大学也是全国比较好的大学，却在重庆。我所在四川国立中学在四川的北碚，距离重庆只有一天的路程，离中央大学很近，（离其他著名大学比较远），所以我就选择到中央大学。大学没有考试，就这么进了中央大学。"[2]

---

[1] 陶诗言院士访谈（2），2010 年 11 月 26 日，北京。资料存于采集工程数据库。
[2] 同[1]。

第二章
中国第一批大气专业本科生

大学四年，大部分时间陶诗言都是在图书馆里度过的。当时正值抗日战争的艰苦岁月，形势多变，常常连饭都只能吃个半饱。在这段时期，陶诗言勤奋学习，为后来的工作打下了坚实的基础。

转入气象冷门

1938年，19岁的陶诗言以优异的成绩进入中央大学（现在的南京大学）工学院的水利工程系。

中央大学最早可追溯到源于公元258年的南京太学。中央大学近代新学开始于1902年筹建的三江师范学堂。中央大学近代百年历史大致可以分为三个时期，第一时期为三江师范学堂至国立东南大学时期（1902—1927），第二时期为国立中央大学时期（1927—1949），第三时期为南京大学时期（1949—）。近代一百多年来，中央大学英才辈出，为民族复兴和社会进步做出了杰出贡献。在23位"两弹一星功勋"中，有六位是南京大学校友[①]。

　　陶诗言虽然进入大学,但是此时已时局动荡,中华民族处在危难时刻。1937年7月7日"卢沟桥事变"后,日本开始了全面的侵华战争。8月13日,日军向上海进攻。南京危在旦夕,中央大学接到内迁的指令。敌机的频繁轰炸,加速了中央大学搬迁的行动,罗家伦校长于8月下旬在教授会上提出迁校重庆的方案。重庆新校址选定在沙坪坝松林坡,这是重庆大学东北面的一个小山丘,嘉陵江从山坡下绕过,山清水秀,是一个读书的好地方。中央大学1937年12月1日开学上课。沙坪坝上空升起了中央大学校旗。

　　抗战时期的中央大学地分三处:重庆、成都和贵阳。罗家伦曾说:"造化的安排,真是富于讽刺性。我在南京没有建成大规模的新校址,但这点领到局部而未用完的余款,竟使我在兵荒马乱的年头免除了许多困难的手续,在重庆沙坪坝和柏溪两处,造成两个小规模的新校舍,使数千学生没有耽误学业。"[②] 在抗日精神的感召下,中央大学的发展达到历史上的鼎盛时期,成为全国规模最大的高等学府之一。

　　抗日战争前的中央大学已经发展为一所院系齐全、教授阵容强大的高等学府。迁来重庆后,仍然保持文、法、理、工、农、医、师范七大学院的44个系或是学科组。罗家伦校长认为一所大学的本身就应是一个有机体。"从纵的方面讲,自小学、中学、大学以至研究院,缺少一段无从实施;从横的方面讲,无论文、法、教、理、工、农、医、商,都是一整套的配合,缺少一个都配不齐一整个国家的机构"[③]。"卢沟桥事变"后,罗家伦考虑到抗战的长期性,及时择地重庆,成为西迁高校中实力保存得最完整的大学。他认为大学应为民族文化做出贡献,"如果一个大学不能负起创造民族文化的使命,便根本失掉大学存在的意义。更无法可以领导一

---

① 《南京大学校史资料选辑》,南京大学校庆办公室校史资料编辑组学报编辑部编辑,1982年4月。内部发行,南京大学图书馆可以借阅。
② 罗家伦,《中央大学之回顾与前瞻》,见:国立中央大学编,《中央大学七十年》。中国台湾:国立中央大学印,1985年,112页。
③ 罗家伦,《抗战的国力与文化的整个性》,见:罗家伦先生文存编辑委员会编,《罗家伦先生文存》,中国台湾:中国国民党中央委员会党史委员会,1988年版,544页。

个民族在文化上的活动。"①

毋庸置疑，罗家伦对中央大学倾注了很多心血，在战乱中较好保存了一方学习净土。回忆起当时的情形，陶诗言说："当时中央大学的校长是罗家伦，他是五四运动的健将，我读大三的时候他走了，走了之后校长是顾孟余，这期间校长换了好几位，中间有几年还是蒋介石自己接任校长。"②显然由于罗家伦的努力，中央大学成为了学风严谨的学术家园，为陶诗言的学术成长提供了良好的环境。

早在东南大学地理系内③，就一直并存着地理、气象两个专业组。气象学是一门新兴亟待发展的科学，早期属于地理的分支，国际上从地理学科分出来大概是20世纪30年代末，因此30年代以后气象学科开始正式算一个学科。中央大学西迁时，地理系的仪器设备保存得比较完好，这也为气象系的独立发展提供了有利条件。专任教授有涂长望、黄厦千、朱炳海等。1944年年初，中央大学气象组独立建制为气象系，这在全国高校尚属第一，系主任朱炳海。

图2-1 顾震潮

在水利工程系设立后的次年（1938年）陶诗言进入该系学习，由于获得水利部门的拨款和补助，这个系师资充实、设备先进。陶诗言二年级学工程的时候，发现投影结构和画画这两门课令他很头疼，所以他觉得自己还是比较适合学理科。顾震潮④在数学系，他们两个人商量转系的事，因为当时工学院在大学里人数很少，他们两个想转物理系，后来

---

① 罗家伦，《中央大学之回顾与前瞻》，见：国立中央大学编，《中央大学七十年》。中国台湾：国立中央大学印，1985年，112页。
② 陶诗言院士访谈（2），2010年11月26日，北京。资料存于采集工程数据库。
③ 中央大学在1921-1927年名为东南大学。
④ 顾震潮（1920-1976），大气物理学家，上海市人，陶诗言大学同学。1945年毕业于西南联合大学。1947年留学瑞典。1950年回国。历任中国科学院大气物理研究所研究员、所长。新中国成立初期，与陶诗言共同领导了中国联合大学分析预报中心的工作，多次准确预报了洪水的暴发。开创了中国数值天气预报工作。20世纪60年代为原子弹和导弹试验的气象保障做出贡献，曾立一等功。开创了中国大气物理学的研究领域。先后建立了云物理学、雷达气象、大气探测、实验气象和大气湍流等分支学科。

考虑不行，因为物理系人很多，当时气象刚刚从地理单独分离出来，气象学是冷门学科。所以陶诗言和顾震潮决定往气象学转。当时大学转系非常自由，甚至不想读这所大学了，还可以回到高中重新考试，当然还可以转学。就这样，在入校一年以后，出于对天气变化的研究感兴趣，他转入理学院地理系气象专业。历史已证实陶诗言和顾震潮是幸运的，因为他们进入了一个新兴的学科领域。他们共同学习，大学四年之后，顾震潮到瑞典去留学，新中国成立之后，两个老同学又在中央气象局联合天气分析预报中心共事。

关于这次转学，陶诗言记忆很清晰："开始我上中央大学工学院的水利系。我在大学念了一年，想转学。我功课很好，系主任也不想让我转，他说你转了，我们的好学生就没有了，但是我不想念了，我在考虑念物理呢还是念其他学科。我是因为不愿意画图而转学气象的并非是对气象学有多么爱好。我真正想学的是物理，我发现气象学很靠近物理学。后来为什么学地理里面的气象呢？因为我发现气象还是冷门，当时地理、地质、气象都是包括在地理系中，那时西南联大叫地质地理气象系。中央大学就是地理系，地理系有一个气象组。我选择学冷门，那我就转了，转到地理系气象组。"[①]

中央大学里的地理系设有气象组，陶诗言所在班级一共20人左右，四个人是学气象的，就是顾震潮、陶诗言、黄士松、陈其恭，他们成为近代中国大气科学的第一批本科生。四个人就成为一个专业，这在今天或许难以想象，

图 2-2　中央大学气象专业同学合影（自左而右：顾震潮、陶诗言、黄士松、陈其恭）（照片由陶诗言院士秘书卫捷教授提供）

---

① 陶诗言院士访谈（2），2010年11月26日，北京。资料存于采集工程数据库。

陶诗言和其他三个同学有意无意地走进这门小学科，当时也许并不知道未来这门学科的重要性。陶诗言对笔者谦虚地说自己选择一个当时的冷门学科是蒙对了。"气象学这时是早期阶段，这是冷门，这个冷门给我蒙对了，假设我

图2-3 2011年陶诗言在家中与黄士松叙谈（右为陶诗言。倪允琪教授提供）

去学水利，智商高的人比我多，老一辈多得很，物理也已经发展很多年，（进入气象）这个给我蒙对了。"① 陶诗言从此一生与大气科学结下不解之缘，与中国的大气科学一起成长。

岁月如梭，眨眼半个多世纪过去后，陶诗言和黄士松两位大学同学相聚，充满了对过去岁月和老同学的怀念。2011年，黄士松教授专程赶赴北京，并专门与陶诗言叙谈。他们一起见证了中国大气科学的发展，为中国大气科学做出了重要贡献。

松林坡上读书声

大学四年，大多数时间陶诗言都是在图书馆里度过的。陶诗言对外语学习比较重视，大学里规定英语是一年级必修课，从二年级到三年级一定要有外语选修课，陶诗言选学的是德文。到大学毕业时陶诗言已可以看懂德文文章。

---

① 陶诗言院士访谈（2），2010年11月26日，北京。资料存于采集工程数据库。

放假时，他去给别人家做家庭教师，有时还找几个人帮忙摆小地摊赚点钱，以贴补购买书籍所需之费用。当时正值抗日战争的艰苦岁月，政治形势多变，国弱民穷，科学技术根本得不到重视，加之陶诗言家境并不富裕，虽然生活

图2-4　陶诗言和黄士松在学术会议上（右为陶诗言）

费由国家贷学金补助，但常常连饭都只能吃个半饱，当时陶诗言只有一个愿望，就是好好读书。

大学生活虽然比较艰苦，但回忆起来，陶诗言饶有兴趣："大学念书那个时候，宿舍是大通床。四年大学都是这么过来的，都是大通床。这个床连着，上下铺，100多人一个宿舍。当时从我的宿舍，走到茅房，大概要走八分钟。我和黄士松是上下铺，我住上铺，黄士松住下铺。我晚上打呼噜厉害嘛，他睡不着，就用拳头顶我床底。"[1]

中央大学在教学上非常严谨，罗家伦十分重视基础课程的开设。西迁后，在办学条件极其简陋的情况下，学校开设的基础课程不仅未被削弱，反而有所加强。专业课程也与平日一样进行，及时反映科学新水平，而且做到循序渐进，为学生打下扎实基础。高等学校的学习主要设施之一是图书馆，在中央大学保存比较好。中央大学50余万册中外图书，比较完整地西迁到重庆。修建在松林坡顶的图书馆是一座简易的平房。学生非常珍惜图书馆晚上开放的宝贵时间，每晚都要"抢座位、抢参考书、抢灯光（因电灯光微弱，要抢距电灯近的位置）"。[2]

---

[1] 陶诗言院士访谈（2），2010年11月26日，北京。资料存于采集工程数据库。
[2] 郑体思，陆云苏：抗战时期的国立中央大学。见：政协西南地区文史资料委员会编，《抗战时期西南的教育事业》。贵阳：贵州省文史书店发行，1994年。

那时候，学习条件已经相当困难，而生活条件就更加艰苦了。当时国民党资助国立大学青年学子贷学金，贷学金是一种助学制度，主要就是学生吃饭不要钱，规定毕业时偿还。陶诗言说："但后来乱了也没有还（贷学金），所以我就是靠贷学金过日子，念大学吃饭不要钱，还每个月多少给我一些钱。这个零花钱不是每个人都有，一定还得成绩好（才能）申请到。"[1] 尽管战区流亡学生可以申请贷学金，吃饭不必自己掏钱，然而其他生活和学习必需品自是不能缺少的。当时物价飞涨，贷学金有限，伙食每况愈下，不仅缺乏肉食，就连蔬菜也不够吃，于是就靠多吃饭来充饥。学生住处是木板房，条件艰苦。中央大学在艰苦条件下，并没有降低办学质量，老师和学生一起维护中国学术的尊严，学术活动频繁。据陶诗言回忆，大学里学术氛围十分浓厚，"我在大学念书的时候，真正有名的教授来上课，他不是依书上讲什么的（而是自己发挥），我旁听过一个有名教授讲《西洋通史》，我听得他讲课跟听故事一样，听相声一样的。"[2] 在学习中，陶诗言除地理系的必修课程外，全修了物理系的课程，这为陶诗言今后的科研工作打下了坚实的数理基础。

气象专业的老师都很认真，而且学术水平很高。陶诗言清楚地记得气象学学习包括普通气象学、天气学、动力气象学三门课程。普通气象学是朱炳海教授执教，天气学和动力气象学是王厦千教授执教。抗战时期地理系教室在重庆三里坝，后来有两个专用教室，气象专业放在其他大的专业教室中。相对今天的课程，天气学、观测学等内容较少，也限于条件，气象专业学生当时没有办法多画天气图。

为对陶诗言大学生活有个更全面的了解，采集小组专门到南京拜访了陶诗言当年的大学同学中现在唯一健在的同学——黄士松教授。黄士松教授说："中央大学的气象组大概是一九三九年成立的，气象系是1944年成立的。我当时考进航空系，陶诗言进入水利系，顾震潮是数学系，陈其恭是化学系。我刚读航空系时，刚好我一个同学，是一个同乡，他是地理系的，他说你学航空工程不如你念气象，航空脱离不了气象啊，

---

[1] 陶诗言院士访谈（2），2010年11月26日，北京。资料存于采集工程数据库。
[2] 同[1]。

我听着有道理，我就转了系。我记得当时课程包括气象学、普通气象、天气学、气候学、大气观测、气象观测、理论气象，那时还不叫动力气象叫理论气象。任课老师包括：普通气象是朱炳海，大气学是黄厦千，气候学是胡焕镛，理论气象是朱炳海，气象观测是黄厦千。我们当时都是学国外的，那时还有英语教材呢，天气学还没有教材出来，气候学是有外文教材的，普通气象学有外文教材参考。只有普通气象学有课堂讲义的，其他都没有讲义，但是有参考书，要看自己去看，就看大家积极不积极，自己去看，自己去找。"[①]

从黄士松教授的回忆来看，当时中央大学的大气科学拥有比较强的师资力量，学风严谨。在中央大学的良好学风熏陶下，在气象系严谨治学氛围中，陶诗言打下了扎实的大气科学知识基础。由于处于战争时期，大学生活条件艰苦，气象组的住宿条件同样艰苦。大宿舍几百人一起住，虽然用布隔起来，但是相互都看得到。陶诗言与顾震潮、黄士松在一个布帘隔开的"房间"内，两个上下铺、四张床。据黄士松回忆，当年三个同学白天去图书馆或去大教室学习，晚上回到寝室里在小油灯下看书。学习紧张，各自都比较忙，黄士松说："大家各自管各自的，就是在做毕业论文时，问你做什么，其他的不管了，陶诗言白天有时还与我碰头，我同顾震潮和陈其恭白天很少碰头，上课时可以碰到。"[②]

陶诗言学习很用功，早上比其他同学早起床，洗洗脸就出去，来到松岭坡，小山上松树很多，整个是松岭，陶诗言就在松林坡学习德文，这是陶诗言的第二外语。陶诗言清早就在松林坡放声读书。琅琅读书声伴随松树摇动的声音，传向远方。艰难困苦磨炼着陶诗言的心志，历史也等待着这位青年人为多灾多难的中国做出贡献。

大学期间，陶诗言一心读书，他和黄士松都对政治并不十分关心。"那时候我同陶诗言不大关心政治，"黄士松回忆说，"那时共产党活动很多，三青团活动也很多，我们四个人都没有参加，顾震潮比较进步一些，我们现在回想过去，我们是没问政治，我们不关心政治，只是安心学

---

① 黄士松教授访谈，2011年5月6日，南京。资料存于采集工程数据库。

② 同①。

习。"① 陶诗言也说"大学四年政治斗争很厉害，但是我好像一直都不觉得，我对政治不感兴趣。"② 正是他们一心读书，才免去各种事务带来的分心，也为陶诗言在新中国成立后的研究工作找到一种习惯，就是什么时候都要把业务放在第一位。

毕业与助教

1942年，陶诗言大学毕业，获理学学士学位。图2-5是他的学业成绩，总体良好。

陶诗言大学毕业后，没有继续深造，因此学士学位是其在大学里取得的最高学位，本科毕业论文是重要的史料。但是，由于战火纷乱，采集小

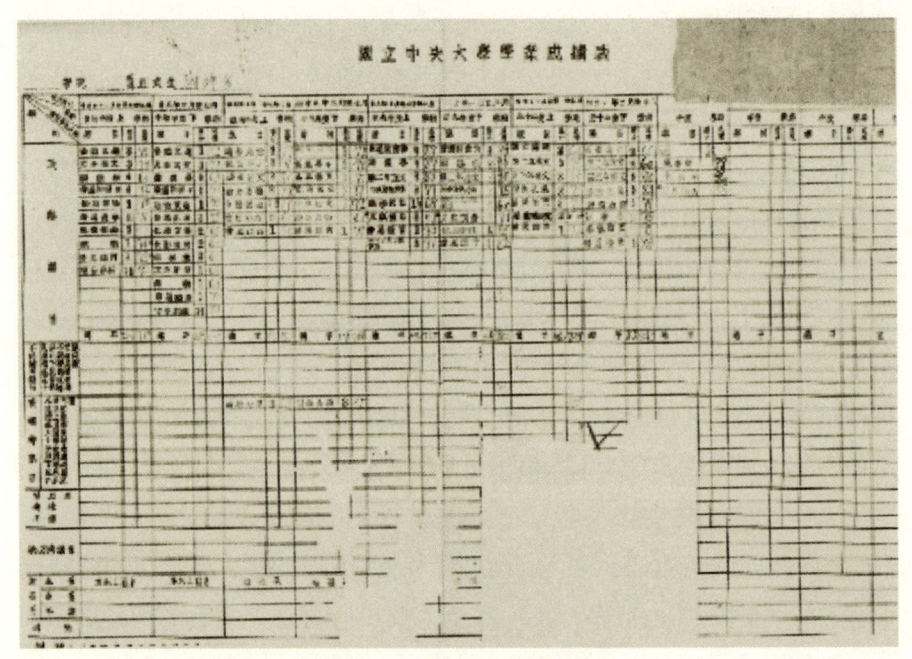

图2-5 陶诗言南京大学学业成绩表（资料来源于中央研究院档案）

① 黄士松教授访谈，2011年5月6日，南京。资料存于采集工程数据库。
② 陶诗言院士访谈（2），2010年11月26日，北京。资料存于采集工程数据库。

组多方探寻没有找到陶诗言本科毕业论文。在采访陶诗言院士时，希望能得到当年本科毕业毕业论文的下落的线索，然而陶诗言本人没有留存，他也不知到哪儿才能找到。采集小组查询了国家图书馆和南京大学图书馆、档案馆，都没有获得线索。根据陶诗言本人回忆，陶诗言本科论文大概是作变压风方面的研究。陶诗言说："大学毕业时写一个毕业论文，那时我写了变压风的应用，这个是气象上面的小问题。这个东西（我已经）不再研究了。本科论文根本不保留的，不像硕士论文，找不到了。"[1] 据黄士松回忆，陶诗言的毕业论文是参考 Petterson 锋生理论的两篇文章，受到启发，完成了自己的论文。

从上面两段采访中可以看出，陶诗言的本科论文已经和当时最前沿的大气科学理论——罗斯贝学派的理论挂上钩，这为他将来进一步学习罗斯贝理论打下了基础。

1942 年，中国第一批气象专业的四个本科生：顾震潮、陶诗言、黄士松、陈其恭大学毕业，除陶诗言外，气象系其他三位同学各奔东西。陈其恭到国民政府中央气象局工作，后从气象局到了交通部，在交通部工作时，国民政府派她到美国去留学。顾震潮到西南联大去念赵九章的研究生。黄士松刚毕业时候没有合适的工作，就跟涂长望到四川晋江中国资源委员会下属的一个工厂工作。1942 年 9 月，黄士松到资源委员会下属的电化冶炼厂做了半年科员。涂长望不久离开这个厂到中央大学去任教，就介绍黄士松到中央研究院气象研究所工作。此时中央研究院气象研究所已经搬至重庆北碚，一年后他将遇到老同学陶诗言。

虽然这三个同学后面的发展也不尽相同，但都取得不错的成绩。当时美国因为支持中国抗战，包括提供兵器、装备等，所以在租界法案中有一个培养人才项目，需要选拔一些人到美国学习。人员来自两方面，一方面从军队、农业部、交通部、航空公司等选派，另一方面公开招考。国民党考试院举办公开考试选拔人才派去学习。黄士松、陈其恭、丘万镇、谢义炳[2] 四

---

[1] 陶诗言院士访谈（2），2010 年 11 月 26 日，北京。资料存于采集工程数据库。
[2] 谢义炳（1917-1995），1940 年毕业于昆明西南联合大学，1949 年获美国芝加哥大学博士学位。1980 年当选为中国科学院地球科学部学委员。

个人被录取，去了美国。学期一年，第一个阶段是在芝加哥大学气象系学习半年，之后就到美国气象局系统实践。一年以后，派出去的一部分人转为研究生，继续深造，黄士松是其中之一，最后取得硕士学位回国。顾震潮在国内研究生毕业后到瑞典留学。

1942年，陶诗言大学毕业时，国民政府曾派一部分人去美国参加短期培训学习，通过考试的人员就可以去国外学习。陶诗言也报了名，以他的成绩，本来可以有机会去国外深造，可是由于当时考试的前夜，他吐了血，比较严重，以为是肺痨病，就没有来得及参加考试，后来检查结果是支气管破裂，没什么大碍，但是失去了考试的机会。未能出国深造在陶诗言心中留下了一个小小的遗憾。陶诗言回忆当时的情况时说，虽然没能到美国深造有点遗憾，但是后来证实留在中央研究院气象研究所没错！正因为他错过了出国深造这样的好机会，对陶诗言而言，他只有通过更加勤奋来弥补这一遗憾，其他中国著名的气象学家多有过出国深造的背景，陶诗言深知自己只有更加努力才可以弥补自己的不足，才可以在科研上有所建树。陶诗言对没有出国留学并不感到后悔。陶诗言说："我没有出国留学，但现在觉得不委屈了。当年没有去美国留学对我一生的影响并不大。对我影响大的是国家给了我一次又一次机会。像'75·8'暴雨，我那时候搞卫星搞得很好，又让我搞暴雨，季风也是这样的机会。"①

原中央大学气象系四个同学：顾震潮、陶诗言、黄士松、陈其恭，除陶诗言外，都到国外留学过，唯独陶诗言没有喝过"洋墨水"，却同样取得重大的成就，这与中国大气科学本土特性的发展规律有关。中国这个大舞台已经为这个年轻人搭建好成长的台阶，表演的大幕即将拉开。

大学毕业时没有赶上留学机会，陶诗言很彷徨，也没有继续读研究生，因为中央大学此时还没有气象学研究生。国民党军队里有气象部门，待遇也很好，希望他去工作。陶诗言找到父亲的熟人，一个在国民政府航空委员会工作的朋友，这位朋友劝他还是留在大学里教气象，不要去国民党军队。一个人的命运往往是几个关键的转折点决定的。假设陶诗

---

① 陶诗言院士访谈（2），2010年11月26日，北京。资料存于采集工程数据库。

言要是去了国民党军队，也许就不会有今天。此时中央大学地理系刚巧缺一名助教，大学毕业时陶诗言以优异成绩留校任助教，从此开始了他漫长的学术生涯。

  任教期间，他主管气象实习课，就是教地理系学生学习气象观测，并带领学生进行气象观测，教学生画天气图。这个助教当了两年。与此同时，他自身不忘努力学习，抽时间旁听涂长望教授的课，并不断地向他请教问题。在任教期间撰写了《等变压场及其在天气预报上的应用》以及《天气预报之前瞻与后顾》等文章，体现了陶诗言勤奋的学习精神。

第三章
中研院气象研究所的学术摇篮

中央研究院气象研究所有全国气象领军人才的"摇篮"之称。那里造就了一大批优秀的气象学家。在中央研究院的北极阁气象研究所，陶诗言在赵九章等前辈的严格要求下，打下扎实的气象科研基础，开始走上独立研究之路。

重庆北碚　大开眼界

1944年年底的一天，刚上任中央气象研究所所长的赵九章与中央大学地理系教授涂长望交谈，问涂长望能不能推荐一个优秀的年轻人去气象研究所工作。涂长望当即举荐："陶诗言这个年轻人才干非凡，很有希望。"赵九章找陶诗言谈了半个小时后，对他说："明天上午有车过来，你跟我走。"涂长望过来对陶诗言交代说，中央大学的事你不用管了，办手续、代课这些事由他来处理就行了。陶诗言事后回忆："我说这里还有我的实践课，涂长望教授说你就不要管了，他劝我，他说你啊，不要一直当助教，虽然工作轻松得很，如果你一直在中央大学工作，又没有出国，你将永远是助教、讲师，到不了教授，你是有前途的，不要留在这。中央大学的事情，他来料理。第二天我铺盖一卷就上路了。现在哪有这么方便。那个时候根本就没有什么档案调动之说。所以涂先生对我有知遇之恩。涂长望还把黄士松介绍到中央气象研究所。"[1] 于是陶诗言在中央大学当了两年助教后，来到了重庆北碚的中央研究院气象研究所任研究实习员，在赵九章先生的指导下开始了大气科学研究。

1928年建立的中央研究院气象研究所，是今天中国科学院大气物理研究所的前身。建所时，所址选在南京北极阁。1927年11月20日，南京政府教育部大学院召开中央研究院筹备会，其通过的组织条例中设有观象台。1928年2月观象台又分为天文研究所和气象研究所，竺可桢为筹备气象研究所的主任。1928年6月9日，原国立中央研究院在南京正式成立，确定该研究院为中华民国最高学术研究机关，蔡元培为院长。研究院内设气象研究所等八个研究机构，蔡元培院长任命竺可桢为气象研究所专任研究员兼所长。

竺可桢（1890—1974），又名绍荣，字藕舫，汉族，浙江上虞人。卓越的科学家和教育家，当代著名的地理学家和气象学家，中国近代地理学的奠基人。他先后创建了中国大学中的第一个地学系和中央研究院气象研究所；担任13年浙江大学校长。

1910年，竺可桢公费留美入伊利诺伊大学农学院学习。1913年夏毕业后转入哈佛大学研究院地理系专攻气象学，1918年以题为《远东台风的新分类》(A new classification of the typhoons of the Far East) 的论文获得博士学位。1927年北伐胜利，政府筹建中央研究院，下设观象台筹备委员会，分设天文、气象两研究所，担任中国气象学会副会长的竺可桢，又被任命为气象研究所所长。竺可桢首先领导了中国气象台站网的建设，提出了《全国设立气象测候所计划书》，计划在十年的时间内，全国建立气象台10处，测候所150处，雨量测候所1000处。在气象所成立的当年，就首先建成了南京北极阁气象台，这是我国近代气象科学事业的发祥地，也

---

[1] 陶诗言院士访谈（2），2010年11月26日，北京。资料存于采集工程数据库。

是当时中国气象科学研究中心和业务指导中心。①

竺可桢作为气象研究所的首任所长,选定南京钦天山北极阁为所址,并在那里建气象台,1928年5月动工,12月竣工迁入(图3-1)。竺可桢在北极阁白手起家,

图3-1 国立中央研究院南京北极阁气象研究所(摄于1928年。资料来源于北极阁气象博物馆王冰梅)

呕心沥血,克服困难,努力发展我国的气象事业,使北极阁成为当时中国气象科学的研究中心和业务指导中心,成为中国历史上第一个研究气象科学的最高学术机构。② 这时的气象研究所,既是全国最高级别的气象学术研究单位,又是领导全国气象事业建设的国家机构。

自竺可桢1928年担任气象研究所所长起,到抗日战争爆发前,气象研究所事业发展很快。在极度困难的情况下,竺可桢采取与其他部门合作和气象研究所自筹资金创办两种方法,积极筹建气象观测台站网。在竺可桢的精心推动下,1928—1941年,经过13年的艰苦努力,全国建成测候所50多个,其中气象研究所自筹经费建成的直属测候所28个,终于织就了一张初步覆盖全国的气象观测台站网,包括泰山、峨眉山、拉萨测候所,这在当时是难以想象的,这为气象研究所进行实际的预报和科研提供了良好的物质条件。陶诗言来这个气象研究所以后,就直接走在了当时中国气象科学研究的前沿。

《竺可桢传》记述该所"在仪器设备、图书刊物、人员素质、业务范围、技术水平和国际影响等等方面早已超过当时外国人在我国创办的、规

---

① 李玉海:《竺可桢年谱简编(1890-1974)》。北京:气象出版社,2010年。
② 中国科学院大气物理研究所所史编写组:《创新结硕果,奋斗铸辉煌——纪念中国科学院大气物理研究所建所75周年》。北京:科学出版社,2003年。

模最大的上海徐家汇观象台，成为我国气象研究的中心和实际上的业务指导中心。"经过竺可桢领导的气象研究所和全国各方面的共同努力，结束了外国人操纵中国天气预报的历史，气象研究所于1930年1月1日起，公开发布天气预报和台风警报。

竺可桢一般每年两次来检察气象研究所的工作。当时所内人员虽不多，工作却都井井有条。早在北极阁时，气象研究所的科技人员坚持从事日常气象观测工作（图3-2）。陶诗言经常施放测风气球，两个礼拜放一次气球，

图3-2 在北极阁气象台施放高空测风气球的场景（资料来源于北极阁气象博物馆王冰梅）

陶诗言负责从制氢气球一直到气球放上天去，并负责风速仪的换纸和分析工作。陶诗言除了做好这些日常业务工作外，还抓紧一切时间在图书馆、资料室刻苦学习钻研。那时陶诗言还是单身一人，因为战争，很少和家里通书信，他比较节俭，工资够他自己一个月生活，所以也不需要父亲给他资助。陶诗言潜心进行学术积累和科学研究。

气象研究所的学术氛围十分浓厚，研究工作颇有成就。1929—1937年，共有20篇重要论文发表在《气象研究所集刊》上，并与国外开展学术交流。竺可桢1936年出任浙江大学校长之前，八年内在各种刊物上公开发表著作60余篇，其中关于气象学方面的论文约有50篇。其中包括《中国气候区域论》、《中国气流之运行》、《论新月令》、《东南季风与中国之雨量》等，被后人视为我国近代气象学奠基性的科学论文。

从1928年创建到1949年新中国成立，中央研究院气象研究所在新中国成立前经历了战争、迁徙、风风雨雨的21载，为中国的气象事业

做出了重要贡献,为发展新中国的气象事业奠定了基础。《国立中央研究院史》对气象研究所有这样的评价:气象所在中央研究院13个研究所中,是一个规模适中、建设速度最快、事业发展最快、成就最大、贡献突出、影响深远的研究所。

由于竺可桢为气象研究所打下良好的发展基础,并形成扎实的研究风气,这些对陶诗言的成长起了直接促进的作用。1937年"卢沟桥事变"后,北极阁山顶成为军事要地,1937年11月18日,气象研究所留守南京的天气预报业务被迫停止,23日最后一批职工被迫撤离北极阁。使竺可桢"希望有整整十年不间断的南京气象资料"的愿望(只差40天)未能实现[①]。是年12月,气象研究所的职工全部集中到汉口后,由于工作场所狭小,日本飞机又经常轰炸,科研工作受影响,所以气象研究所决定将天气预报部分迁往重庆。

1939年,日本侵略者对重庆大肆轰炸,气象研究所除天气预报部分因工作需要暂留外,其余部分于5月11日撤离重庆市区到郊区北碚镇,这是离重庆60公里的乡下,气象研究所暂时住下并临时办公。1940年3月,竺可桢来北碚察看新所所址,决定在北碚象山购买土地新建房屋。1940年11月全部竣工,根据地名命名为象庄,气象研究所于1940年12月迁入象庄,暂时结束了居无定所的局面。

1936年4月5日,竺可桢出任浙江大学校长,但仍兼任气象研究所所长。1944年1月,竺可桢推荐赵九章担任气象研究所代所长的建议得到批准。当时中央气象研究所的条件非常简陋,人才奇缺。1944年5月1日,赵九章担任气象研究所代所长后,他以超凡的组织才能和严谨的科学学风,很快使迁所后不大景气的状态得到扭转。赵九章一方面广招人才,同时加强对年轻人的培养,严格管理。1944年后,陆续应聘到气象研究所工作的有毛汉礼、顾震潮、陶诗言、朱和周、林书闳、高由禧、刘匡南等。短短9个月时间,工作就取得很大进展。由于赵九章工作得力,业绩显著,深受竺可桢赞赏。1945年,竺可桢在日记中写道:"九章

---

① 中国科学院大气物理研究所所史编写组:《创新结硕果,奋斗铸辉煌——纪念中国科学院大气物理研究所建所75周年》。北京:科学出版社,2003年,第102页。

到所九个月，做事极精明，余喜托付得人，故此时必须将气象所所务辞去，不能恋栈如此也。"1947年1月1日赵九章正式担任气象研究所所长。

赵九章（1907—1968），浙江吴兴（今湖州）人。1933年清华大学物理系毕业后，赵九章通过庚款考试，于1935年赴柏林大学学习气象学，1938年获博士学位。1938年9月，刚刚获得博士学位的赵九章离开了德国，回国在西南联大任教。当时，清华大学已经内迁到昆明，与北大、南开联合成立了联合大学。在极其困

图3-3 赵九章

苦的条件下，赵九章先后开设了理论气象学、大气物理学、高空气象学等课程，编写了我国第一部《动力气象学》讲义。在学术思想方面他明确指出，要转变以描述为主的地理学研究方法，将数学物理引进气象研究领域。他在担任气象研究所和后来的新中国科学院地球物理研究所所长时，开拓了我国的气象科学，将经典的气象学拓展成大气科学更多领域。1955年当选中国科学院学部委员。

陶诗言到气象研究所是其学术生涯的一个重要节点，能去气象研究所与涂长望教授有关。涂长望，在开拓我国气象科学方面作出了重要贡献，同时还是位教育家，培养了众多气象人才。1934年秋，正在英国攻读博士学位的涂长望，接到竺可桢请他回国到气象研究所任研究员的电报后，毅然回国，于当年12月到所任研究员。

1943年，涂长望到中央大学任教（兼任气象研究所研究员），培养了一批后来成为气象界著名的专家、教授，例如他的学生郭晓岚、叶笃正、谢义炳、陶诗言和黄士松等。涂长望在中央大学的时候教气候学，是个进步的教授。当年他在中央大学当教授时，陶诗言是助教，经常旁听涂长望的课，非常敬佩涂长望。

涂长望（1906—1962），湖北武汉人。1930年留学英国，先在伦敦大学政治经济学院攻读经济地理学，次年转入该校帝国理工学院攻读气象

胸怀大气　陶诗言传

学，1932年获硕士学位，并被推荐成为英国皇家气象学会外籍会员，同年在利物浦大学攻读博士学位。1934年应竺可桢先生之邀回国任中央研究院气象研究所研究员，后任清华大学、浙江大学、中央大学教授。1949年底任中央军委气象局（后为中央气象局）局长，直至逝世。1955年6月当选为中国科学院生物学地学部（后为地学部）学部委员，并当选为学部常委。他以英国和美国气象学的理论为基础，开创了中国长期天气预报的研究。在中国长期天气预报、中国气团和锋面、中国气候和东西环流研究和应用等方面均做出了重要贡献。涂长望是新中国气象事业的奠基人之一。

图 3-4　涂长望

据陶诗言回忆，中研院气象研究所当时从赵九章所长到底下门房一共16个人。但是查阅大气物理研究所大事年表，发现记载：1932年，本所计有附属机构四个（北平、上海、峨眉、泰山）；全所职工37人，其中专任研究员竺可桢（兼）、许应期二人，特邀研究员三人（蒋炳然、吕炯、黄厦千），测候员10人（刘治华、沈孝凰、张宝堃、朱炳海等）；已有大小仪器170余件，总值八万余元[①]。陶诗言所指的16人可能没有包括附属机构人员。

坐落北碚象庄的气象研究所，今天已经很难觅其踪迹。黄士松1943年初到气象研究所，1945年离开，赴美学习。据黄士松回忆，象庄的气象研究所是一个村院式的研究所，走进去可以看见里面一边有几棵大树，另一边是食堂。研究所主要建筑是图书馆，图书馆对面是三个大办公室，包括天气组和资料组，大概共有大小五个房间。这五个房间后面，有个院子，里面有几个小房子，是气象所研究人员家属住的。黄

---

① 中国科学院大气物理研究所所史编写组：《创新结硕果，奋斗铸辉煌——纪念中国科学院大气物理研究所建所75周年》，北京：科学出版社，2003年，第100页。

士松说:"我当时住在家属区里面,我去的时候,程纯枢[①]就住在我对面,我一个房间,他一个房间。后来叶笃正来了,住在我对面。"[②] 研究所有个食堂,吃饭有两桌人一起就餐。生活很艰苦,没有洗澡房,要到外面去洗澡。北碚当年是农村,气象研究所在镇外。在乡下没有电灯,没有电话,晚上只有柴油灯,陶诗言就在柴油灯下看书。过了一年,顾震潮也来了,所以三个大学同学陶诗言、顾震潮、黄士松此时相会在气象研究所。

陶诗言早已把中央研究院气象研究所当成了自己的新家,一头扎进这座充满学术氛围的大气科学研究重镇。当时气象研究所坐落在北碚,北碚在重庆郊区,条件较差。在气象研究所里面,建筑都是草房子和平房,房子用竹子、竹头为骨架,泥巴一糊当墙,上面盖个屋顶就是房子。60年后陶诗言讲起这段往事,依然生动清晰:"德国有位著名的物理学家Max Planck(即马克斯·普朗克),在他的自传中谈到从一个很小的城市来到柏林大学求学,一下子眼界大开,我深有同感。"[③] 早在1931年6月,北极阁图书馆就落成启用,内有气象专业书籍4000余册,欧美各国气象杂志70多种,中外气象报告100多部,另外世界各著名气象台和气象研究所有按期交换出版物的约定。这些图书基本都被运到北碚,所以当时在北碚的气象研究所气象方面的藏书比中央大学还多,因为竺可桢买书不惜成本。以至于附近大学的一些教授暑假也到北碚气象研究所来借藏书阅读。

陶诗言回忆当年的中央气象研究所,对年轻人的淘汰很厉害,招进来的年轻人都是一年一聘,年底拿不到第二年的聘书就自动离开。在严格的制度下,陶诗言更加发奋。陶诗言回忆道:"赵九章他不来管理你具体研究的内容,你自己写好文章,或写好英文,或是发了文章后才拿给他看。当然,不是说赵九章一点也不管,比如我帮赵九章算东西,这是主要的,我们所里有一个气象站,我每天整理、换纸、读数,读完后交给搞资料

---

① 程纯枢(1914-1997),中国科学院院士,气象学家。
② 黄士松教授访谈,2011年5月6日,南京。资料存于采集工程数据库。
③ 陶诗言院士访谈(2),2010年11月26日,北京。存地同上。

的同事，那时没有计算机，都是算盘，手摇计算，这个是我的本职工作之一。我记得到气象研究所后交给赵九章的第一篇论文是关于东亚地面气流方面的研究，送给赵九章看，赵九章所长看后修改，然后再去发表。就这样，我的学术能力慢慢上来。所以这两年对我的技术与科研方面很有促进作用。图书馆图书很多，我看了很多资料，新的杂志也看，因为读大学时没有那么多资料。"①

在气象研究所，陶诗言得到了学界前辈竺可桢的亲自点拨，得到了赵九章、涂长望等国内外一流的教授学者的精心教诲。即使在国难当头的战时后方，立志科学报国的学者仍一丝不苟地工作，这极大地感染了陶诗言。赵九章对学生要求很严格，每星期抽出几个晚上指导陶诗言的学习和工作。"老所长每天晚上要到房间里来和我们讨论问题，看你有没有新思想。大家讨论得很激烈，而且老师还希望你最好能把他驳倒。"陶诗言和赵九章在一盏菜油灯下，交谈一两个小时。有时在谈话中陶诗言反驳了赵九章的观点，赵九章会非常高兴，说学生应该敢于反驳老师。从多次交谈中，陶诗言得到不少教益。

赵九章十分注重对青年人的培养，努力为年轻人创造发展的机会。所内学术气氛相当浓厚。气象研究所的青年人在研究员们的带领下，认真讨论，相互学习。研究所每周有一次学术讨论会，每两周举行一次读书报告会，每月有一次学术报告，还不定期地与中央大学气象系联合举办学术讨论会，听报告的多是年轻人。赵九章经常指定一篇文章让青年研究人员作报告。赵九章和傅承义等经常参加，并指出学生报告中的缺点，教导怎样作学术报告，怎样抓住文章的要点，怎样从文献中发掘值得研究的问题，等等。赵九章经常鼓励年轻学者在讨论会上发言。讨论问题时，有人提出不同意见，总能得到赵九章所长的鼓励。如果报告讲得不好，赵九章就会当场批评，但是对陶诗言的报告从来没批评过（图3-5，图3-6，图3-7）。

---

① 陶诗言院士访谈（2），2010年11月26日，北京。资料存于采集工程数据库。

关于这几次报告，陶诗言记忆很清晰。比如《中途岛战役之天气》的报告，陶诗言说："这个是在抗战期间，赵九章所长让我们实习研究员，包括刚进的大学生，作些（文献）综述。1942年中途岛战役，美军把日本四艘航空母舰打沉了。美国只损失一艘航空母舰，取得太平洋制海权。这个报告就是针对战争的气象保障，那个时候有一个学

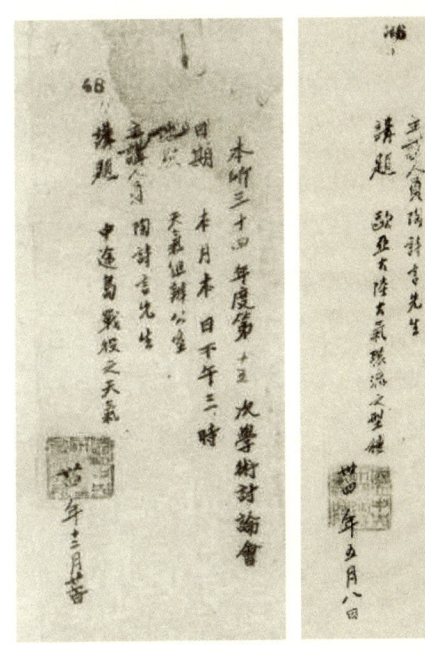

图 3-5　1945年陶诗言在中央研究院气象研究所的学术报告通知（一）

图 3-6　1945年陶诗言在中央研究院气象研究所的学术报告通知（二）（资料来源于中央研究院档案）

图 3-7　陶诗言学术报告内容记录（1）东亚大型涡旋运动之研究；（2）北半球活动中心气压梯度之分析　（资料来源于中央研究院档案）

第三章　中研院气象研究所的学术摇篮　*41*

者写了一篇很好的论文，阐述美国人怎么样利用气象条件取得中途岛战役胜利。这不是我自己的学术报告，这是赵九章让我看了许多文献，做了个review（回顾），我讲的是怎么样报天气呀，就是美军在雾区里打击日军的过程。另外一个报告是《欧亚大陆大气环流之型种》，就这个也是review，我忘了具体报告内容。这些都是一种学术训练。气象研究所当初对所里面的青年研究人员，就是这么教育的。"[①]

有青年人说赵九章有些家长制作风，比如青年人谈恋爱或者一些生活上的事，他也管。大家私底下说他管得很严。当时陶诗言跟顾震潮两个喜欢在北碚镇上听音乐。北碚镇是个文化小镇，有时他们就偷偷溜出去，晚上走三里路去镇上听音乐。要躲着赵九章出去，不然要挨批评。但是陶诗言觉得赵九章管得严对他的成长很有帮助，因为他刚刚大学毕业没两年，赵九章对他们管得严有很大好处。陶诗言院士说"没有赵九章管得这么严，就没有我的今天，家长制作风也有好处。"陶诗言就是在这样一个有严师教导、有良好学术风气以及有丰富的图书设备的环境中，打下了扎实的科研基础。

北极阁前的雪松

抗日战争胜利以后，在重庆的国民政府和有关高校、研究院所都陆续回迁。1946年9月，气象研究所迁回到南京北极阁。让我们审视一下这个充满历史厚重感的地方。

北极阁观象活动从南朝开始，数度兴衰，延绵至今，已有约1600年的历史。我国著名地理气象学家胡焕庸应竺可桢之邀为北极阁气象台建成作序，由衷感叹："上古观象仪器与观象台址，迄今已渺不可考，其至中古以降，有典籍可借，基址可按，绵延相续，在世界天文气象史上有卓越

[①] 陶诗言院士访谈（2），2010年11月26日，北京。资料存于采集工程数据库。

之价值者，莫过于金陵钦天山之观象台。"[1]

1928年，气象研究所建造北极阁阁楼时还是按照18世纪的欧洲观测台风格设计的，清华大学也曾经建造过这样的观测阁楼。南京的老百姓提起北极阁都知道是气象台所在地，气象界的同行提起北极阁，都认为是中国近代气象的起源地和气象人才的摇篮。作为留存不多的一座牢固的民国时期代表性建筑物，几十年岁月，观象台还是那么雄姿挺拔，仿佛向后人讲述着竺可桢的艰难创业和陶诗言等前辈辛勤工作、认真钻研的故事。北极阁也因为竺可桢、赵九章、陶诗言等一大批在近当代中国大气科学历史上的大师而闻名于世。

气象研究所大事记（1928—1950）[2]

1928年6月9日，国立中央研究院成立，竺可桢任气象研究所所长，选南京钦天山（也称北极阁）为所址。竺可桢上任就制订了《全国设立气象测候所计划书》。

1928年9月30日子夜，研究所在北极阁开始地面气象观测。

1928年底，新建的北极阁气象台落成使用。

1929年1月起，研究所出版月刊、年刊、专刊、集刊和丛刊。

1929—1936年，研究所共举办四期气象专业学习班。

1929年12月，竺可桢任中国气象学会第六届会长并多次连任。

1930年元旦起，研究所开始天气预报，打破外国人垄断，开始对外服务。

1930年1月18日，开始用单经纬仪在北极阁观测高空风。

1930年4月16日，研究所发起在南京召开的首次全国气象会议。

1930年5月15日，研究所施放第一枚探空气球。

1930年8月11日，研究所在我国首次获得平流层测风记录。

1930年，竺可桢的"中国气候区域论"正式发表，这是气象研

---

[1] 韩苏明：行走在气象历史文脉上的北极阁．江苏省气象局网站．2010年3月26日．

[2] 中国科学院大气物理研究所编写组：《创新结硕果奋斗铸辉煌——纪念中国科学院大气物理研究所建所75周年》．北京：科学出版社，2003年．

所发表的第一篇有影响的学术论文。

1931年1月起，北极阁气象台开始太阳辐射观测。

1931年6月，北极阁图书馆落成启用。

1931年10月起，研究所委托航空队开始飞机观测。

1932年5月，研究所起草制定的"全国气象观测实施规程"施行。

1932年6月16日，研究所开始提供东亚各地气象报告。

1932年8月，研究所应邀参加第二届国际极年测候工作。

1932年9月27日，研究所进行第一次风筝测候。

1933年，与北极阁气象台互通气象电报的台站增至188个，到1937年则达到332个。

1934年4月8日，在研究所图书馆召开第二次全国气象会议。

1934年9月，《地理学报》创刊号刊登竺可桢"东南季风与中国之雨量"的论文，这是我国有关季风研究的经典著作。

1934年10月，涂长望应竺可桢邀请从英国回到研究所任研究员。

1935年1月起，研究所每日天气预报由两个时次改为三个时次。6—10月增加台风广播，每日两次。

1935年3月，研究所汇总19个省225个县记载4年的草本植物24种、木本植物13种、动物9种的物候记录。

1935年4月10日，研究所开始修建泰山日观峰气象台，1936年6月竣工，成为我国第一个永久性高山气象台。

1935年5月，研究所直属的拉萨测候所正式成立。

1935年6月，研究所组织赴渤海湾实地调查海洋气象。

1935年，研究所人员已达57人，包括通信研究员2人、专任研究员3人，观测员9人、测候生24人，是人数最多的年份。

1935年9月，竺可桢等编著的《中国之雨量》出版。

1936年3月19日，研究所回收到六年来的第一枚探空气球。

1936年4月5日，竺可桢任浙江大学校长兼研究所所长。

1936年9月11日，高空测风达2小时37分，测风高度达28433米，是南京测风以来最高的一次。

1936年10月，吕炯任代理所长。

1937年，赵九章的论文"信风带主流间的热力学"在德国发表。它是我国最早将数学、物理和流体力学原理引进气象研究的论文。

1937年元旦，武汉头等测候所建成，此时国内台站已达139个。

1937年4月2日，第三次全国气象会议在研究所召开。

1937年11月18日，由于日本侵略军逼近，研究所天气预报业务被迫停止，最后一批职工于23日撤离北极阁。

1938年1月底，研究所全体职工由汉口撤抵重庆，并于3月2日在重庆恢复了天气预报业务。

1941年10月，在竺可桢等气象界人士的积极呼吁和努力下，行政院中央气象局正式成立。

1944年，赵九章任代所长。

1946年9月，研究所回迁南京北极阁。

1947年1月1日，赵九章任气象研究所所长。

1949年11月1日，中国科学院正式成立，竺可桢任副院长。

1950年6月，研究所并入新建的中科院地球物理研究所，并于1951年底迁往北京。

从上述历史脉络来看，20世纪40年代气象研究所回迁到北极阁时已经很有规模（图3-8，图3-9），学术水平当时在全国也是一流，良好的科研条件和浓厚的学术氛围对于陶诗言独立走上学术之路，无疑是一个天赐的良机。

1945年之前，北极阁一直被日本人占据，抗日战争胜利后，气象研究所从重庆北碚回迁到南京北

图3-8 北极阁照片（陶诗言提供）

第三章 中研院气象研究所的学术摇篮

胸怀大气　陶诗言传

图3-9　北极阁一侧办公楼（陶诗言提供）

极阁，已是助理研究员的陶诗言，勤奋执着、刻苦钻研、工作出色，成为研究所的青年骨干。1945年12月，气象研究所要派人从日本人手中接收北极阁气象台，张宝堃被选作接收代表，陶诗言当时还是助理研究员，没有资格单独作为接收代表，就被派到南京北极阁做接收代表张宝堃的助手。

当时的陶诗言还是单身，接收之后，陶诗言留下等待气象研究所大部队的回迁。当时北极阁只有张宝堃和陶诗言两个人孤零零地住在山上。在此期间，陶诗言来回上下山，经常经过一片松树林，出于对北极阁的热爱，陶诗言移栽了两棵小松树到北极阁阁楼下，其中一棵成活，今天已是郁郁苍苍的参天大树，向着参观的五湖宾朋述说着历史[①]。

图3-10　1985年陶诗言站在北极阁自己种的雪松前（陶诗言赠送）

关于这段历史和陶诗言亲手栽种的树，陶诗言说："关于这棵树，1945年，我跟着张宝堃副研究员从重庆回到南京从日本人手中接收北极阁气象台，我们两个住在山上，一边修房子一边等待整个研究所回来，我要到山下吃饭。山下有一个鸡鸣寺，旁边山上有个松林坡。我每次来回上下山都要经过这个松树林，我看见有两棵矮的树苗，我就'偷'了两棵，种在山上，有棵树死掉了，另外一棵长得很好。"[②]（图3-10）

[①] 科学史界有学者提议，把陶诗言亲手栽种的这棵树命名为"诗言树"。
[②] 陶诗言院士访谈（2），2010年11月26日，北京。资料存于采集工程数据库。

1946年9月，中央气象研究所从重庆回迁到南京的北极阁，并在焕然一新的北极阁开始了正常的科研工作。工作人员回来后发现藏于图书馆密封地下室的仪器未被日军发现，也许是北极阁和其所在的山峰为气象研究所的坚韧精神所"感动"，庇护了这批仪器。

1947年1月，中央研究院正式任命赵九章为气象研究所所长，即使工作繁忙，赵九章仍坚持讲课。到1948年，所内有专任研究员6人，兼任研究员2人，副研究员2人，助理研究员5人，助理员5人，技士8人，技佐1人，管理员1人，共计30人（图3-11）。

陶诗言在北极阁期间工作认真，对期间发生的事历历在目。时任国民政府总统蒋介石曾经到过北极阁。陶诗言说："我回迁到北极阁气象台，当时还没结婚，一个礼拜天的下午，蒋介石带了一个卫队，浩浩荡荡到了我们气象台，他没上去，就在下面看了看，他的保卫人员，要找一个人向他介绍情况。我就在旁边办公室里写东西，卫兵找人，刚巧只有我在，叫我到他面前。蒋介石说'没事，我来看看'，他还问我'你是什么地方人？'我说是浙江人，是嘉兴的。他说'哦，嘉兴。'他大概待了六七分

图3-11　1948年度中央研究院气象研究所聘任研究人员名单（含助理研究员陶诗言）

第三章　中研院气象研究所的学术摇篮

钟，从山上看了一下南京城。"①

还有一件有趣的事情，陶诗言接待一位国外研究热带气象学的教授，从美国到南京来访问北极阁气象研究所。赵九章让陶诗言陪他去游览中山陵。陶诗言回忆说："这人是犹太人，小气得很。拿美金要我去 black market（黑市）换钱，我不干，我说到 black market 换美金，不是没有多少钱可换吗？"②

回迁之后，北极阁气象研究所的图书相比在重庆北碚时多很多，新的期刊也很多。陶诗言在北碚期间已经打下良好的科研基础，在北极阁的五年，受益更多，从实践中学到了很多新技术。这五年中，陶诗言学术水平成长很快，收获很大，这与当时大气科学迅速发展有关。

当时世界范围内美国芝加哥气象学派在罗斯贝（Carl-Gustaf Rossby）③带领下迅速发展，芝加哥学派理论于40年代开始在世界范围内盛行。

在当代气象学的发展史上，有两个著名的学派：一个是以皮叶克尼斯父子（父亲 Vilhelm Bjerkenes 和他的儿子 Jacob Bjerkenes）为首的"挪威学派"（Norwegian School 或者 Bergen School），另一个便是以罗斯贝（Carl-Gustaf Rossby）为首的"芝加哥学派"（Chicago School）。一个学术团体之所以能够被称为气象学派，首先是这个团体由一大批大气科学学者精英组成，而且，该团体为大气科学的发展做出了奠基性与开创性的工作。其次，这个团体有着自成一体的学术风格和精神，这一学术风格和精神不是来自教

图 3-12　罗斯贝

---

① 陶诗言院士访谈（2），2010年11月26日，北京。资料存于采集工程数据库。
② 同①。
③ 罗斯贝（Carl-Gustav Rossby，1898-1957），首先提出了大气长波理论。1941年到芝加哥大学任教，影响了一大批气象学家和物理海洋学家，形成了芝加哥学派。除行星波外，芝加哥学派的主要贡献有：提出了大气运动的地转适应；行星波的能量频散；西风带急流的形成理论及其在大气环流中的重要作用；行星波的正压和斜压不稳定性。芝加哥学派是近代大气科学最重要的学派之一。

条，而是在自由和宽松的学术气氛中自然形成的。

以罗斯贝为首的芝加哥学派就包括了一大批大气科学精英，他们基本上代表了大气科学的一个时代，并为现代气象学和大气动力学的发展奠定了基础。芝加哥学派的影响并不仅限于欧美，也包括中国、日本和印度等亚洲国家。谢义炳、叶笃正和郭晓岚三位中国著名气象学家便是在罗斯贝的指导下完成博士论文的。芝加哥学派的学术风格和精神非常鲜明，它特别强调研究大气科学问题的基本物理原理，而不是停留在大气现象本身，这种从最基本的物理或流体力学原理出发来研究大气科学问题的风格，也许是芝加哥学派能够做出许多开创性工作的重要原因。

罗斯贝很重视把气象学的基础研究和实际应用结合起来。罗斯贝在麻省理工学院和芝加哥大学建立的气象系以及他协助创建的加州大学洛杉矶分校（UCLA）气象系的最初目的都是为美国军队培训气象预报员的。麻省理工学院气象系最初是为海军训练气象预报员而设立的。芝加哥大学气象系在战争期间为美国空军培训过8000个气象预报员和观测员。罗斯贝强调学生应参加每天的天气会商，把会商结果和典型天气个例分析装订成册并定期出版。在麻省理工学院时的定期天气分析报告后来发展成为美国气象学会（American Meteorological Society）的刊物《气象学杂志》（*Journal of Meteorology*），该期刊后来改名为现在的《大气科学杂志》（*Journal of the Atmospheric Sciences*）。这是目前国际气象学界最著名的学术刊物之一。

芝加哥学派最辉煌的时期大概是20世纪40—50年代。"虽然它的辉煌自1980年代开始逐步衰弱，还能够深深地感受它那严谨、自由和宽松的学术氛围和强调基础研究的学术风格。这种从最基本的物理原理出发来研究专业问题的风格，这种无形的精神力量也是我们从事艰苦的学术研究所需要的。芝加哥学派的历史、学术风格和精神、众多传奇性代表人物的学术贡献等有着丰富的内涵。"[1]

当时从世界范围内，气象学逐渐从地学领域独立出来，慢慢成为独立的学科，而且分支学科也不断出现。在中国，1944年中央大学把地理系分

---

[1] 胡永云，我所知道的芝加哥学派，见：北京大学物理学院大气科学系编，《江河万古流——谢义炳院士纪念文集》，北京：北京大学出版社，2007年，第281-310页。

成两个系，一个地理系，一个气象系。这也可以看成是国内大气科学发展的转折点。当时国内大气科学还只注意天气学、动力气象、经典气候，还没考虑到今天非常关注的气候变化，这说明中国大气科学发展的阶段性。

赵九章所长要把中研院气象研究所办成具有芝加哥学派风格的、理论上要紧跟芝加哥学派的研究所。由于气象研究所在赵九章等著名学者的带领下，紧跟芝加哥学派，使得在战火中的中国气象学术与世界顶尖水平差距不远，而且培养了一批优秀的气象学者，在新中国成立后迅速成为学术领头人，其中就包括陶诗言。陶诗言认为芝加哥气象学派不是一个专门研究天气的学派，而是研究包括大气运动原理的综合性学派。过去中央研究院气象研究所的天气图都是画东亚的、亚洲的天气图，而芝加哥学派的天气图是从全球的或者半球的视角上看问题，这对陶诗言是个启发，陶诗言当时是天气组组长，有三到五个助手，他带领着助手们经常勾画北半球的地面天气结构图。

陶诗言除了画图之外，在北极阁期间还公开发表过几篇文章。他认为，正是赵九章等人紧跟着在当时属于科研前沿的芝加哥学派，气象研究所在那时才会取得那么多成就。"我一直跟着世界大气科学发展的先进潮流，不跟潮流我不会有这个成就，这个很重要。我在北极阁这五年最大的收获是开始慢慢独立工作。"① 陶诗言说道。芝加哥学派对陶诗言产生了深远的影响，对其一生学术成长发

图 3-13　赵九章全家（右一为赵九章。照片来源于北极阁气象博物馆王冰梅）

---

① 陶诗言院士访谈（2），2010 年 11 月 26 日，北京。资料存于采集工程数据库。

挥了重要作用。使其日后对苏联的气象理论有个批判的眼光，避免了中国的天气学在气象学科发展上走弯路。

陶诗言觉得在北极阁的五年，他最大的收获就是学会开始独立思考问题。这五年对他学术成长来说是很重要的五年，因为这五年他得到很多名师的指点。陶诗言在总结自己一生成功的经验时指出，第一条就是他遇到了很好的老师，有竺可桢、赵九章、涂长望等著名教授的指导，使陶诗言直接走到了大气科学研究的最前沿。特别是竺可桢提倡的"求是精神"（图3-14）影响了陶诗言一生。竺可桢每年来研究所一两次，每次来必定找年轻研究人员谈话。有一次陶诗言刚写好一篇将要发表的文章，竺可桢看后说陶诗言英文不够流利，他在稿子上作了多处修改。这对于陶诗言的学术成长有莫大帮助。陶诗言说："如果说我今天在大气科学研究上有一些成就，首先应归于气象研究所的老师们的精心指导和严格要求。"

竺可桢提倡的"求是精神"

不盲从，不附和，一切以理智为依归。
如遇横逆之境遇，则不屈不挠，
不畏强御，只问是非，不计利害。
虚怀若谷，不武断，不蛮横。
专心一致，实事求是，不作无病呻吟。

图 3-14 竺可桢"求是精神"题词

1948年淮海战役后，国民党军队在南京到处修筑工事，北极阁所址附近也挖掘了战壕。赵九章为了保全竺可桢苦心经营的珍贵气象资料及图书，将气象研究所暂时迁往上海岳阳路静待解放。国民党把藏于上海、南京的各种科学图书运到台湾。气象研究所却把一批书搬到上海，当时由陶诗言押车。到了上海之后，气象研究所在上海继续科学研究半年左右，一直到南京解放。竺可桢把他的夫人和孩子都留在杭州，他自己在上海中央研究院办公。1949年4月，蒋经国在上海偶遇竺可桢，要他去台湾，国民党当局也逼赵九章将气象研究所迁往台湾，均遭到拒绝。国

图3-15 曾在北极阁工作的代表合影（前排左五为陶诗言）

民党撤退台湾时，气象研究所里并没有争论去不去台湾，气象研究所所有的资料、人员都留在大陆了。赵九章对所内同仁说："只要我在，气象研究所就不再搬。"并同所内人员一起坚守岗位，迎接解放。南京解放后，气象研究所重新迁回了北极阁。北极阁继续在新中国气象事业中发挥积极作用。

陶诗言认为坚守气象研究所和自己当年没有去台湾是正确的选择，"我的路走对了。特别是新中国成立后，留在大陆对我们很有利，如果不解放，我还在中央气象研究所，那我就没有今天的成就。涂长望说过自己搞没出路，一定要解决国家问题。"①

温馨的精神港湾

1945年，陶诗言与表妹张志伦在南京结婚。1945—1948年张志伦在陶诗言当年就读过一段时间的集贤小学（即今嘉兴实验小学）任教。张志伦的父亲擅长书画，曾是中学的美术老师，所以张志伦受父亲遗传，有艺术细胞，字写得很好。张志伦在小学担任音乐教师，喜欢花。与陶诗言成家后，悉心照顾陶诗言，陶诗言写的好多文章，在没有电脑的情况下，就写在400字一页的稿纸上，旁边还做一些批注，这需要重新抄写一遍。很

---

① 陶诗言院士访谈（2），2010年11月26日，北京。资料存于采集工程数据库。

多文章就是张志伦工工整整地抄出来的。包括新中国成立后陶诗言的名著《中国之暴雨》也是由张志伦抄写的。

张志伦后期辞去工作，在家里做全职太太，一生专职照顾着陶诗言，让家庭成为一个温暖的港湾，成为陶诗言学术上长足进步的精神依靠。夫妻二人感情很好，几十年来没有吵过架（图3-17）。陶礼光说："他们感情确实很好，偶有小的争论，当然每次还都是我妈来批评我爸爸，我从来没见过我爸爸对我妈有什么粗暴的地方。"①

图3-16　张志伦年轻时的照片

张志伦无微不至地照顾陶诗言，20世纪60年代陶家粮食紧张，张志伦自己不吃，让陶诗言先吃。"我记得那时她的小腿比较浮肿，我还小，正上小学，我就摁她一下小腿，都一个坑，没有东西吃。"陶礼光深情回忆道："我记得当时粮食不够，比如说大米只可以买多少斤。购买粮食中还有一种面，类似于荞麦那种东西，那种粮食我就吃不了，我一吃就恶心，太粗，有点喇嗓子，我觉得里面是不是有点糠，类似于那样的东西。我妈说那种粮食每家要按一定的比例购买，每家都是这样子，没办法，不吃就没有了。我妈就吃那个粗粮，把好点的粮食留给父亲和我吃。"②

陶诗言的家庭是温馨的。张志伦会弹钢琴，也能教唱歌，

图3-17　陶诗言与夫人张志伦在家中（卫捷提供）

① 陶礼光教授访谈，2011年3月16日，北京。资料存于采集工程数据库。
② 同①。

第三章　中研院气象研究所的学术摇篮　　53

给两个孩子买了把小提琴，孩子们都会拉，得益于父母的音乐修养。可能是受张志伦的影响，陶诗言特别喜欢古典音乐。陶诗言家有古典音乐的许多唱片，比如像贝多芬、莫扎特的，等等。20世纪60年代物质生活非常匮乏，但陶诗言家庭的精神生活还是比较丰富的，陶诗言还经常买些古典小说，如《三国演义》，给孩子们看。家中有个老式的收音机，陶诗言就是一边听着音乐一边看书写作。陶诗言和孩子们围着桌子一起看书。陶礼光说："有时他让我在旁边写作业，我们家有一个三屉桌，有三个抽屉，他在一边，我坐他对面，我做我的作业，听着收音机里古典的音乐，他做科研工作。对于收音机里的音乐，他都能给我讲出来，说这是贝多芬的曲子、这是莫扎特的、这是肖邦的，等等。"[1]

陶诗言家中总是充满和谐的欢笑，张志伦给学生非常温暖的感觉，被亲切称为"陶妈妈"。学生来见陶诗言，有时陶诗言还没回来时，就先跟陶妈妈交流。陶妈妈对人很友善。陶礼光回忆道："'文化大革命'中，我们这座楼所有小孩子都愿意到我们家来玩，我妈那种包容很难得。在我们家讲话完全是随意的，那时没有什么学习压力，大家比较随意。有时我也会到楼里小朋友他们家去玩，听到他们父母对孩子的严厉训斥，感觉到他们家庭气氛和我们家是完全不一样的。在我们家非常放松，我妈很友善地对待每一个人，所以我觉得这个对我的影响很大，我从父母身上学到很多东西。"[2]

正是有了这种温馨和谐的家庭环境，陶诗言在精神上得到莫大的安慰和鼓励，可以安心地从事科研工作，对其一生的学术成长显然有着不可低估的潜在作用。

---

[1] 陶礼光教授访谈，2011年3月16日，北京。资料存于采集工程数据库。
[2] 同[1]。

第四章 "预报员"生涯

20世纪50年代初,陶诗言和顾震潮共同主持新中国第一个天气分析预报中心,建立了各种天气预报方法,为国防和国民经济建设提供了卓有成效的气象保障服务,是新中国气象预报事业的开拓者之一。

经过五年的天气预报实践,陶诗言积累了大量有关中国天气变化的感性知识,为其以后的科学研究提供了丰富素材。

联合天气分析预报中心副主任

1949年11月20日,涂长望奉命到北京筹备新中国气象工作。11月23日,涂长望以个人名义给周恩来总理写报告,内容涉及建立我国气象工作的建议。12月8日,中央人民政府人民革命军事委员会气象局(简称"军委气象局")成立,办公地址设在北京市南河沿25号欧美同学会内。毛泽东主席任命涂长望为军委气象局局长,张乃召、卢鋈为副局长。12月28日,中国人民革命军事委员会作战部颁发军委气象局印章及长戳,29日启用。此时全国尚未完全解放,正是百废待举、百业待兴之时,急需开展气象业务和服务。当时气象各方面业务条件都很差，但最急需的是技术人才，特别是较高层次的技术人才。

新中国成立以后，中央研究院气象研究所改名为中国科学院地球物理研究所[①]，把气象、地震、地磁、物理勘探并在一起（1966年又分为四个所，分为四个研究领域：大气物理、地震、物探，还有一个就是空间中心，气象方面成立了大气物理研究所）。中央军委气象局为解决气象人才急缺这一问题，和中国科学院商定，集中一批技术力量先开展我国的天气和气候业务。由于当时中央军委气象局的气象业务水平达不到业务要求，需要中国科学院派人去支援，几乎抽调超过原气象研究所1/2的人到气象局来工作。这些人员的人事关系（包括工资）留在中科院，业务管理和组织服从中央气象局。

1950年10月，抗美援朝战争开始，时局对军事气象服务的要求也迫在眉睫，解放军总参谋部气象部门缺乏技术骨干。出于对国家和人民的热情和责任，赵九章给已是军委气象局局长的涂长望写信，建议成立联合天气分析预报中心和联合气候资料中心。于是，1950年12月，中国科学院地球物理研究所与军委气象局合作成立联合天气分析预报中心，地球物理研究所派出顾震潮任主任，陶诗言任副主任。同时成立联合气候资料中心，先后由地球物理研究所张宝堃、杨鉴初任主任。这两个中心为创建新中国气象事业及培养气象干部做出了重大贡献。由于陶诗言的工作有军事部门的支持，正因为如此，陶诗言等人在新中国成立初期没有受到"知识分子思想改造运动"和其他社会运动的影响。

联合天气分析和预报中心（简称"联心"）的主要任务之一是完成抗美援朝战争的军事气象保障任务，之二是向国内发布天气预报。赵九章将陶诗言从南京调到北京担任联合中心的副主任，在中央气象局局长涂长望指导下，从事天气分析预报工作。

[①] 1950年1月，由气象、地磁和地震等部分科研机构合并组建成地球物理研究所，对外称地球物理和气象研究所，成为当时中国科学院13个研究所之一，所属气象研究室由前中央研究院气象研究所人员组成，赵九章任所长（1966年地球物理研究所分成四个研究所，包括中国科学院大气物理研究所）。1950年，叶笃正代表赵九章与中央军委气象局共同领导筹建了联合天气预报中心和联合气候资料中心。

接到调令，陶诗言全家准备北上，他当时也许还不清楚，有千斤重担等着他去承担，很多重要历史任务需要他去完成，大幕已经徐徐拉开，等待着他在舞台中央的精彩表现。1950年的冬天还是助理研究员的陶诗言带着家眷从南京搬到北京，作为陶诗言的老师和领导的涂长望非常欣赏这个踏实、勤奋的青年人，涂长望局长亲自率领中央气象局各司的司长们到火车站迎接陶诗言一家。涂长望局长求贤若渴的态度让陶诗言感到非常温暖和感动。

图4-1 "联心"三主任合影[顾震潮（中）、陶诗言（右）、曹恩爵（左）。大气物理研究所提供]

"联心"是中央气象台的主要组成部分，当时全体人员有几十个人，三个行政领导，主任是顾震潮，陶诗言是副主任，另外一个是曹恩爵。

陶诗言刚来北京，就发现北京这边的气象科研条件比南京还要差，预报条件也很落后，工作比较艰苦。当时北京的生活待遇与南京相差很大，陶诗言调到北京后的工资待遇只是在南京时的70%，同时联合中心是个军事单位，要求过军事化的生活。这对习惯于自由研究的陶诗言来说，当时还有些思想包袱，但是面临国家需要，陶诗言义无反顾投身到新中国的气象事业建设洪流中。到北京的"联心"工作对陶诗言来讲是一个很好的转折点，陶诗言把芝加哥学派的高空图、天气图一起拿到北京。除了陶诗言外，刚回国的顾震潮、杨鉴初、刘匡南、朱抱真、章振越等也来此工作。可以说，赵九章派出了原中央研究院气象研究所80%的专家，使得当时的机构成为国内气象预报力量最强的单位之一。1955年"联心"撤销，恢复了中央气象台的预报科和资料室。

让我们跨越岁月，回头看看当年那如歌的年代。新中国成立后，中央气象台是全国建立的第一个大型气象台。最初坐落在老华北观象台旧址，也就是今北京动物园院内。那里的环境十分优美,有各种花草树木、飞禽鸟类、假山流水、蜿蜒小桥。当年的中央气象台也被老气象人称作红楼,今天已被拆除,从左边的照片中还可以依稀看出当年人们忙碌的影子。

新中国第一任气象局局长涂长望高瞻远瞩,为国家气象局业务用地争取到很大一块空间,当年中央气象局的地界几乎从白石桥河的北岸一直扩展到魏公村。如今中国气象局大院周边

图4-2 "联心"旧址所在地(卫捷提供)

的一些单位,很多是从原中央气象局划出的地盘。红楼是中国气象局大院的第一座楼房,半个世纪以来一直是中国气象局业务和科研的中心所在。红楼只有三层,立在五塔寺西北方巨大的麦田里,当时这里完全是农村。

20世纪50年代的中央气象台下设预报科、通信科、机要科、资料室、管理科及办公室等。机要科的设立是为了满足新中国成立初期和抗美援朝的军事保密需要,负责气象密电码的编译。到1956年6月1日,按国家规定气象不再保密,机要科和全国各地气象部门的机要单位也相应撤销。

红楼前是一大片空地,在那里设了一个观测场。观测场大约只有20米×20米,仪器设备包括大型蒸发皿、曲管及铁管地温表等。楼房顶层

安装当时最高级的达因风速自记仪,可测出瞬时极大风速。观测组每天24小时观测,每三小时发一次绘图报,把编好码的纸条送给机要科,由机要科加密后给通讯科发出;每小时把实况送给"联心",编码后报给防空司令部。观测项目很多,每小时巡视仪器、计算(算盘和手摇计算器)和挑选极值、校对前班工作数据等一天三班倒[①]。

20世纪50年代初期的预报工作几乎全部是手工操作,气象信息传唤主要通过电报交流。通信科、预报科、会商室相邻,业务用房共40多平方米。预报科收到电报后,由专业填图员迅速填在天气图纸上,然后由预报员画出等压线、锋面、天气区,供预报使用。但为了争取时间,不能等到每个程序全部完成,再依次进行以下程序。所以,把一张图纸按站点分布剪成几大块,由几个填图员同时填图,而每块图尚未全部填完,预报员争先看记录,初步勾画主要等值线,做到心里有数。不久,全图又必须尽快粘贴起来,提供会商与发码广播的需要,直到下班之前,才能全部完工。

中央气象台的天气形势分析和预报图是通过编码后向全国广播,对下面台站进行指导,每天两次由预报员唱码,填图员在电传机上打码共同完成发往全国的电报稿。编码方法是用一块写有经纬度的透明胶板与图对齐,接着顺次念该等值线关键点的经纬度。地方台站接到电报后,就能把这些等值线的关键点顺次点描在空白天气图纸上,然后联结成线,就可了解天气形势与中央台预报意见。

预报室附近有一间约两平方米的会商电话室,是预报作出后通过电话同地方台站和在京的其他台站(那时还未成立北京气象台,北京市的天气预报由中央气象台兼顾)会商天气的地方。由于电话只能对讲。所以不可能集体会商,只能选择对当前天气变化影响较大的台站征求意见。

为了保证预报的质量,每项工作检查十分严格。一般规定,检查工作由下一个班承担。每个站、每个符号、每条等值线、发出的每组电码都要查看,错误分等级登记,最后统计出总的评分。检查实际上变成了质量竞

---

① 柯佳梁:《难忘1952年——我在中央气象台的九个月》,中央气象台60周年纪念文集。内部材料。

赛。所以，当时虽然设备简陋，但每个人都把质量摆在首位，因而预报质量仍然是好的，基本上很少出现责任性错误。每月、每季、全年台风等灾害天气以及各次特大灾害都要作出总结[①]。

当时中央气象台的预报条件确实落后，通信报房、机要室、预报会商室同在一排大平房，报房内的设备非常陈旧，大都是新中国成立前遗留下来的真空管收报机，型号很杂乱。夏天平房很热，只能靠电风扇降温；冬天没有暖气，只能用煤火炉取暖，室内灰尘较多，每班都要自己动手，在下班前打扫干净，为接班的同志做好准备工作。因炊事班人手少，值夜班的同志只能晚上专门派人到动物园马路对面的小饭馆买点烧饼，回来再自己煮点面条，值班员睡的是两条长木凳架起来的木板床。这就是初期老中央气象台的生活写照[②]。

联合天气分析预报中心联合了地球物理所气象组和当时的军委气象局的最优秀的技术力量，包括了顾震潮、陶诗言、杨鉴初等国内优秀的气象专家参加到天气预报业务的建设中来。"联心"当时是军队编制，因此陶诗言没有太多行政管理的工作，主要业务是做预报。当时国内气象资料奇缺，基础薄弱，很难做出正确的天气预报。中国的天气又有自己的特点，国外的一些预报方法难以照搬使用，必须走中国自己的路，做开创性的工作。陶诗言和顾震潮一起，带领"联心"的人员学习国外的新成果，创造适合我国实际的天气预报方法和有中国特色的研究成果，丰富了我国的天气学理论。他们克服重重困难，领导建立了我国天气分析预报业务，承担了对全国天气预报工作的指导，在新中国成立初期的国防和国民经济建设中起到了积极的作用，尤其在减少灾害性天气给人民生命财产造成损失方面起了重要作用。在短短的三年多时间里，不仅发展完善了中国短期天气预报业务，还建立了中期天气预报业务，并开展了长期天气预报，使得在新中国成立初期我国的天气预报业务很快地发展，较好地完成了国家军事气象保障任务和经济建设和社会发展需要的天气预报任务，还经受了1954年长江特大洪涝的预报服务考验。

---

① 张家诚：《追忆红楼》，中央气象台60周年纪念文集。内部材料。
② 田厚吉：《在新中国初期中央气象台的日子里》，中央气象台60周年纪念文集。内部材料。

天气预报的风险

当时中央气象台设在动物园内，业务人员由公园售票处进入东门，除了工作人员外，游客不准进入，真是"闹中取静"。晚饭后工作人员还可在公园内散步或谈心，深夜值班人员经常听到狼嚎虎啸，早晨又可听到百鸟欢叫，真是一个充满情趣的工作地点。

在"联心"期间，陶诗言从未把自己当作副主任，他带领大家，不辞辛劳、埋头苦干，从填图到分析预报，样样能干。陶诗言经常亲自值班，有时候还是夜班。遇到有灾害性重大天气事件时，往往都是他负责签字发布天气预报。陶诗言在实践中建立和总结了各种天气预报方法，填补了我国天气预报上的一些空白。

在军委气象局的领导下，中央气象台实行的是军队的一套管理办法，虽不如战斗部队，但各种制度的执行也是很严格的。虽然当时的科研条件比较差，但"联心"建立了很好的制度，各项制度比较严谨，如交接班制度、会商制度、发警报的程序和格式等，业务工作井井有条，他们每天早上八点钟会商，决定预报。陶诗言几乎事事亲力亲为，不用说工作是很辛苦的。由于当时很多工作都是手工操作，要一环扣一环地流水作业，有很严格的时间要求，各项工作都要按时完成，如违反，一定要开展批评和自我批评。这使大家养成了一个守时的习惯。这既和部队的光荣传统有关，也和当时的领导有关。顾震潮、陶诗言两位主任虽然身为中科院的科研人员，但为了建立我国的天气分析、预报业务，能深入实践，勇于负责，严格要求，身体力行，为中央气象台以及我国天气分析预报业务的建立做出了很大的贡献，得到了大家的尊敬，也为后辈树立了很好的榜样。

当时中央气象台是一个很年轻的集体。台长不到40岁，顾震潮和陶诗言也只有三十三四岁。预报员多数是20多岁，个别的近40岁，最年轻的只有十六七岁，如彭光宜、陆家骏等，填图员、报务员、观测员多数都不到 20 岁。当时中央气象台的平均年龄也就是二十四五岁[①]，被称作中央国家机关中最年轻的单位之一。因为年轻又有热情，所以大家都不觉得累，都希望能够为新中国建设多添一份力量，陶诗言更是如此。

为提高新预报员业务水平，陶诗言和顾震潮经常亲自给新进的预报员讲课。为提高整体业务能力，中央气象台注意博采众长，特别是在介绍国外的动态、经验方面，"联心"每一到两周有一次学术报告会，包括研究成果汇报和介绍国外动态，如苏联的平流动力理论、北欧学者的图解法、美国的中期预报方法、德国的统计方法，还介绍过美国芝加哥学派主要人物之一的洽尼（J. G. Charney，1917—1981）的数值预报原理等，有时进行天气预报总结和中国学者的报告。这些报告和介绍，既讲了他们的成果，也讲了他们的优缺点，还对有些预报方法组织试验、试用，既不盲目照搬，也不轻易否定，形成了一种比较实事求是的学术风气。这些学术活动使中国气象学者开阔了视野，增长了知识，懂得了天气预报是科学中的难题之一，不存在什么灵丹妙药，也没有一种方法、一种手段可以在若干年内能完全解决它，只能靠气象工作者长期不懈的努力，才能逐渐逼近问题的答案。

作为中心的主要领导者之一，陶诗言一心扑在新中国气象预报事业上，"联心"没有现代化的技术和设备，既没有雷达，也没有卫星，数值天气预报也没有开展，就是凭地面几个观测站的观测资料发布未来天气，包括发布警报、寒潮、台风。与国外的数据交换方面，当时可以收到南朝鲜、日本的气象资料，但是收不到北朝鲜的气象资料，美国自然不会给社会主义中国气象资料，所以当时可用的预报资料很有限。然而各方面对"联心"的期望都很高，预报员做预报的时候怕报不准，心里总有压力，比如报了下雨，怕它不下；不报下雨怕它下，预报员心里老放不下。"联心"在顾震潮、陶诗言等带领下，坚持每天做出天气预报，同时为抗美援朝作好气象保障。"联心"不仅每天向国内各城市和朝鲜前线发布天气预报和气象情报，而且有时也为当时的国庆活动做天气预报。全部预报工作共分三个大班，各有三分之一的预报员与填图员，由预报领班统一指挥。陶

[①] 骆继宾：《早年预报员生活掠影》，中央气象台 60 周年征文。内部材料。

诗言与大家一起努力工作，遇到有灾害性重大天气事件时，往往都是他负责签字发布天气预报。"联心"把天气预报结果直接发给总参气象局，总参气象局发给军委作战部，再由他们发到朝鲜。为抗美援朝的气象服务是保密的。这种气象预报需要两头加密，专门有个机要科管保密工作，包括气象码都是不公开的，当时还是摩尔斯码，使得预报工作量很大。

陶诗言为新中国的天气预报事业做了大量开创性的工作。作为气象学家，陶诗言学识渊博，在许多领域中研究成果卓著，他的最主要特点是善于将气象理论与预报实践相结合。陶诗言在"联心"的实践中建立和总结了各种适用于中国天气特点的天气预报方法，陆续发布了多次寒潮、台风、暴雨、霜冻、中期降水等比较准确的预报，填补了我国天气预报上的空白。1951—1953 年，陶诗言开始对冬半年入侵东亚的寒潮进行系统研究，1955 年首次在气象局专刊上发表新中国冬半年东亚寒潮研究论文[1]。陶诗言从天气过程的天气学实例分析及统计分析总结出来的一些研究报告，如将寒潮预报等编撰成册，对于指导天气预报起了相当大的作用。1952 年，陶诗言晋升为副研究员。

1953 年，我国还处在百废待兴的新中国成立初期，农田水利建设十分薄弱，一次灾害性天气就会给农业生产造成严重的破坏。这年农历三月十二，一股强冷空气从北方袭来，造成全国大部分地区气温急剧下降，致使山东、陕西、河南、河北、安徽等多地的农业遭受巨大损失，刚刚拔节后的冬小麦，几乎全部被冻死，这就是震惊全国的 1953 年大寒潮[2]。这次寒潮造成巨大损失的主要原因，是气象预报部门没有发出足够准确的预警，而此次预报就是由陶诗言签字发布的。

陶诗言回忆："小麦冻死了之后，对农民造成很大损失，在建国初期，我们国家没有（那么）富裕，救济也困难，所以中央就号召投亲靠友。这一下惊动了周总理，总理下个命令，要彻查这个事情，为什么没有报出

---

[1] 陶诗言：东亚冬半年冷空气活动过程的经验研究，1955 年，发表在中央气象台的油印本上。

[2] 1953 年 4 月，河南、陕西、山西、山东、安徽、江苏等省受寒潮影响，黄河流域和淮河北部一带降温 10-15℃。豌豆、蚕豆及春种黄豆、高粱几乎全部冻死；河南、陕西、山西、山东、安徽、江苏等省的冬小麦发生罕见的严重晚霜冻害，减产约 300 万吨。见：中华人民共和国农业部计划司编，《中国农村经济统计大全》。北京：农业出版社，1989 年。

第四章 "预报员"生涯

来？其实那个时候是报了寒潮，但是我们没有报到降温降到零度。我才只有三十几岁呀，当初我作预报，没有这么大压力，没有想到严重性，我一直都没有。总理下令调查，那时候使我感受到巨大压力。在调查的两个多星期中，我一直不安，反正睡也睡不好，吃也吃不好，就是做检讨，做不完的检讨。现在看起来，我们的技术没到准确预报这个灾害的水平。新中国刚成立的时候，北面蒙古人民共和国，一个气象记录都没有传给我们，国内北方也没有什么高空台站，就是地面少数几个气象台，这导致气象资料严重缺乏而无法作出正确判断。那个时候同现在的水平差距远得很。调查结束大概一个月以后，总政治部派了人来，结论不作为一个责任性事故，免予处分。这次灾害事件之后，我养成一个习惯：就是不管每一次作预报，我都要总结经验。我用一个小本子记下来预报结果，这次报对了，为什么报对了？报错了，为什么报错了？根据我的理由进行验证，也许这个理由是错误的。但是这样反复多次，就对我业务水平提高有很大帮助，所以现在好多年轻人说，对我们的中国几次大的天气过程，我怎么都能不忘记，那因为我都记下来了。"[1]

1953年大寒潮的预报失败，让陶诗言认识到，天气预报不能只报模糊概念，而要报出具体情况，这样才能让人有所应对。经过反复琢磨，他得出这样一个结论：作天气预报是肯定要冒险的，天气预报至少有30%的风险。因此只有更加认真接触实践，及时总结，才可能少犯错误，降低风险。由于1953年大寒潮对新生中国的巨大影响，使得中央领导人更加关注气象工作。1954年，周恩来总理签署发布了《政务院关于加强灾害性天气的预报、警报和预防工作的指示》。气象部门面临着祖国和人民更大的信任与期待。不久，一场新的考验不期而至。

1954年7—8月，长江流域发生了百年不遇的洪水，当时武汉市危在旦夕，形势十分危急，中央气象局领导每天向大家宣布长江的水情和灾情。这时距离1953年的寒潮事件才刚过一年时间，陶诗言决心在这年洪水预报中"打翻身仗"。陶诗言和顾震潮与大家一起严密监视天气，有

---

[1] 陶诗言院士访谈（3），2010年12月9日，北京。资料存于采集工程数据库。

时夜里还召集大家进行紧急会商。当时，为了保障武汉安全度汛和尽量减少沿江灾情，中央气象局曾宣布中央气象台进入紧急状态，一个月内不放假、不休班、不准出气象局大院，做到随叫随到。由于陶诗言等领导带头，大家都能严格遵守。在此期间涂长望局长曾陪同邓子恢副总理到中央气象台看望大家，并了解天气趋势。可见党中央对这次洪水非常重视。

7月18日，武汉的长江水位涨过1931年28.28米的最高水位。令人担忧的是水位还在不断上涨，进入8月中旬，水位一度达到29.73米，高出历史最高纪录将近1.5米，并且持续六天居高不下。在这样高水位的威胁下，究竟要不要分洪，成了当时党中央一时难以决断的事情。如果分洪，无数国家财产将被淹没！但若不分洪，一旦决堤，后果更加不堪设想。这时如果气象预报可以准确做出预报，就可以减少领导决策的不确定性，但由于预报要承担预报不准的风险，谁也不敢随便预报。就在这关键时刻，陶诗言挺身而出，凭借多年的预报经验和翔实可信的数据分析，果断预报接连下了几天的暴雨即将终止。根据陶诗言的预报建议，没有进行分洪，当时大家都捏了一把汗，果然到8月18日，暴雨停止，长江水位开始下降。长江没有分洪，避免了巨大的经济损失。

由于陶诗言的正确判断，经过两个多月艰苦卓绝的斗争，武汉人民终于战胜了无情的洪水，保住了武汉和其他城市安全。毛泽东主席知道后欣然亲笔题词："庆贺武汉人民战胜了1954年的洪水，还要准备战胜今后可能发生的同样严重的洪水"。"武汉保卫战"取得最后的胜利，陶诗言是功不可没的。

事后询问陶诗言当时预报暴雨即将终止有多少把握，陶诗言回答当时觉得有70%的把握[①]，剩下30%就是风险，如果报错了，后果不堪设想，因为如果有雨，但是没报出来，那可能就会造成长江决堤。但是那个时候，陶诗言没有想得这么多，就凭着科学的态度和对国家高度负责的精神作出正确预报。由于成功的预报，陶诗言受到了国务院的嘉奖。

经过涂长望和顾震潮、陶诗言等人的努力，仅仅两三年的时间，中央

---

① 访谈到此处时，陶诗言自谦地说："这下蒙对了。1954年是蒙对的，现在看起来是蒙对的。"

气象台已经有两三百人的规模。这些人员中有新中国成立前就参加工作的技术人员,有新中国成立初期的大学毕业生,有大量"参军"、"参干"后经过短期培训的年轻人,有从国外回来的和从科学院及高等院校请来的专家,还有从部队调来的领导和行政干部,真可谓是来自五湖四海。人员的年龄从十六七岁到40多岁,平均20多岁,年轻而有朝气。正是由于当时能不拘一格地使用人才,团结各方面的力量,调动多方面的积极性,才使大家在当时生活条件十分艰苦的情况下,能心情舒畅地积极工作,发挥了各人之所长,彼此之间也能较好地团结共事。就是因为有了这样一支队伍,中央气象台的业务才得以迅速地展开并不断发展提高。陶诗言和同志们一起生活工作,结下了深厚友谊。

以上仅是陶诗言在"联心"五年(1950—1954)预报员生涯中两个较典型的预报故事,期间还有很多类似的经历,他觉得当预报员很好,可以直接接触预报实践。陶诗言认为在"联心"工作是其学术生涯中一个很重要的阶段,他在接受采访时对研究组说,通过五年的天气预报实践,他积累了大量有关中国天气变化的感性知识,为以后的研究提供了丰富素材。所以陶诗言认为没有那五年真正的预报员生涯的历练,就没有他后来的学术成就。

批判苏联平流动力理论

作为一个科学家,陶诗言实事求是,坚持科学原则,对于不科学的做法敢于提出不同意见。陶诗言说:"当初我们气象方面也走了弯路,比如百叶箱,中国是副热带地区,观测时一定要用地方时,但后来硬性规定不要用地方时。"[1] 由于陶诗言接受的是芝加哥学派的气象科学理论,对于新中国成立后苏联的一些气象理论有自己独立的看法。陶诗言坚持科学真

---

[1] 陶诗言院士访谈(3),2010年12月9日,北京。资料存于采集工程数据库。

理，注意苏联的气象科学技术，陶诗言认为苏联气象学中的平流动力理论不妥当。所以当时中央气象台在陶诗言等人带领下，基本上还是按照美国芝加哥学派的理论做预报。因为在芝加哥学派的人看来，苏联的近代气象学不够先进，陶诗言对苏联的气象学、特别是流行一时的平流动力理论不怎么感兴趣。但当时全国都在学习苏联，所以陶诗言感觉压力不小。涂长望鼓励陶诗言可以在气象学会上就此作报告。1954年陶诗言就作了报告[①]，指出其不足之处。当时陶诗言这个学术报告反响很大（图4-3）。赵九章原先也有点担心，陶诗言报告之后，大家信服了他的观点，赵九章就请陶诗言吃饭，以示安慰陶诗言。在全国"一边倒"的情况下，陶诗言坚持科学真理的精神非常宝贵，尤其是在当今社会，更能折射出陶诗言的崇高品质。

图4-3 1954年8月25日中国气象学会第二届全国会员代表大会（前排左八为竺可桢，第二排左四为陶诗言。资料来源于中国气象学会）

① 1954年8月在中国气象学会第二届全国会员代表大会，陶诗言作了批评苏联气象理论的报告。当时陶诗言作的报告是关于苏联平流动力理论的几个问题。参见冯秀藻：中国气象学会召开第二届全国会员代表大会．《科学通报》，1954年第10期，第80-81页。

1928年人类发明了无线探空以后，高空大气观测逐渐增多，高层气流的观测事实逐渐清楚，罗斯贝在1939年从理论上和观测方面发现了控制天气和大气环流变化的大气长波，这种长波是与地面天气图所看到的高低压相对应。这些理论形成了在大气科学理论中占有重要位置的芝加哥学派的基础，芝加哥学派所建立的大气波动力学的理论体系是20世纪大气科学理论最重要的研究成果之一，芝加哥学派所创立的大气长波理论不仅为天气预报提供了理论依据，而且使得后来的数值天气预报和大气环流数值试验成为可能，奠定了现代大气环流与大气动力学的基础。这个理论使得人们对大气环流的看法有了一个根本性改变。以罗斯贝为首的芝加哥学派提出：大气环流是复杂的，是非对称的，它的变化是基本气流与扰动相互作用的结果，扰动通过角动量和热量输送滋养着基本气流，而基本气流又为扰动发展提供能量。这种看法比20世纪以前所提出的轴对称大气环流的看法不仅更符合实际，而且更辩证、更科学。

于是中央气象台还是按照美国代表世界先进水平的理论做预报业务。当时苏联的气象专家不太理解罗斯贝的长波理论，习惯使用自己的平流动力理论。到1955年之后，苏联才开始定性地应用罗斯贝最基本的涡度方程，而此前陶诗言做预报时早就已经定性应用了。到1956年以后中国同行发现苏联自己也变了，也开始依照罗斯贝的公式进行天气预报。这证明了陶诗言当初的判断是正确的，在1954年作的报告也是正确的。"苏联的平流动力理论我们认为不能适用于中国。假定是1957年反右时我说这话，很可能我会受到负面影响。还好后来历次运动我都没受影响。苏联气象学差，这一点我们当时看得很清楚。"[①]

对于新中国成立初期苏联的气象学水平，陶诗言的大学同学黄士松也有同感，采访黄士松时，专门谈到这个事情。黄士松说："新中国成立以后我们中国国内的气象学界以美国芝加哥学派罗斯贝方法进行预报，因为高空的罗斯贝长波理论、地面的锋面学理论、地面图气旋、锋面，一直到现在为止，这个概念还在用，气象预报、数值预报还是这样一个基础的。

---

① 1955-1956年，中央气象台请苏联专家涅克拉索夫讲"苏联中期预报方法"。访谈者曾就此事询问陶诗言院士，但陶院士未予作答。

苏联有名的就是平流动力学说，现在（看来）它是不同的假设（前提）。平流动力学说，没有在全世界推行。其他国家也没有推广，只有中国推广了一段时间。预报理论他们（苏联）不懂得探讨，那时是正压模式。"[1]

总结经验和人才培训

1953年，中华人民共和国开始施行第一个五年计划，当时中央军委气象局属于部队建制，没有民用气象，国家需要民用气象的部门，所以1953年中央军委气象局整体转制为政务院管辖的气象局，成立了中央气象局[2]。军队另外成立一个气象局，就是现在的军委总参气象局。"联心"原先从中国科学院抽调来的全部人员1955年年初就撤回到中国科学院。在"联心"解散的时候，由于陶诗言的杰出才能和踏实勤勉的工作作风，中央气象局希望陶诗言留下来继续工作，但是中科院的赵九章不舍得放陶诗言，所以陶诗言还是回到中国科学院地球物理研究所。可以想见陶诗言成为各方争取的优秀人才。从"联心"回到科学院之后，陶诗言继续研究天气预报。1956年以后，虽然他主要在中国科学院从事气象学研究工作，但他始终保持与国家气象局业务预报部门的密切合作，参加了中央气象台、气象卫星中心等单位的许多科研工作，这些工作促进了科研机构和业务预报部门的协调合作。陶诗言对于指导和提高中国的天气预报水平，起到了重要作用。

陶诗言在"联心"的工作成绩卓著，不仅为抗美援朝、解放海南岛、解放舟山群岛等沿海岛屿、和平解放西藏等许多军事活动提供了出色的气象保障服务，同时也为经济建设、防汛减灾和抗灾等进行了有效的气象服务。顾震潮和陶诗言主持的"联心"经过五年的努力，建立了我国现代天

---

[1] 黄士松教授访谈，2011年5月6日，南京。资料存于采集工程数据库。

[2] 中国共产党中央军委气象局，成立于1949年12月。1953年8月1日，毛泽东主席、周恩来总理签署转建命令，将气象部门从军事系统的建制转到政府系统。军委气象局变成国家气象局。1954年3月中央军委在总参谋部下增设了一个气象勤务处，1960年又组建了总参谋部军事气象局。

气预报业务，并培训大批业务预报人员，为我国天气分析预报业务的发展奠定了基础，取得了一批我国现代天气学的研究成果。

通过"联心"五年的天气预报实践，陶诗言积累了大量有关中国天气变化的感性知识，为其以后的科学研究提供了丰富素材。陶诗言认为自己在"联心"有很大收获，是他学术成长的一个转折点，他说："用毛主席的话说就是从感性知识转到理性知识。"陶诗言经过五年的实践，把自己对天气预报的认识上升到一个理性认识的阶段。"所以说没有在气象局'联心'工作，就没有我今天。就是说，比如在东亚大气环流方面的科研成果，如果没有我们这几年的实践，不可能写成这些文章的。这几年里建立了在气象学界的威信，有人评价我是中国现代天气预报的奠基人之一，我想这个评价就是从'联心'这儿传出来的。"[①] 陶诗言说道。

陶诗言在"联心"工作五年总结了许多预报经验，还组织编写了天气预报手册（图4-4）。从1956—1959年陶诗言发表了很多论文，解决了我们国家天气预报的一些理论问题。直到20世纪50年代末至60年代初，陶诗言有关寒潮路径、北半球大气环流突变与长江流域的梅雨等一系列文章还有很多来自于在"联心"的一些实践经验。因为气象工作的突出成绩和科学研究方面的重要贡献，陶诗言于1956年晋升为研究员，同年，获全国先进工作者称号。

图4-4 《中国短期天气预报手册》第一分册《东亚大型天气过程》封面书影（图中这本书当年是在陶诗言的主持下完成的，没有正式出版，当时还是秘密刊物。徐国昌提供）

20世纪50年代，设置气象专业的高校主要有北京大学、南京大学等少数几所高校。面对新中国气象事业的迅速扩大和社会需求的加大，大批量培训气象人才成为中央气象台等国家级

---

① 陶诗言院士访谈（3），2010年12月9日，北京。资料存于采集工程数据库。

业务单位的一项重要任务。1950—1955年陶诗言和顾震潮等人在"联心"一起建立了我国天气预报业务系统,为国防和国民经济建设提供了卓有成效的气象保障服务,为我国现代天气预报业务系统的建立做出奠基性的贡献。陶诗言等人在紧张的短期和中期天气预报工作的同时,还为气象业务部门培养了一批气象业务人才。

1950年4—9月,经涂长望局长与中科院、清华大学商定,在清华大学举办了第一期气象观测训练班,由谢义炳、李宪之、王鹏飞等教授负责教学工作,培养气象观测员79人,这是新中国培养的最早的一批气象观测员。

随后,1950年10月至1951年3月在中央气象台举办了天气预报实习班。涂长望和顾震潮、陶诗言等气象专家都担任讲课教师,学员39人。陶诗言主讲天气预报的理论气象、动力气象两门课,包括讲述罗斯贝的长波理论,还编写了讲义《高空分析与天气预告》(图4-5)。

这是新中国培养的最早的一批气象预报人员。尽管那个时候大学的教材全部用苏联的,但是中央气象台基本上还是按照美国的罗斯贝学派的方法培训预报员。陶诗言坚持用欧美先进的气象学理论教育学员,凸显了他独到的战略眼光。

图4-5 《高空分析与天气预告》封面书影

1950年12月成立了军委气象局气象干部训练班,安排陶诗言给他们上课。学员是抗美援朝参军的青年学生,由于分别来自于陆军、空军和海军,形成一支海陆空合编的队伍,每当唱起嘹亮的军歌,一个个都显得无比的自豪。师生们情绪高昂,早出操、晚自习讨论都很自觉,学习虽然很紧张,但经常组织自编、自演丰富多彩的文娱活动。教师们既担任讲课又指导实习,既讲理论又重视操作,教学效果很好。这个短训班是新中国气象教育的一个很好开端,影响非常深远。

1953年1月，训练班改为气象干部学校，学制为一年。与之同时，华东、东北、西南、西北、中南各大军区气象处都相继建立了气象训练队。条件比较艰苦，但都配备了得力的干部和教师，行政管理、政治教育、业务教育都很好。学员毕业后，除分配到本地区，同时也分配到全国各地。经过几年的短期培训，全国共毕业气象人员约一万人，解决了新中国开创气象事业的急需。接着就把气象教育转到正规的教育上来，培养中、高级人才。

即便离开了中央气象局，陶诗言依然对培养气象人才倾注大量心血。1956年，中央气象局成立了气象研究所（就是现在的气象科学研究院），聘请陶诗言担任兼任研究员，陶先生亲自指导的三个学生，在气象科学研究院做研究工作，后都成长为气象业务骨干人才。

第五章
经典之作：东亚大气环流的研究

在 20 世纪 50 年代末和 60 年代初，陶诗言将在"联心"工作中的经验上升到理性认识，发表了有关寒潮路径、北半球大气环流突变与长江流域的梅雨等一系列文章。这些研究工作都是东亚大气环流的经典之作，引领着我国天气学和预报业务的发展。尤其是 1957—1958 年他与叶笃正、顾震潮在瑞典著名的大气科学学术刊物 *Tellus*（由芝加哥气象学派领军人物罗斯贝创办）上发表了三篇关于东亚大气环流的文章，受到国际大气科学界的重视。

中国寒潮的研究

陶诗言一生与中国最著名的两个气象研究机构——中央研究院气象研究所和新中国成立后的中国科学院大气物理研究所结下不解之缘，既从中吸收了大量学术养料，又反过来对研究所的发展起到促进作用。

中国科学院大气物理研究所（简称大气所）的前身是 1928 年成立的国立中央研究院气象研究所。1950 年 1 月，中国科学院将气象、地磁和地震等部分科研机构合并组建为中国科学院地球物理研究所。1966年1月，根据我国气象事业发展的需要，中国科学院决定将气象研究室从地球物理研究所分出，正式成立中国科学院大气物理研究所。目前已发展成为涵盖大气科学领域各分支学科的大气科学综合研究机构。

大气所主要研究大气中各种运动和物理化学过程的基本规律及其与周围环境的相互作用。大气所是我国大气科学基础研究的最高学术研究机构，聚集了一批科技英才，代表我国大气科学基础研究的水平。"创新"和"国家需要"是大气物理所立足的根本。从新中国成立初期东亚大气环流和季风理论研究，20世纪50年代云物理研究的开拓及数值天气预报和方法的提出，60年代空气污染气象学的发展，70年代卫星气象学、大气遥感理论和大气探测技术研究的开展和应用，80年代的气候数值模拟和预测研究，到90年代的全球气候与环境变化和自然控制论等等，不断为国家经济和社会发展做出贡献[1]。其中就包含着陶诗言的一些重大贡献。

1955年在"联心"的任务结束，陶诗言回到中国科学院大气物理研究所，参加以叶笃正为首的研究组继续做预报研究。这是个团结并很有活力的研究组，研究组在中国寒潮、东亚大气环流、中国的天气和气候以及青藏高原气象等方面作出系统的科学成果。

东亚冬季风的变化与异常，特别是寒潮，是引致我国寒害、雪灾、早霜和晚霜等灾害性气候发生的重要成因。1953年大寒潮预报的失误促使陶诗言对于东亚寒潮活动路径及其与寒潮有关的东亚大气环流变化过程进行深入研究。陶诗言对东亚寒潮的发源地、寒潮爆发的路径及条件、寒潮冷锋的结构、中国境内的锋生过程以及寒潮预报进行了系统的研究，发表了十多篇有创见性的论文，比如《阻塞形势破坏时期的一次东亚寒潮过程》、《十年来我国对东亚寒潮的研究》等。这些文章解决了国家许多预报业务上的问题，也建立了他在气象学界的威信，受到气象学界的高度评价，成

---

[1] 大气物理研究所概况。中科院大气物理研究所网站，2013-06-03。

为 50 年代寒潮研究的一个权威。

寒潮与大气环流密切相关，陶诗言用从高低空流场相联系的观点分析东亚寒潮的爆发，延长了预报时效。陶诗言利用当时逐渐增多的地面气象观测站和少数的高空观测站资料，系统地划分了入侵中国的寒潮路径。关于东亚寒潮路径的问题，早在 1935 年李宪之就作过一些研究。由于资料所限，李宪之的部分研究结论需要进一步发展。陶诗言的工作把东亚寒潮路径的划分大大地系统化了，并且更加准确。陶诗言指出入侵中国寒潮最常见的路径是冷空气源自新地岛以西的北方海洋，从巴伦支海进入苏联，经西伯利亚、蒙古进入我国。这种路径的冷空气常引起较强的寒潮。第二条路径是从新地岛及其以东的喀拉海南下，到西伯利亚后折向东南，经蒙古进入我国。第三条路径是从亚洲西部，沿北纬 50 度以南自西向东移动，经蒙古进入我国。第四条是在蒙古——贝加尔湖地区堆积的冷空气，常直接南下侵袭我国。

在寒潮爆发的理论研究方面，陶诗言第一次提出了寒潮过程是高空大型天气过程急剧调整结果的理论观点。一次东亚寒潮的爆发实际上是东亚大槽一次替换和重建的过程，这种伴随寒潮爆发的低槽也是一种不稳定槽。它在西北气流中不断增幅，最后发展成长波槽，同时槽后导致一次冷空气爆发。另外陶诗言还发现，亚洲阻塞形势的崩溃也是导致东亚寒潮的一种常见高空环流形势。由于陶诗言是从高、低空流场相联系的观点来分析东亚寒潮的爆发，不但提高了寒潮预报的准确率，而且延长了预报时效三天左右。这对于气象预报有非常重要的意义，由于可以提前预防，可以直接为国家减少经济损失。

在寒潮研究的实践经验方面，他指出寒潮是个全球现象，不是局地现象，做预报要从全球角度考虑问题。陶诗言回忆在当时计算机不是很发达的情况下，就通过估算寒潮的行进速度来做预测，冷锋平均一天走 10 个经度，大概 1000 公里，再看速度变率，然后预报员可以据此做估计和预报。预报寒潮除了看蒙古有没有大高压外，还要看新地岛、乌拉尔山、斯堪的纳维亚半岛，那里过来一块气团有可能演变成寒潮。有时候寒潮会从北美甚至北极长驱而下，比如斯堪的纳维亚半岛上看到一个小的低压，当时很弱的，发展到我们国家就变成寒潮了。

陶诗言的学生徐国昌在回忆录中指出，1955年陶诗言撰写了"东亚寒潮的经验研究"的内部文章，在陶诗言的指导下，徐国昌在编写《中国短期天气预报手册》的东亚寒潮时，根据陶诗言这篇论文的要点，将东亚寒潮主要分成不稳定短波槽发展和横槽转向两个大的类型，抓住了寒潮爆发的本质特征，东亚寒潮完稿以后，陶诗言告诉徐国昌，1955年自己写的东亚寒潮的经验研究一文不再发表。20世纪60年代初期，陶诗言指出，高空大型暖高压伸向极地，将极涡推向南方，这是形成东亚大寒潮的另一种重要形式。

这些研究一方面大大地提高了寒潮预报水平，另一方面也为研究冬季欧亚大气环流形成的机理做出了贡献，陶诗言在我国冬季的寒潮预报方面作出重要贡献，至今仍为广大气象预报员所采用。中国寒潮的研究既体现了大气科学的全球性，又反映了与下垫面相关的特性，这对于中国更加明显，也就是中国大气运动规律的本土特性。中国大气科学在符合世界性的同时，随着陶诗言的探索和创新的深入，其中国特性更加丰富。

*Tellus*上的三篇著名论文

陶诗言在季风方面的研究成就为国际所公认。1958年叶笃正、顾震潮和陶诗言三个人共同撰写发表了三篇论文，用英文发表在国际著名气象学杂志 *Tellus*（原义为古罗马神话中的地球女神）上，阐述了东亚大气环流的特点，让国际同行了解处于封锁中的中国气象学界的研究水平，当时在中国气象学界乃至科学界影响很大，中国科学家们因此而传说赵九章手下有三员大将。

这是非常重要而且学术价值很高的三篇论文，其题目与出处分别是：

1. On the general circulation over the Eastern Asia（1）(Staff Members of Academia Sinica)，*Tellus*, 9, 432-446. 1958.（图5-1）

On the General Circulation over Eastern Asia (I)

Staff Members of the Section of Synoptic and Dynamic Meteorology, Institute of Geophysics and Meteorology, Academia Sinica, Peking

(Manuscript received June 5, 1957)

Abstract

A summary of synoptic and aerological studies of the circulation over the Far East is given. The mean field of motion in the lower troposphere is considered. Mean cross sections for winter and summer and for different latitudes are discussed. The last section contains a discussion of the seasonal variation of the circulation over the Far East.

During the last few years the aerological network in new China has had a very rapid development. The sounding stations increased from a few stations to more than 60, the pibal stations increased to more than 150 and the number of these stations is still increasing. This rapid development enabled us to make comparatively detailed studies on the general

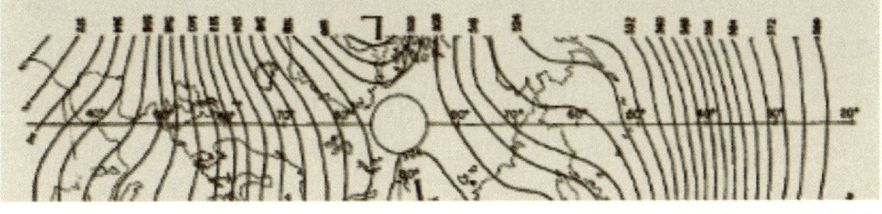

图 5-1　发表在 *Tellus* 上的文章

2. On the general circulation over the Eastern Asia（Ⅱ）(Staff Members of Academia Sinica), *Tellus*, 10, 58-75. 1958.

3. On the general circulation over the Eastern Asia（Ⅲ）(Staff Members of Acadcmia Sinica[①]), *Tellus*, 10, 299-312. 1958.

在中华人民共和国成立之初，处于被封锁之中，中国气象学界与国际同行的学术交流受到影响，渠道并不通畅。国际大气科学共同体并不清楚中国气象科学界在搞什么研究。西方称社会主义国家苏联为"铁幕"，原因是不了解"铁幕"的后面究竟在做些什么。同理称中国为"竹幕"，就是竹子做的幕，也不知道"竹幕"后面是什么。陶诗言等人关于东亚大气环流的文章发表之后，国际气象学界特别是西方学者认为拉开了中国气象学界甚至学术界的"竹幕"。当年的那几篇论文表明，20 世纪 50 年代

---

① 文章是叶笃正、顾震潮、陶诗言三人合作完成，但是署名却是 Staff Members of Acadcmia Sinica，可能与当时突出集体、淡化个人的氛围有关。

末到60年代初,中国的大气科学研究始终在跟随着世界大气科学的脚步。陶诗言说:"我们一直跟着跑,并没有落后(世界)多少。"

论文研究了包括中国在内的东亚区域冬季和夏季不同维度的大气环流,并讨论了其季节变率,研究了大气环流的季节转换和青藏高原在东亚大气环流中的作用,文章还研究了热源和热汇的问题,使用扰动理论研究了东亚地形对西风急流的影响等。

陶诗言回忆这段往事比较自豪:"从'联心'回来以后几年中,我继续研究大范围的中国天气形势,我们合作写了一篇《东亚大气环流》(On the general circulation *over the Eastern Asia*),在瑞典的一个著名杂志发表,这个文章发表后引起国际上的惊动,因为当初西方称苏联叫铁幕。这篇文章发表了以后,他们知道我们中国还有叶笃正、顾震潮、陶诗言这么多人,搞了这么多研究。这个研究都是同西方水平比较接近的。所以说这三篇文章建立了我们在国际上的声望。论文阐述的理论就是把我们东亚大气预报的特点都写进去了。外国人当时都不知道东亚大气环流的情况。我们与外国人书信交流时我的名字用的是汉语拼音,国外学者他们很奇怪这种名字,我是 TAO,陶先生叫 MR.TAO。改革开放之后有机会与当时交流学者见面,外国学者就问我:当初为什么有这个名字,我说因为把我中文名字写成汉语拼音了。总的来说,这三篇文章是建立了叶、顾、陶在国际上的威望。"[①]

陶诗言的儿子陶礼光教授回忆:1957年、1958年时,家中客厅摆了许多天气图,那些在他印象中弯弯曲曲的、一圈一圈的图,经常看见陶诗言对着图研究。这里所指的研究就是陶诗言发表的这三篇文章。这三篇文章亦是新中国成立之后气象学界在国际上较早公开发表的文章,这三篇文章提升了中国学者在国际上的声望,也鼓舞了中国气象学界的同行,鼓励他们勇于向世界展示中国学者的研究成果和真实水平。

这几篇论文部分改变了国际同行对于中国气象学界的短视看法,在封锁的情况下,美国学者对中国气象学界还有所了解,陶诗言等人在 *Tellus*

---

① 陶诗言院士访谈(3),2010年12月9日,北京。资料存于采集工程数据库。

上发表的这三篇文章显然起了积极作用。在20世纪60年代,美国学者提出要与中国合作,包括在气象上合作,表明在封锁的情况下,世界气象科学共同体对中国大气科学还是承认的,以至于若干年后中美合作季风研究计划,也起源于此。

陶诗言等人在这篇论文的基础上继续深入研究,得出大气环流的许多重要成果。20世纪50年代,陶诗言与叶笃正一起提出北半球大气环流(特别是在亚洲季风区)呈现季节性突变现象,指出在初夏,由于一系列大气环流特征的突变,活跃在中国华南地区的静止锋和雨带也随之迅速北移至长江流域,于是出现了"梅雨"天气,这个现象后来在全球其他地区也被发现。这一季节突变的观点在20世纪50—60年代被气象界广为重视。陶诗言指出,在初夏亚洲大气环流存在一次突变;东亚甚至北半球西风急流有一次突然北撤与减弱,从此高原以南的西风急流撤到高原以北,热带东风急流在高原以南建立;在对流层低层,印度西南季风突然爆发,我国华南夏季风盛行;中、高纬度冬季和春季大气环流形势发生一次季节性调整,波长缩短,波数增加,尤其是东亚沿岸的大槽西退到大陆上;低纬度环流和环流系统也发生一次重大变化,突出表现在副热带高压有一次西伸北跳。这些观点都受到气象界的普遍重视。后来国内外的大气环流数值试验与遥相关分析证实了陶诗言观点的正确性,陶诗言的研究成果广泛地为国内外学者所引用。

陶诗言和陈隆勋[1]曾分析1956年5月底和6月初亚洲上空大气环流的变化。发现在这个时期,亚洲南部的大气环流有着跳跃性的改变。在这个时期,喜马拉雅山南麓的高空急流向北撤退,而在西藏高原上空建立一个副热带高气压脊线,并且在亚洲南部上空(北纬10°附近)建立一支高空东风急流。在影响中国天气变化的大尺度系统中,阻塞高压和副热带高压非常重要。1962年陶诗言分析了夏季江淮流域持久性旱涝的环流特征,指出西太平洋副热带高压持续性的偏北和偏南是造成旱涝的主要环流特征。1964年,随着对流层上部资料的增加,陶诗言研

---

[1] 陈隆勋(1933-),1955年毕业于南京大学,中国气象科学研究院研究员,1987年因"东亚大气环流研究"获国家自然科学奖一等奖(第四名)、1995年因"东亚季风研究"获国家自然科学奖二等奖(第一名)。

究了夏季南亚 100 毫巴高压的变化，将南亚 100 毫巴高压分为东部型和西部型两类，东部型西太平洋副热带高压西伸北进，长江中下游干旱少雨；西部型西太平洋副热带高压东退偏南，长江中下游多雨，从而揭开了我国 100 毫巴和南亚高压研究的序幕。

陶诗言这些大气环流的研究工作都是经典之作，引领着我国天气气候学和相关预报业务的发展。1987 年陶诗言因东亚大气环流研究和叶笃正等人共同获国家自然科学奖一等奖（图 5-2）。

图 5-2　东亚大气环流研究获国家自然科学奖一等奖证书

东亚大气环流的扩展研究

中国梅雨的研究

梅雨是中国和东亚地区夏季主要雨季之一，它对中国东部旱涝灾害的发生有很重要的影响。陶诗言对中国有关梅雨问题进行了系统的研究。1949 年前，许多关于梅雨的讨论都是从气团角度出发。1949 年后，由于资料增多，研究深入了一大步。陶诗言从东亚大型天气过程的变化来研究长江流域梅雨。陶诗言指出，梅雨实际上是东亚大气环流季节过渡时期或突变的产物。这种看法在 20 世纪 50 年代后期和 60 年代初期得以深化和发展。陶诗言指出中国长江流域的梅雨与东亚和北半球大气环流的突变密切相关，尤其同亚洲夏季风的爆发和西风急流北跳的关系更大。

陶诗言研究得出中国梅雨开始一般在每年 6 月初，在这个时期，亚洲上空的大气环流经历一次明显的季节调节，在对流层低层，印度西南季风突然爆发，我国华南夏季风盛行；中高纬的长波形势发生调整，由3波变成4波，尤其是东亚沿岸的大槽西退到大陆上，在鄂霍茨克海上空出现高压脊或阻塞形势；低纬环流系统也发生一次重大变化，伴随着以上这些环流特征的变化，静止锋和华南雨带迅速北移到长江流域，于是梅雨天气出现。

陶诗言根据气候资料以及1951—1957年的天气图资料，对中国梅雨期的气候特点、梅雨期与亚洲上空大气环流季节变化的关系、梅雨期的长波型式、梅雨期东亚的基本天气过程以及梅雨期暴雨的天气过程等问题作了深入分析。陶诗言研究得出，东亚梅雨期的开始和结束很有规律，梅雨期与亚洲上空大气环流的季节变化有着很密切的联系。梅雨期的开始是发生在亚洲上空的东西风带向北突然推进的时期。梅雨期的结束与日本上空西风急流消失并且东风出现的日期很接近，这样的大气环流有季节变化，在年与年之间，虽然在时间上有一些出入，但变化的形式却是一致的。陶诗言对这种现象的揭露，对于东亚梅雨期的了解以及梅雨产生到结束的预报问题很有帮助。在梅雨期间东半球甚至北半球上空有典型的长波型式，在这长波型式下，东亚出现典型的基本天气过程，因而引起长江淮河间一次次的梅雨气旋发生。

将研究扩至平流层

20世纪60年代初，人们开始注意对流层上部平流层的天气系统分析问题。在东亚对流层上部和平流层中下部大气环流的研究中，陶诗言根据1957—1961年东亚90余个探空站的记录，对东亚对流层中上部和平流层中下部的大气环流特点作了初步的分析，指出在冬季，对流层中上部的气压场和风场特点和过去研究的结论基本一致；在夏季，高原部分的环流特征却和过去的结论不同，夏季在高原上对流层中部出现微弱的气旋性环流，在100毫巴处高原上空的反气旋达到最大强度，这与青藏高原的热力性质有关[①]。

[①] 陶诗言，李毓芳，温玉璞：东亚对流层上部和平流层中下部大气环流的初步研究，《气象学报》，1965年第2期。

此外，陶诗言指出，从 1—7 月东亚对流层上部的气压场和风场变化很大，在中高纬度气压场有相反的趋势，并且副热带高压脊线从冬季的北纬 15° 位置移到夏季的北纬 28°。

1964 年，陶诗言和朱福康研究了亚洲南部夏季 100 毫巴流型的变化及其与西太平洋副热带高压进退的关系，发现青藏高原上空的反气旋是北半球势力最强的大气活动中心之一，它绕着其平均位置作东西方向振动，当其向东移动时，西太平洋副高压便向西伸，提出有关副热带高压东西进退的预报判据。1965 年，陶诗言与杨鉴初对平流层大气环流的季节变化和平流层爆发性增温的天气过程作了分析，并出版了一本专著：《中国夏季副热带天气系统若干问题的研究》（图 5-3）。

图 5-3 《中国夏季副热带天气系统若干问题的研究》封面书影

陶诗言在海温对副热带高压的影响上进行了集中研究，他指出赤道东太平洋海温极大地影响了副热带高压的强度，并联系到 ENSO 事件[①] 与副热带高压活动的关系，给出了这种影响过程的可能物理机制。在冬季中国上空平直西风环流条件下的西风波动研究中，陶诗言认为在亚洲中部和南部上空平直西风的环流条件下，往往有一个高空西风带的低压槽从亚洲西部越过西藏高原移到中国东部。这类高空的低压槽在低层对流层大气中表现不很清楚，在高层对流层中却表现显著。

[①] 厄尔尼诺（El Nino），是指热带中、东太平洋海表面大范围持续异常偏暖（冷）的现象。南方涛动（Southern Oscillation）是指热带太平洋、印度洋之间大气质量的一种大尺度起伏振荡。二者密切相关，合称"厄尔尼诺／南方涛动"（ENSO）事件。

第六章
中国卫星气象学的开拓者

1966—1976 年，大气物理研究所和中央气象局都受到"文化大革命"的影响，叶笃正也因为曾在国外留学而进了牛棚，陶诗言幸运地没有受到大的冲击，他抓住一切可以利用的时间和条件做研究工作。军事气象的研究给了他一个很好的外在环境，使得他可以安心地搞科研。陶诗言为中国两弹发射提供了出色的气象保障，并开拓了中国自己的卫星气象学。

"两弹"试验中气象保障的功臣

20 世纪 60 年代，我国核弹和导弹试验列入日程，这是中华人民共和国的"大科学工程"，上至国家领导人，下至普通百姓视其为中国人扬眉吐气的重要途径，集中了中国最优秀的人才，为此各方面工作都需确保万无一失。我国秘密开展了核弹和导弹等的国防尖端科学技术研究工作，需要有效的气象保障。国防气象保障是一项非常艰巨的任务。两弹试验对气象保障提出了特殊要求，导弹的发射要求发射点和爆炸点都要有严密的气象保障：发射点能见度要好，保证安全发射起飞；爆炸点要无云，才能保证观测爆炸的效果；而且要求无风或风小，不能有大风往内地这边吹，以防把核污染物带到内地，最多只能出现微风，即便微风，也不能吹过玉门关，防止核扩散与污染；还要求知道大漠深处发射场单点的高云、云量和垂直能见度、地面风向、风速和对流层中低层合成风等；要求很快找出符合气象条件要求的发射场和靶场，并且要求在十天、一个月、甚至数月之前作出定点、定时、定量的预报；有几项试验的气象保障要求更高，在发射点和弹着点要求是丝毫无云的碧空，而且要求风向风速满足一定条件。

这样的保障要求在当时很高，军队里的气象工作者达不到这样的水平。当时军事基地的气象工作者做气象预报，老是报不准。比如沙漠里虽然不下雨，但沙漠里有卷云，导弹发射不能有卷云出现，这会干扰观测。因为卷云不好预报，所以要请一个气象专家专门预报卷云。张爱萍将军亲自拍板选用陶诗言在试验现场做气象保障工作。陶诗言负责导弹试验以及核弹起飞点的气象保障工作，当时陶诗言还不是共产党员，事后才知道自己是被"控制使用"。陶诗言由于参加了军事气象保障工作，在"文化大革命"期间免受了冲击，红卫兵没有上门干扰，陶诗言也没有被下放到农村劳动，仍能继续从事研究。相比其他科学家，这对于陶诗言来说是一个幸运的事，他自然会珍惜机遇，努力工作。

1965—1974年，陶诗言毅然接受为原子弹和导弹发射试验提供天气预报的任务，十几次到试验基地工作，经常一去就是几个月，他与解放军指战员一起生活，吃苦耐劳，有时连续几天不睡觉，而且不许和外界联系。采访陶诗言时，他对我们解释说："当初原子弹发射的时候，要求发射场风速不能达到某个规定值，这个要求很高，同时发射场上空不能有云，要看看落下来的姿态，怎么样下来的，所以一定要目测，这个云很难预报。我曾经问过基地领导钱学森：你为什么不用雷达来追踪，钱学森说你不懂，我要看到导弹升空的过程。所以当初东风一号导弹发射的时候，从酒泉到新疆，升空和落地时要求上空没云，便于观测。"[①] 陶诗言说："我到

---

① 陶诗言院士访谈（3），2010年12月9日，北京。资料存于采集工程数据库。

部队里去做气象保障,就是保障不能有云、特别是卷云出现,导弹发射场附近不能有云,以便用肉眼目测看导弹在空中的姿态。沙漠里头虽然经常晴空万里,但是经常有云,尤其在我国西北的戈壁沙漠中,常常出现高云,而云是气象预报中最难报准的,保障发射时绝对不能出现卷云。那时条件很苦,可以说苦得要死,我现在想我怎么能够完成任务呢,确实苦得很,真的。"[1] 陶诗言所说的艰苦一方面是生活条件艰苦,试验基地一片荒漠,什么物质都得靠外地运进去,建设任务十分艰巨。另一方面则是观测手段落后。当时陶诗言面临的气象保障条件确实非常落后:预报设备达不到要求,没有卫星、激光雷达、边界层探测设备、风廓线仪等特种探测手段;观测站网异常稀疏,只有一些高空天气图;没有数值预报等客观预报技术;没有当地的长时间的观测预报数据和预报经验;没有一支有经验的观测预报队伍,仅有从空军场站和院校抽调来的一支年轻的气象队伍。

作为气象保障把关的陶诗言,必须坚守在第一线,严密监测天气变化,精心分析资料,有时几天几夜不能合眼。为做好气象保障,陶诗言亲自动手编写天气形势预报的教材,为气象工作人员讲课,参加每日天气会商,言传身教,指导基地气象人员开展天气预报经验总结和天气预报方法研究,亲历当地局地天气的发生发展和演变过程。

云和风的预报全凭陶诗言多年的经验以及扎实的实践知识来预报,陶诗言为确保万无一失,在缺乏设备等情况下,创造性地设计出科学有效的观测方法。陶诗言选定离发射场周边几百公里的几个关键点为高空观测站,观测站上如果出现卷云等情况,立刻电话通知发射场。因为从观测站到发射靶场,卷云的移动时间一般有六个小时,哪个站上空出现卷云,就可以据此做出预报。陶诗言指出当时做卷云预报时一定要严密看住这些站,站的上空不能有云、不能上云,如果有云就立即通知靶场,通过这些方法做出了客观合理的预报。在酒泉卫星发射基地,陶诗言还为基地气象保障工作创造了云区分析方法,云是卫星发射非常关心的问题,在没有卫星云图的那个年代,这种分析方法虽然很简单,却是对于完成火箭卫星发

---

[1] 陶诗言院士访谈(3),2010年12月9日,北京。资料存于采集工程数据库。

射的气象保障工作起到了重要的作用,这种云区分析方法很长时间在基地使用。陶诗言还从预报理论上做出创新。陶诗言逐渐掌握了沙漠戈壁天气的变化规律。他认为一般情况下,温区天气过后,随之而来的则是冷区天气,而这冷区天气又大多从苏联的乌拉尔山而来。陶诗言结合历史上的天气变化规律,大胆地提出自己见解:"我认为必须打头不打尾,紧紧抓住温区天气和冷区天气这两个气团的交界面—冷锋过后那段相对稳定天气的时刻"[1]。陶诗言的理论创新和实践创新颇有中国本土特色,在实际发射试验站得到很好的验证。

当时陶诗言只有40多岁,正是年富力强的时候,回想起当时在基地的情景,领导给陶诗言的任务很艰巨,但是现成可以用的数据非常少,巨大的压力使陶诗言夜不能寐,日思夜想着如何完成工作,每一次预报都面临巨大的压力,每做完一次预报,陶诗言往往会提心吊胆,常常在半夜起来看看天空是不是有云出现。长期高度紧张使他患了高血压,陶诗言经常要靠降压灵维持正常的血压和工作状态,此后这种疾病伴随了他一生,影响了他日后的身体健康,但是陶诗言从无怨言,甚至都不愿提及。

图6-1 方宗义

在非常有限的气象观测设备和预报技术下,陶诗言以极大的责任心、辛勤的工作换来了正确的预报和一次次任务的顺利完成。陶诗言先后对两次原子弹试验和多次导弹试验做了完美的气象保障。

陶诗言不仅圆满地完成了"两弹"试验的气象保障任务,而且还培养了许多这方面的人才。陶诗言带了一位学生方宗义[2],作为他的助手一起做

---

[1] 胡学文:为第一次导弹试验预报天气的专家——陶诗言.《贵州气象》,1995年第1期,第47页。

[2] 方宗义(1938-),1963年毕业于中国科技大学。国家卫星气象中心研究员,卫星遥感专家。曾担任卫星气象研究所所长和国家卫星气象中心主任。

预报，后来继续跟随陶诗言做卫星气象学研究。在陶诗言的指导下，方宗义很快成长为本领域的专家。

陶诗言也为基地培育了一批年青的军事气象科技人员，使他们成为业务可靠的接班人，如今他们都已成为特种部队气象部门的高级指挥员了。陶诗言的辛勤工作得到了基地领导和广大指战员的高度肯定，1965 年 5 月，陶诗言荣立一次二等功（图 6-2），1966 年获大功一次（图 6-3）。

图 6-2　陶诗言荣立一次二等功喜报
（卫捷提供）

图 6-3　陶诗言荣立大功一次喜报
（卫捷提供）

气象卫星数据的接收与应用

陶诗言是我国卫星气象学、特别是气象卫星资料在天气分析和预报中的应用这一领域的开拓者，他填补了中国卫星气象学的空白。1958 年美国发射的人造卫星开始携带气象仪器，1960 年 4 月 1 日，美国发射第一颗气象卫星 TIROS-1（泰罗斯 1 号）。20 世纪 60 年代末到 70 年代初，国际气象界开始将气象卫星资料应用于天气分析和预报，开辟了新的气象研究领域。1969 年初的中国南方雨雪冰冻灾害导致通信、交通中断，大范围农作物和人员受灾。周恩来总理听取气象工作汇报，明确提出，要搞我们自己的气象卫星。在我们的气象卫星上天之前，要接收和利用国外的气象卫星资料。

陶诗言在为军事气象保障的基础上，根据国家需要，率先投入这项研究工作。卫星气象学是陶诗言年届50才开始步入的新领域，他在这一领域的开拓性业绩反映了陶诗言不断攀登的创新精神。他及时地领导了我国气象学界开展了卫星云图的应用研究，卫星云图很快就成为我国天气预报和研究工作的重要手段，同时开辟了新的气象研究领域。

20世纪60年代，陶诗言发现，一些先进国家已先后成功地将气象卫星资料应用于大气分析和天气预报，为了填补我国这一领域的空白，他带领研究组潜心钻研，努力实践。在仿制出APT、VHRR、TIROS-N三代美国业务气象卫星云图接收设备和日本地球同步卫星云图接收设备的基础上，又开拓卫星资料的应用，从而提高了天气预报水平，特别是大大提高了我国短期预报的水平。

在陶诗言的指导和带动下，我国从1969年开始将气象卫星资料用于天气分析和预报。各省都有自动图片传送系统（APT）接收站。大多数自动图片传送系统接收站接收泰罗斯-N（TIROS-N）卫星的低分辨扫描辐射仪云图，有几个站接收日本地球静止气象卫星云图，中央气象台还接收由华盛顿世界气象中心和日本气象厅发送的太平洋的卫星探空和测风资料。

1970年以后，周恩来总理要求加强接收美国的气象卫星的图片，陶诗言义无反顾主持这项工作。陶诗言作为技术指导，研究组包括丁一汇、方宗义（组长）、曾庆存、李崇银、黄荣辉等，还有一个技术组，研究如何制造这个接收仪器。研究组工作很有成效，通过五年的艰苦研究，设计和制造了接收美国气象卫星的全套设备（图6-4，图6-5），

图6-4 低分辨率极轨气象卫星云图接收机天线

图 6-5　陶诗言研究小组用过的仪器设备（左为接受监控台，右为传真机。这两幅照片来源于庆祝陶诗言 90 华诞报告会上的 PPT）

还在全国建立了 120 个接收站。能够把美国气象卫星的全部数据都接收下来，并且研究了怎样分析这些数据，总结出来一套方法。在陶诗言带领下，随着美国气象卫星探测能力的增强，大气物理研究所研制成功了 HRPT 接收设备。1977 年日本的静止气象卫星 GMS-1 发射成功，大气物理研究所又研制了相应的针对 VISSR 的接收设备。面对这些新的卫星探测信息，陶诗言指导科研人员开展了卫星测温、测湿资料的应用研究，高频次静止卫星资料用于台风、热带天气系统、暴雨和强对流等天气系统的监测、分析等。

陶诗言谦虚地说："这个卫星接收设备很简单的，其实也没什么，由于'文化大革命'中有关研究受到干扰，我们看到美国天气预报员都用卫星云图做预报，我们就想是否可以把其卫星数据接收下来。美国没有保密，我们最后研究出了卫星接收设备，并且可以接收卫星图片。这些图片对美国来说很普通，但是对我们是很宝贵的。我们把卫星云图接收到了，然后研究怎么用到气象预报中，后来又在中央气象台试用，效果很好。"[1]

接受到国外气象卫星资料后，陶诗言及其领导的研究组研究了气象卫星资料，尤其是卫星云图在我国天气分析和预报中的有关应用问题。陶诗言首先发展了一套识别天气系统的方法。在这个基础上重点研究了台风、

---

[1] 陶诗言院士访谈（3），2010 年 12 月 9 日，北京。资料存于采集工程数据库。

中尺度系统和高原天气系统问题。过去由于热带海洋和高原地区地面资料缺乏，对于这些地区天气系统的生消、发展和移动了解甚少或者不完善。利用卫星云图可以清楚而及时地发现和监测这些天气系统的产生与演变，因而发现了不少新的观测事实。如台风发展的云系特征、热带云涌现象中尺度对流云团的云系特征等。陶诗言带领研究组根据大量台风云系演变的研究，发展了一套利用卫星云图预报台风发生发展的方法，这个方法已在我国气象业务部门中使用，是一种有效的参考工具。到20世纪80年代后期，国内在省市级以上的气象台都建立了卫星云图分析和应用业务，他们使用的原理和方法主要是陶诗言和他的研究组提出和发展的。

为把气象卫星资料尽快应用于我国气象业务，陶诗言把卫星接收设备无偿搬到中央气象台供使用。在陶诗言的建议下，中国气象局、中央气象台建立了卫星云图联合分析和应用组，由中科院大气物理研究所、北京大学地球物理系、中央气象台和701卫星气象中心的十几位专家组成，由丁一汇任组长。陶诗言指导这个研究组出了一系列成果。陶诗言与年青同志一起参加汛期的天气会商，与预报员一起开展针对中国天气的合作研究。还把卫星接收设备安装到福建省气象局监测预报台风，与预报员一起研究台风的定位、强度估计和路径预报。

卫星云图对天气预报的作用在中国气象局系统很快显现出来。大多数天气预报部门的预报员在做短期预报时，常常参考卫星云图资料。根据使用气象卫星资料的经验，预报员认为卫星资料对于改善天气分析和预报是很有用处的，大大降低了预报工作量，提高了工作效率，尤其是在西藏高原和我国邻近海域，卫星资料是天气分析和预报的重要工具。当时空军的领导曾经将接收到的卫星云图呈送周恩来总理审阅，这从侧面反映了陶诗言的研究在当时的战略意义。

陶诗言带领大家继续对卫星云图进行深入研究，研究包括卫星云图定位和镶拼，图像基本特征识别（海、陆区分，不同地表），云的分析识别（高、中、低云），云型和天气系统（带状、涡旋状、线状、细胞状），中国主要天气系统的云型特征（锋压、蒙古气旋、高空冷涡、梅雨、台风和热带天气系统）等。在陶诗言的带领下，研究成果得以升华，于1971年由科学出版社出版了专著《卫星云图的接收和分析》（图6-6）。

20世纪70年代以后，国际上动力气象的理论和数值预报方法的研究成为主要趋势，陶诗言院士及其领导的研究小组研究了气象卫星资料在中国数值预报中的应用。陶诗言在领导研究工作的过程中，发现有必要建立一个系统的数据资料库，以利于科研活动的顺利开展，他就提议有出国机会的学者注意收集国外的有关数据，许多出国归来的访问学者在他的影响下，都将所带回的气象资料贡献给这个数据资料库。有意思的是，陶诗言关于中国的卫星接收图片，特别是关于青藏高原的卫星接收图片引起美国学者的兴趣，来信索要（图6-7），陶诗言给予回复，可见陶诗言的工作在当时就有很高的学术价值。

回忆这段历史时，陶诗言说，美国是最早把气象卫星资料用于天气分析，中国紧紧跟随世界最先进的气象发展趋势。陶诗言说："自己搞卫星也是形势造就，'文化大革命'开始之后，因为搞军事气象保障，没有受到造反派冲击，相对于经常受运动干扰的科学家来说，我们属于逍遥派。但是原先一些研究方向也受到一些影响。"陶诗言在"文化大革命"中积极工

图6-6 《卫星云图的接收和分析》封面书影

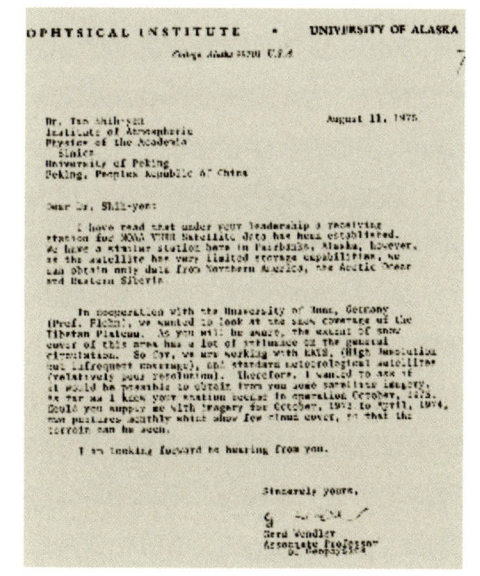

图6-7 美国Gerd Wendler向陶诗言索要青藏高原卫星图片的信件

作，避免了各种干扰，"我在中国气象局的时候，老干部劝我入党，我之所以不敢入党是因为我有海外关系，因为我的父兄在台湾，所以我始终没有入党。我知道我有这个背景，所以我特别小心。反正给我什么任务我都做。"[1] 正是由于陶诗言这种大智若愚和勤勉工作的态度，他在"文化大革命"中并没有耽误学术研究，反而取得突出的成绩。

陶诗言对于卫星资料分析和应用工作的开展，为我国卫星气象学的发展起了很大的推动作用，也为我国天气分析和天气预报水平的提高做出了积极贡献。

202训练班

为进一步推广陶诗言在卫星云图方面的有效成果，中央气象局决定举办训练班，在全国预报员中普及卫星资料的使用方法。陶诗言为当时新建的100多个台站和有关单位的卫星接收、天气分析人员讲解了基本应用技术，为我国气象业务培养了第一代能够使用卫星资料的天气分析人员。这种卫星云图预报方法就在全国很快地推广，现在已经是气象预报中很普遍的方法了。陶诗言为了更大范围地推广这项技术，实行研究、教学和业务的紧密结合，在未名湖畔建立APT联合接收应用组，不久又将大气物理研究所、北大地球物理系与中央气象台以及701卫星气象中心的研究、教学和业务气象人员紧密结合在一起，成立联合研究应用组，开展研究工作。1972年中央气象局与北京大学联合举办卫星资料接收应用培训班，希望把卫星气象推广到全国，当时把部队中海军、空军、陆军气象技术人员都召集来了，为保密起见，称作202训练班（图6-8）。1973年11月在武汉召开了第一次全国性的"气象卫星云图接收应用"会议，1974年陶诗言赴国防科委21基地，为军队举办卫星资料应用培训班。

---

[1] 陶诗言院士访谈（3），2010年12月9日，北京。资料存于采集工程数据库。

图 6-8 202 训练班照片（陶诗言提供）

  为服务国防，陶诗言指导研究组把卫星云图和天气系统联系起来，第一步就是将卫星云图图像和天气系统配合起来，然后确定怎样表征天气系统的发展，从云图上怎么辨别。陶诗言指出当时设想，如果一旦打仗，地面气象观测资料得不到，而卫星上有资料，如果单用卫星云图能不能做天气预报。因此先要把天气图上的系统完全在卫星云图上描述出来，从而知道怎么发展、怎么演变。

  为填补气象卫星云图应用于日常的天气预报业务这项国内空白，陶诗言组织队伍编纂了《卫星云图使用手册》，1975 年由农业出版社出版（图6-9），作为大气物理研究所、中央气象台和北大专家联合研究的初步总结。全书共分六章，对影响

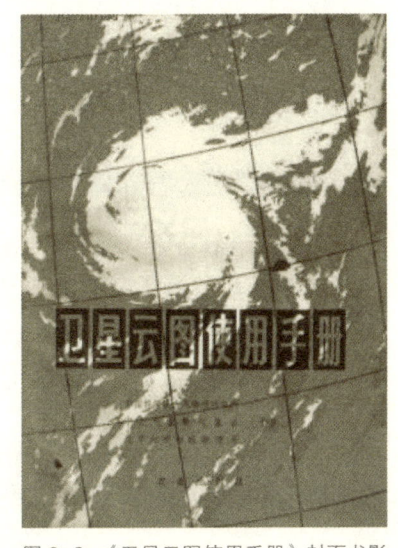

图 6-9 《卫星云图使用手册》封面书影

第六章 中国卫星气象学的开拓者

我国主要天气系统的云型特征及其演变作了全面的总结和论述。分别阐述了电视云图和扫描辐射云图的特点、云图识别的方法、中纬度系统的云图特征、高原的云图分析、低纬度的云图分析，以及其他各种云图介绍等。《卫星云图使用手册》对预报员起到重要的指导作用。

由于气象卫星资料在日常业务中获得应用，这明显提高了我国短期预报，特别是台风和其他灾害性天气预报的水平。这一开拓性的研究，不仅大大提高了我国天气分析和预报水平，且为我国卫星气象学的发展起了积极推动作用。正如国家气象局局长邹竞蒙指出，早在20世纪70年代初，陶诗言首先在我国进行了卫星云图分析运用的开创性研究工作，使我们对台风、暴雨等灾害性天气的监测预报水平有了明显的提高。

陶诗言和他指导的研究集体在卫星气象学这一领域继续进行了多方面的研究，包括大尺度天气系统的卫星云图特征、热带气旋的监测和分析研究、热带天气系统和热带环流分析研究、降水分析和预报研究、中尺度强对流天气系统分析和卫星资料在数值预报中的应用研究等方面，成为我国在这一领域所取得的重要成果。卫星资料分析和应用工作的开展，为我国卫星气象学的发展和学科建设起了很大的推动作用，也为我国天气分析和天气预报水平的提高做出了积极贡献。

1978年3月18—31日，全国科学大会在北京举行。大会通过了《1978—1985年全国科学技术发展规划纲要（草案）》，表彰了先进集体、先进工作者和优秀科技成果。陶诗言因为"东亚大气环流"和气象卫星云图接收设备的研制与分析应用等，与叶笃正、曾庆存一起参加全国科学大会并获得先进个人奖。

陶诗言关于卫星气象学方面的成果还于1982年获国家科委和国家农委的科学技术成果推广应用奖，1985年获国家科学技术进步奖三等奖（图6-10），

图 6-10　1985年获国家科学技术进步奖三等奖证书

1987年获国家自然科学奖三等奖（图6-11）。

陶诗言发展了我国的气象卫星和卫星气象事业，两个事业都得到国内外的承认。从20世纪70年代后期到90年代，多次作为特邀专家出席我国气象卫星的总体发展研讨会。陶诗言作为一位气象专家，从气象卫星资料应用的角度对我国的气象卫星发展、气象卫星上应该有什么样的遥感探测器等方面提出了许多真知灼见，发挥了重要作用。80年代开始的很长一段时间，陶诗言一直是国家卫星气象中心的顾问，对卫星气象中心的建设和发展提出了许多宝贵的意见。

图6-11　1987年获国家自然科学奖三等奖证书

第七章
学术高峰之中国暴雨研究

陶诗言对中国暴雨研究和预报做出了杰出的贡献,是我国现代暴雨研究的主要学术带头人和开拓者之一。20世纪70年代中期到80年代,陶诗言系统研究中国暴雨的活动规律、机制和预报,提出了暴雨形成过程中多尺度相互作用的概念及暴雨落区预报方法,撰写了《中国之暴雨》专著,这些研究工作对中国天气预报有重要的指导作用。

对中国暴雨机理的深入分析

我国是个多暴雨的国家,暴雨常常带来严重的洪水灾害。新中国成立以来发生的1954年的长江大水、1958年黄河大水、1963年海河大水、1975年淮河大水都是由持续性的强暴雨造成的。我国地处东亚地区,每年夏季深受夏季风的影响,活跃的季风可以到达华北、西北,甚至东北地区。环流背景加上我国复杂的地形作用,使得我国经常出现强暴雨。造成我国暴雨的天气系统很多,有台风、冷锋、低涡、高空槽、切变线、副热带高压北侧的湿舌区等,其中尤以台风造成的暴雨影响最大,当台风与中纬度天气系统相互结合时造成的暴雨最强烈。这和美国以局地强对流天气（龙卷、雷暴等）为主的情况有明显的差异。

陶诗言始终把自己的研究工作和国家需求紧密结合起来。多年来，陶诗言一直致力于中国暴雨的研究。利用稀少的东亚地面资料，陶诗言分析了 1931 年 7 月长江中下游的大暴雨（雨日超过 25 天），指出有六次低气压在长江中下游生成并向东移动，情况与 1954 年特大暴雨相类似。陶诗言还仔细分析了 1935 年 7 月上旬发生在长江中游的五峰暴雨的成因，这次暴雨五天过程总雨量达 1200 毫米。陶诗言对造成这次持续性大暴雨的原因进行了深入分析。

20 世纪 50 年代后期，陶诗言就认识到夏季降水是关系到中国国民经济的重大问题，并发表了系列论文，1958 年陶诗言、赵煜佳、陈晓敏出版了《中国的梅雨》（图 7-1），论述了梅雨的研究成果，也包括梅雨期中暴雨的研究。

20 世纪 60 年代后期，陶诗言注意到台风的移动和形成机制，进行了副热带高压及副热带天气学的研究。

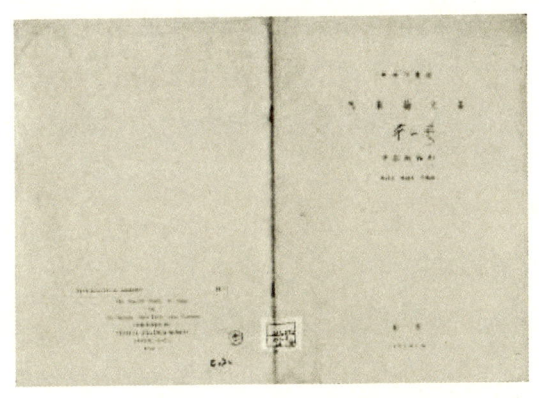

图 7-1 《中国的梅雨》封面和封底书影

在这些工作的基础上，一系列有关暴雨的研究工作得以深入开展。在暴雨研究和业务预报建立的每一过程中，陶诗言以其渊博的知识、丰富的经验在许多方面做出了重大的贡献。为解决中国暴雨的重要问题，陶诗言经常出席各种国内暴雨会议和参加各种暴雨的研究计划，起着重要的导向作用。陶诗言坚持理论联系实际，始终站在国内外暴雨研究和预报发展的最前沿，在国内外气象界有着很高的声誉。

陶诗言针对我国暴雨灾害的严重性，对暴雨以及中、小尺度系统的天气学特征及动力学进行了系统而全面的暴雨机理研究，大大提高了对我国暴雨系统的认识。陶诗言总结暴雨环流型指出，在经向环流下持续性特大暴雨环流型的基本特点是日本海高压和青藏高压稳定对峙，冷空气不断沿贝加尔湖高压前部流入两高压之间的高空槽或切变线中；在纬向环流下持续性暴雨的环流型的基本特点是，从宽广的西伯利亚低槽中分裂东南下的冷空气与副热带高压西侧的暖湿气流不断交绥，形成持续性强暴雨。

对于暴雨发生的物理条件，陶诗言认为暴雨和强对流天气与其环境条件（包括热力的和动力的）有密切的关系。大尺度环境条件不但制约了暴雨和强对流天气的性质和演变过程，而且还可影响对流系统内部的结构、强度、运动和组织程度。在大尺度环境中，有组织的对流系统不是随机发生和分布的，而是出现在特定的地区和时间内，这也是进行中尺度暴雨天气预报的依据。暴雨和强对流系统与大尺度环境条件之间在其发展的不同阶段，其相互依赖和相互作用的程度是不同的。在发生和初期发展时期，主要决定于大尺度环境条件的作用，但是暴雨和强对流系统得到强烈发展后，大尺度环境条件不但失去了对其制约的作用，反而会受到对流风暴的影响。

暴雨系统内的三维气流结构对于了解暴雨的形成很重要。陶诗言在《暴雨和强对流天气的研究》中，根据对我国一些暴雨系统二维气流结构的研究，概括出五种环流结构：

第一种是台风暴雨的环流结构。暴雨发生最有利的地区是在台风环流的东侧或东北侧。如果大形势稳定，就可造成持续性强暴雨，如果高层的辐散环流不存在或转变为辐合外流，则暴雨常常受到抑制，只能引起短时期的强暴雨。

第二种环流结构的基本特征是低层为低涡系统，高层有明显的反气旋环流。这种低空辐合、高空辐散的形势有利于暴雨区强对流的持续出现。这种环流型常出现在华南前汛期暴雨中。

第三种是与北方低槽冷锋暴雨相联系的垂直环流圈。在垂直于冷锋的剖面上围绕着暴雨区有两个明显的环流圈。这种冷锋的强暴雨或强对流活动主要出现在锋前的强上升气流中。华北夏季的急行冷锋常常是这种情况。

第四种是代表江淮梅雨期和华南准静止锋暴雨的垂直环流结构。华南准静止锋暴雨的垂直环流与江淮梅雨的结构很相似，主要也是有沿中低层锋面斜升的强位势不稳定气流。

第五种是与暖切变线相联系的垂直环流。由于在切变线附近风向辐合最强烈，存在着强烈的上升气流。一般切变线是近于垂直的，暴雨和强对流就出现在切变线附近。

气象学界普遍认为陶诗言在中国暴雨研究方面的主要贡献表现在：第一，从东亚大型天气过程和亚洲季风的变化研究了长江流域梅雨的形成和演变；第二，研究我国历史上大暴雨的个例，尤其是持续性成灾大暴雨，并提出了暴雨形成过程中多尺度相互作用的概念；第三，提出了暴雨落区的预报方法，目前成为我国气象业务中暴雨预报的重要方法之一；第四，主编了《中国之暴雨》一书，系统而深入地总结了中国暴雨的一些主要问题，为推动中国暴雨的研究做出了重大贡献。

陶诗言对暴雨的研究和分析深刻而细微，他仿佛是天生的暴雨专家。陶诗言对中国暴雨有着特殊的理解和研究，其研究深度与精辟分析常常令气象界同行叹为观止。陶诗言对中国暴雨的研究不仅具有极高的理论价值，而且可以直接指导天气预报，具有重要的应用价值。中国暴雨是和中国地形与空间结构密切相关，中国暴雨的特点与世界其他地方不见得完全相符，这是陶诗言对中国本土特色的大气科学的又一重大贡献。

"75·8"暴雨大会战

1975年8月上旬，在河南省南部淮河上游丘陵地区发生特大暴雨，从8月4—8日，暴雨中心最大过程雨量达1631毫米，最强大的雨带位于伏牛山脉的迎风面，超过400毫米的降雨面积达19410平方公里。这是百年不遇的大洪水，一次台风北上引发的罕见暴雨而产生巨大灾难，包括板桥水库等数十座水库群集体垮塌，京汉铁路中断（图7-2），数百万人突然陷入困境，牲畜、房屋、庄稼等损失不计其数。"75·8"河南特大暴雨给

图 7-2 "75·8"河南特大暴雨破坏的京广铁路，50 吨的火车车厢被冲走 5 公里，铁轨被扭成麻花形

了全国气象界以极大的震动。不久国内组织会战研究这次暴雨。1976 年从春至夏，陶诗言带领数名大气所研究人员参加了"75·8"河南特大暴雨的会战研究，暴雨研究组多次深入现场研究华南、华中暴雨。

陶诗言和谢义炳等人投身到这场由中国科学院、国家气象局和各有关大专院校联合发起的大规模暴雨会战。当时主要在南京、郑州和北京组织会战。在南京和郑州两个会战的工作中，陶诗言和程纯枢等人一起对这次暴雨进行了深入分析，陶诗言善于从复杂的现象抓住本质，其犀利的眼光很快弄清了这场大暴雨发生的原因和条件。

接到会战任务后，陶诗言马上到河南现场考察，他说："当时状况非常惨，现场什么都没了，一切荡然无存。洪水一直淹到高压线，水库大坝整个冲垮，死了很多人，可以说是非常惨的状况。"[1] 陶诗言带着丁一汇到现场考察了多次，两人住在现场附近进行研究，物质条件贫乏，无论吃的、住的都很艰苦，一人一张很小的床铺。当时正处在"文化大革命"

---

[1] 陶诗言院士访谈（3），2010 年 12 月 9 日，北京。资料存于采集工程数据库。

中，食堂里天天吃一样的食物，最好的伙食就是韭菜包子。他们日夜研究，暴雨预报的"落区法"就是那时候研究出来的。所谓"落区法"就是找一些指标性的特征线，这些特征线可能是决定暴雨的重要因素，然后把它们共同包围的地区划出来，也就是把潜在的暴雨发生区确定出来，实际上这就是后来的配料法。

图7-3 "75·8"暴雨中的灾民

关于配料法，陶诗言说："配料法是这样子，暴雨发生一定抓住暴雨的几个主要条件，一定要水热适度，水气充分等。如同炒一个菜要有料，不能缺少的，这几个基本的配料你抓住它，菜就好炒了。做预报的时候就紧紧抓住这几个料，看它怎么发展，这个就是配料法。这不是我首先提的，外国也这么提法。英文叫 Ingredients Method。我翻译成中文而已。我们国家的暴雨预报并不是像教科书上这样典型的形势，气压非常小。所以要根据实际情况做预报，这个方法就是配料，你也不要管形势如何，一定要有上升运动，一定要有水汽，而且下雨的时间要长，这个时候才能配起来（下大暴雨）。"[①]

陶诗言在南京会战的两三个月期间，研究组都是军事化管理，早晨起床还吹号并集体锻炼。当时暴雨会战研究组的同事们都很尊重陶诗言，在那儿生活条件虽然不好，但是研究组战斗热情高昂，大家都希望早日研究出成果，可以为国家减少灾害损失。因为有军队的人参与会战研究，就把战士派出去收集所有的水文资料和气象资料，军内军外的资料都收集全了，在天气图上分析雨团怎么移动，都标上号，非常清楚。陶诗言天天跟

---

① 陶诗言院士访谈（3），2010年12月9日，北京。资料存于采集工程数据库。

研究组的成员一起画图并分析天气图，遇到问题一起讨论，从早到晚，坚持研究。

研究组有30多个人，陶诗言发挥了核心的指导作用。首先他认为要把天气模型搞出来，指导研究组分析特大暴雨的案例，一定要抓特大的案例。陶诗言再三让研究组将1931—1975年所有中国历史上的特大暴雨分析清楚，把最重要的、最厉害的暴雨发生的历史搞清楚。研究组根据陶诗言的指导仔细分析历史上特大暴雨个例，总共研究了几十个历史上各地的特大暴雨，为了找这些资料，研究组跑遍了各家单位，如清华大学、水利部等等，仔细地查找历史资料。

陶诗言研究得出这次特大暴雨是发生在多尺度作用之下的。多尺度，首先是行星环流的尺度，其次是天气尺度的变化，第三是中尺度，第四是积云尺度，这四种尺度相互作用，最终产生了"75·8"大暴雨。当时多尺度思想国内没有很明确的认识，对暴雨的认识很肤浅，认为就是天气系统，这个天气系统是中尺度产生的。陶诗言研究指出"75·8"大暴雨是多尺度综合产生的，这个观点陶诗言当时论述非常清楚，因为他分析了很多雨团，分析了很多资料，论据充分。

陶诗言通过分析中国历史上近50年来所发生的大暴雨个例，指出暴雨虽然是一种中尺度现象，但不同尺度之间有复杂的相互作用。这使整个暴雨系统能继续维持或加强。陶诗言对中国的历史上持续性暴雨成因作了很深入的解释，例如对于1954年夏造成长江大洪水的持续性暴雨，他发现是由七个扰动从西向东连续通过长江流域造成的。在此期间，北半球环流形势非常稳定，也就是说，一些主要的高空槽脊系统是持续地出现在某些特定地区的，在这种情况下，地面上的锋带和降雨带便有集中和稳定的趋势，因而引起严重的持续性暴雨和洪涝。这个观点后来被广泛地应用于我国许多大暴雨的分析。此外，陶诗言还十分重视暴雨中的中小尺度系统与大尺度基本气流的关系、地形的作用以及落区预报方法等问题。这些结果都总结在由他主编的《中国之暴雨》一书中。

丁一汇后来评价这次研究时说："一个最大的成功我觉得就是落区法，至于机理的问题，那个时候（陶诗言）就开始认识到这个暴雨是发生在多尺度作用之下。多尺度，首先是行星环流的背景，然后是天气尺度的变化，中心是中尺度，最后是积云尺度的，这四种尺度是相互作用的，因此才产生了'75·8'大暴雨。"①

《中国之暴雨》

"75·8"暴雨大会战之后，陶诗言对暴雨研究一直持续着。1975—1979年，陶诗言整整研究了五年，非常辛苦。研究非常有成效，为提高长期天气和短期暴雨预报水平，陶诗言撰写了暴雨研究专著《中国之暴雨》（图7-4），对20世纪的多次大暴雨进行了系统深入的研究。

在陶诗言主编《中国之暴雨》一书中，对我国暴雨作了全面深入的分析研究，系统总结了暴雨天气类型、暴雨发生的机制和预报方法，有力地推动了全国暴雨分析研究和预报水平。该书在当时是国内第一本系统总结中国暴雨的专著，对有关我国暴雨的一些主要问题作了专门的论述，包括了许多最新的研究成果和内容。如我国暴雨的气候学、暴雨的基本形成条件、大尺度环流背景、暴雨内中尺度系统的活动、造成暴雨的主要天气尺度系统及暴雨的分析和预报方法等，尤其对历史上引起我国严重洪水灾害的十几次特大暴雨的成因作了重点介绍。对于低空急流和暴雨中各种尺度的相互作用问题也作了专门的讨论。

图7-4 《中国之暴雨》封面书影

---

① 丁一汇院士访谈，2011年4月6日，北京。资料存于采集工程数据库。

陶诗言在书中指出暴雨虽然是中尺度现象、但却是几种不同尺度的天气系统相互作用的结果。造成暴雨的天气系统是25—250千米的中尺度系统，它对暴雨有两个作用：第一，产生强上升运动，水汽通量辐合和明显的位势不稳定层，其强度一般要比天气尺度大一个量级；第二，对积云对流活动起明显的组织与增强作用。在这种25—50千米的中尺度系统中包含有几个长度为2.5—25千米的积雨云，暴雨是从这种积雨云中落下来的，而25—250千米中尺度系统是在尺度250—2000千米的系统里生成的。陶诗言在书中还强调了暴雨观测网的设计原则和外场试验的重要性。在后来的暴雨研究计划中，这些大部分都得到了实施。

陶诗言的《中国之暴雨》对指导全国的暴雨研究起了重要作用。陶诗言发现当北半球环流形势非常稳定时，地面上的锋带和气旋路径以及降雨带便有集中和稳定的趋势，因而引起严重的持续性暴雨和洪涝灾害。陶诗言进一步指出，东亚季风区天气尺度环流系统时空位相锁定是江淮流域特大暴雨洪涝灾害的主要原因，并建立了东亚季风区北方冷空气、南方暖湿气流、东部副热带高压及西部青藏高原低涡演变的天气学概念模型，这些天气学概念模型对夏季长江、淮河流域暴雨洪涝灾害预报有重要指导作用。

在《中国之暴雨》中，有很多创新，比如暴雨的反馈机制，就是说中尺度可以对天气尺度和大尺度进行反馈，当时找到很多反馈的实例，在这本书中的天气图上画出来。反馈是指降水多了以后，高层一定会出现一个反气旋，这个反气旋一定会加强南北的气流，南北的气流加强以后，又增强了对流，这些过程在《中国之暴雨》中研究得非常清楚。现今一些学者在研究暴雨时提出的很多思想，当年陶诗言已经明确提出过。现今有学者也提出多尺度的概念，而在《中国之暴雨》中，陶诗言便明确指出大暴雨就是多尺度相互作用，完全是一个互相影响的回路。这是他们当年在南京会战时候的研究结果。陶诗言对中国的持续性暴雨成因作了深入的研究，指出当高空槽脊系统持续出现在某些特定地区时，地面锋面和气旋路径以及降雨带便有集中和稳定的趋势，因而引起严重的持续性暴雨和洪涝。这个观点后来被广泛地应用于我国许多大暴雨的分析，这比美国气象学家提出的形成区域性暴雨的"集中机制"（focusing mechanism）早了好几年。

陶诗言在《中国之暴雨》中分析了中国历史上12次大暴雨的个例：即1975年8月5—7日河南特大暴雨，1963年8月上旬河北省特大暴雨，1958年7月中旬黄河中游大暴雨，1977年8月上旬陕西、内蒙古交界地区特大暴雨，1977年7月5—6日陕西延安大暴雨，1977年8月下旬上海特大暴雨，1954年和1931年夏季江淮流域持续性梅雨暴雨，1935年7月的长江流域五峰大暴雨，1973年5月26—30日华南前汛期大暴雨，1967年10月和1963年9月台湾省特大暴雨。通过对上述大暴雨的分析，他指出暴雨不同尺度之间有着复杂的相互作用，用现代的理论表述，即存在着复杂的多尺度相互作用过程。大系统孕育和制约小系统的发生与发展；小系统产生以后能成长壮大，反过来又能对大系统起作用，这使整个暴雨系统能继续维持或加强。

1980年陶诗言对暴雨的研究成果在《中国日报》上做了报道。他的学生和同事都催着陶诗言报奖，陶诗言觉得《中国之暴雨》是一个集体研究的成果，坚决不同意报国家奖。他当时认为工作做得还不够，虽然在中国做得还比较早，但是暴雨的问题非常复杂，因此想继续做一段时间再看看。这表明陶诗言谦虚谨慎的研究态度。《中国之暴雨》具有较高的科学水平和广泛的影响，研究成果在1992年被评为中国科学院自然科学奖一等奖。《中国之暴雨》影响深远，使得有中国特色的暴雨研究一直处于国际先进行列[①]。

暴雨的后续研究

暴雨大会战之后，陶诗言继续对暴雨进行研究。在中尺度天气系统与暴雨的关系方面，陶诗言继续作了大量的探索，有着精辟的论述和独到的创见。正因为陶诗言在暴雨方面的重要贡献，他关于暴雨方面的讲义经常

---

① 赵思雄，孙建华：陶诗言院士对暴雨科学研究与预报的若干重大贡献.《暴雨灾害》，2012年第31卷第4期，第293-297页。

被有关部门翻印。比如1977年4月，黄河中游暴雨预报科研协作小组，在郑州进行"58·7"黄河暴雨分析会战，陶诗言的专题报告被河南省气象局油印出版，后又被黄河水利委员会翻印，可见陶诗言关于暴雨研究的理论和成果在当时影响巨大（图7-5）。

陶诗言在中尺度系统对暴雨形成作用的研究方面做出了特殊的贡献。在研究中尺度系统的生成环境时，他提出了高温、高湿层结不稳定、大尺度的气旋涡度、有利的垂直风切变等是中尺度天气系统生成的最有利环境。在谈到中尺度系统生成的触发因素时，陶诗言概括出暴雨区内的中尺度系统演变模式，第一次明确提出了暴雨发生的触发机制。陶诗言指出锋面抬升、露点抬升、低空急流的抬升、地形抬升、重力波抬升等八个因素都能触发中尺度系统的生成。在中尺度天气系统方面的研究使理论与应用相结合，陶诗言成绩卓著。陶诗言还专门研究了暴雨同中小尺度天气系统的关系，中间尺度天气系统与暴雨的关系，次天气尺度低空急流同暴雨的关系，中小尺度天气系统同暴雨的关系，以及低涡暴雨和台风暴雨中的中尺度系统等，并建立了中尺度天气概念模型[①]。

图7-5 黄河水利委员会翻印《暴雨》的讲义

陶诗言根据1953—1977年的中国大暴雨资料研究了中国大暴雨的分布特征，指出我国是多暴雨的区域，24小时降水量接近或超过1000毫米的大暴雨，不仅在沿海地区，在内陆地区也出现过。从辽东半岛南部起，沿着燕山、阴山、经河套、关中、四川到两广，在这条线以南以东都是容易出现大暴雨的地区。大暴雨主要出现在三个东西向的带上，一是华南，二是长江流域，三是华北地区，这与静止锋季节北移和停滞的位置相一致。

---

① 为科学地说明陶诗言的观点，参考了陶诗言院士本人撰写的论文。

在长江到华南沿海地区的中间，是一条暴雨活动相对要弱一些的地区。陶诗言解释为：第一，从西藏高原移出的中间尺度扰动大多数沿长江、淮河流域东移，有一些向东北方向移到华北，所以长江以南地区地面低气压活动甚少。第二，东亚大气环流的季节变化是有规律的，4—5月是华南前汛期暴雨时期，静止锋停留在华南。6—7月梅雨锋向北跃进到长江流域，锋面在长江以南到南岭以北的地带中停滞的机会比较少，这与高空急流和副热带高压的北跳有密切关系。

根据上述研究，陶诗言在1980年左右总结出我国持续性大暴雨的三个基本条件：

一是大形势稳定。在大形势稳定条件下，经常在两个天气尺度的降水系统相通时，它们的移速减慢或者停滞少动。这样，在这相遇的地区维持着提供中尺度上升运行的背景，使得在这地区内有多次中尺度降水系统发生或者有某个中尺度系统持久地存在着。

二是水汽的输送和辐合。假若没有周围大气向暴雨区输送水汽，只考虑气柱内的含水（水汽）量，全部凝结造成的可降水量不超过75毫米。因此持久性的暴雨要求天气尺度系统有源源不断的水汽输送，以补充暴雨发生所造成气柱内的水汽损耗。实际上，持续性的暴雨发生时，经常存在一支天气尺度的低空急流，它将暴雨区外围的水汽迅速向暴雨区集中，陶诗言称之为供应暴雨所需要的"燃料"。

三是对流不稳定能量的释放和再生。强对流的发生需要有不稳定层结，一旦强对流发展后，大气中的不稳定能量就迅速释放，层结趋于中性，使对流不能进一步得到发展，要使暴雨持久，就要求在暴雨区有位势不稳定层结不断重建的机制。位势不稳定层结建立的形式是多种多样的。对暴雨过程来说，低空的非常暖湿的空气的流入是很重要的。对流层中上部冷干空气的进入并不必要，一般弱的冷干平流较为有利，而强的冷干平流对暴雨并不有利。有时只有低空的暖湿平流，即使没有高空的冷干平流，也可以重建位势不稳定层结。在天气尺度低空急流的左前方，一方面引起暴雨区水汽的输送和辐合，同时也促进对流不断再生。

陶诗言在后半生继续研究暴雨，并且取得很好的研究成果。在论梅雨的年际变异研究中,陶诗言指出长江中、下游梅雨期降水的年际变化,这种年际变异受到亚欧大陆大气环流变化、菲律宾以东热带洋面下垫面强迫以及冬季亚欧大陆北纬52°以南积雪面积大小的影响。作梅雨期降水的长期预报时,热带和中、高纬下边界面的强迫作用值得重视。

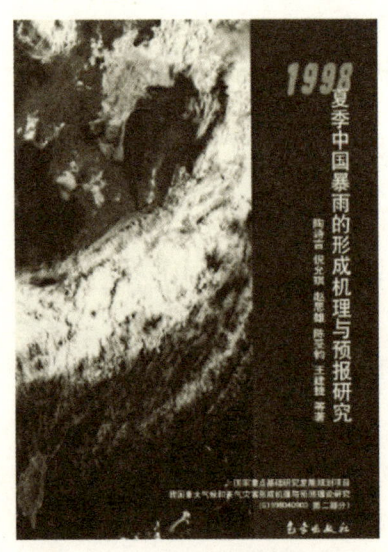

图7-6 《1998夏季中国暴雨的形成机理与预报研究》封面书影

在夏季中国南方流域性致洪暴雨与季风涌的关系研究中,陶诗言等通过对20世纪90年代三次江淮致洪暴雨(1991年、1996年和1998年)的多尺度条件分析,概括出江淮流域致洪暴雨的天气学模型。1998年夏季长江中游出现严重洪涝灾害,陶诗言认为厄尔尼诺事件为这次长江流域夏季洪涝提供了气候背景。在梅雨前期江南出现七个月的多雨期,这使得梅雨开始时暴雨区的土壤水分接近饱和,江河湖的水位很高。梅雨期出现强降水后,大量雨水只能涌向河流,使得江河泛滥;土壤水分饱和也使得暴雨区的水分内循环增强。陶诗言等在著作《1998夏季中国暴雨的形成机理与预报研究》(图7-6)中,对1998年夏季中国暴雨的形成机理与预报进行了的综合性的研究,对1998年洪涝的灾情和降水情况、大暴雨的大尺度大气环流特征和副热带高压异常变化等作了深入分析。

在2004年出版的陶诗言等撰写的《长江流域梅雨锋暴雨灾害研究》(图7-7)一书中,利用1960—1996年逐日降水资料,陶诗言仔细分析了中国地区气候状态下的降水时空分布,指出我国

图7-7 《长江流域梅雨锋暴雨灾害研究》封面书影

东部地区降水随季节的变化性与西太平洋副热带高压的进退、梅雨锋、西风带和季风涌的活动有很大关系;分析了梅雨锋上的三类暴雨,梅雨锋的动力、热力结构等。

  黄士松对陶诗言的暴雨研究方面的成就评价很高。他说:"陶诗言的工作都是深入的、有开创性的,如对雷雨的看法、对寒潮、对中国的暴雨看法,无论南方、北方,他研究得比较系统,做得很细致,比较深刻,发散思维比较多,这方面的研究,后面一些做此工作的人(很受他启发)。像做暴雨,很多人都是跟他一起做的。"[①]

[①] 黄士松教授访谈,2011年5月6日,南京。资料存于采集工程数据库。

第八章
东亚季风：指引研究方向

20世纪70年代以后，气候变化和季风研究成为国际上大气科学的热点。陶诗言关于东亚季风系统的研究推翻了过去气象界认为亚洲夏季风同属于一个季风环流系统的学术观点，提出亚洲季风分为印度季风和东亚季风两个独立子系统，但两者相互联系。此学术观点得到国际大气科学界的公认。

提出了东亚季风系统的重要概念

陶诗言是我国现代季风研究的开拓者和奠基人，对于东亚季风研究做出了重大的贡献。东亚季风问题是陶诗言长期以来致力研究的课题之一。早在20世纪50年代，他已注意到夏季风的活动及其对中国旱涝的影响。在50年代后期，陶诗言首创东亚季风环流突变的概念，研究了亚洲夏季风爆发与中国梅雨的关系。70年代以后，气候变化和季风研究成为国际大气科学界研究的热点。陶诗言与各国同行密切合作，在这一领域取得了丰硕的成果。

南亚季风和东亚季风形成世界上最强的亚洲季风系统，国际上许多学者认为它们同属一个季风系统。1980 年，陶诗言和陈隆勋、樊平等人发起并组织了东南亚夏季风研究计划。陶诗言和陈隆勋共同研究了东亚季风系统的特征，发现它是一个与印度季风系统既相互关联又有明显差异的独立季风系统，并且是由单独的热源热汇区所推动。陶诗言发现东亚夏季风的爆发和推进要早于印度夏季风的爆发和推进，平均为一个多月。这一结果已被大气环流数值试验所证实，修正了过去气象界认为整个亚洲南部从印度、中国到日本都属于同一个夏季风环流系统（即印度季风系统）的学术观点，明确提出亚洲季风分为印度季风和东亚季风（包括中国和日本）两个独立子系统，但二者又相互联系的学术观点。东亚季风系统是一个与印度季风环流系统相对独立的环流系统，它不仅受到印度西南季风气流的影响，而且还受到副热带高压和中纬度扰动系统的影响。

季风系统中的印度季风是热带季风，对中温带的影响很小，海陆温差大，因为在其西北被喜马拉雅山挡住，印度季风爆发不到一个月，影响范围就全部覆盖印度全境。但东亚季风不一样，从 5 月底季风爆发，到中国华北要到 7 月中旬以后，要一个多月、差不多两个月时间，东亚季风一步步移动。陶诗言因此认为中国是受到了另外一个季风系统的影响，所以他提出了东亚季风系统的概念。陶诗言指出东亚季风与印度季风是不一样的季风系统，一些教科书上套用印度季风的概念来表征中国的季风是不妥当的。东亚季风概念的提出对提高预报准确率有很大帮助，因为它更针对我们国家的实情。

东亚季风系统的重要概念，指引了东亚季风研究的方向。随后陶诗言揭示了东亚季风环流与前期大气外部强迫因子（如海温、积雪等）异常的响应机制，推进了季风研究的深化，为东亚季风环流预测及我国短期气候预测奠定了理论基础。陶诗言等所提出的这个看法愈来愈得到国际季风学者的重视和支持。

东亚季风爆发的日期也是陶诗言最早提出的，他指出在厄尔尼诺和南方涛动冷暖期，冬春季南亚上空西风带位置及西风扰动的异常，造成冬春季南亚大陆降水或降雪的多寡，改变了春夏季南亚大陆土壤水分含量与土壤热容量，使得夏季南亚大陆与其南面海洋之间热力对比发生变化，造成夏季风强弱变化。陶诗言从物理机制上揭示了东亚季风环流演变过程中，海洋与大气、陆面与大气相互作用及其反馈过程，促进了大气学科及其交叉学科的发展，并为我国短期气候预测及东亚季风环流预测奠定了理论基础。

谈及东亚季风系统概念，陶诗言说："美国要同我们合作搞季风研究的时候，我通过这次合作明确提出来东亚季风系统的概念。这个成果没有什么了不起的。现在这个概念已经用到业务中了，每年国家气候中心会商就会谈到南海季风爆发的问题，南海季风会商每年就研究这个，大概有15年。季风的概念最明显的是印度季风，我们这里不能套用印度季风，要用我们自己的概念，现在我搞了这么多年的东亚季风研究，解决了很大问题，每年季风爆发会商我也去。当时作为阶段性研究成果，在那个时候我提出（东亚季风系统）算是一个比较好的创见，但是以后还有很多路要走，真的还有好多路要走。"①

陶诗言在东亚季风方面的研究还包括：东亚夏季风系统的平均结构及其与印度季风系统的异同、东亚夏季风的经向环流、东亚夏季风的年际变化与季内变化、青藏高原与热带西太平洋对东亚季风变化的动力、热力作用、东亚冬季风的变化及其对夏季风的影响以及东亚夏季风的模拟和可预测性等。陶诗言1988年的研究还表明东亚季风系统成员在东亚的分布偏北或偏南会引起我国江淮流域、朝鲜半岛和日本的干旱或洪涝。

当时国际上只承认亚洲季风系统，陶诗言提出东亚季风系统，逐渐得到国际与国内学界的承认，因为东亚季风的爆发最早在南海附近，印度季风爆发是6月初，时间、地点都不完全一样。陶诗言关于季风研究的文章 A Review of recent research on the East Asia summer monsoon in China 发表在 *Monsoon Meteorology* 后，成为东亚季风研究领域的经典之作，已被国内外学者引用过上百次。

陶诗言在东亚季风领域做出了重大贡献，并且其中许多是具有突破性的进展，指引着后续研究方向。由于陶诗言提出的东亚季风系统的概念，

---

① 陶诗言院士访谈（3），2010年12月9日，北京。资料存于采集工程数据库。

图 8-1　1994 年亚洲季风及其变异国际研讨会在广州召开（前排左七为陶诗言。大气所提供）

是针对我们国家的地形的，所以提高了中国的天气预报水平。通过陶诗言及他指导下的研究团队的努力，我国在关于东亚季风方面的研究取得了长足的进步，在国际上占有一席之地，大大地促进了国际上关于季风的研究。

陶诗言一系列东亚季风研究领域的原创性科研成果，得到国际大气科学界的公认。东亚季风研究一方面拓展了世界范围内季风研究的领域的内容，另一方面成为中国大气科学本土特色的又一突出表现，陶诗言为丰富中国的大气科学研究做出了杰出的贡献。

中方首席科学家

1977 年以后，陶诗言作为联合国世界气象组织大气科学委员会中国首席代表和世界科联与联合国世界气象组织联合委员会委员，多次出国访问，加强了我国和各国的学术交流。改革开放后，中国政府积极参加联合国的活动。中国气象学界在陶诗言的努力下，许多国际合作计划和项目得以形成和顺利进行。他还积极组织和指导了中国季风的研究，使中国的季风研究迅速赶上了国际先进水平。

1977—1986年，陶诗言担任了联合国世界气象组织中国首席代表。对此他谦虚地说："联合国有个天气研究委员会，每个国家都派一个代表团，每几年开一次会，那个时候中央气象局没找到合适人员，派我当首席代表，所以称我是外交科学家。主要的职责是与每个国家的代表聚在一起，讨论一下天气上的几个问题、预报上的几个问题等，还进行一些学术上的交流，比如怎么样提高天气预报，怎么样做气候预测，后来出现气候规划WCRP①，考虑未来的气候预测等。"②

因为陶诗言在气象学领域中的突出贡献和在我国气象学界中的崇高威望，从1982年开始，陶诗言任"中－美东亚夏季风双边合作计划"中方首席科学家，致力于东亚季风研究，对东亚季风的形成和其年际变异有了新的认识。采访陶诗言时，对于担任"中－美东亚夏季风双边合作计划"中方首席科学家，他总是谦虚地说："那是国家的改革开放大时代背景造就的机遇。1978年以后正值'科学的春天'，中国积极加强对外交流合作。1982年，美国提出要与中国进行科学合作，将农业和气象列为合作内容之一。美国的商务部部长来中国签署中美气象合作，中美合作中有一项即是东亚季风研究。"③季风合作从1982年一直持续到90年代，期间陶诗言三次到美国与美国同行合作研究季风，美方代表也三次来中国合作研究，其中陶诗言去美国的NCAR④短期访问三个月，这可能是陶诗言在国外停留得最长的时间，以往的访问多是一个星期或两个星期。

陶诗言指出这是一项真正做科学研究的计划，美国帮助中国培训人员，共享资料，中国气象局也因此计划派一批又一批的学者到美国去学技术，受益匪浅。在这项研究计划中，陶诗言带领其他人取得很多成果，比

---

① WCRP，指世界气候研究计划。
② 陶诗言院士访谈（4），2010年12月23日，北京。资料存于采集工程数据库。
③ 同②。
④ NCAR（The National Center for Atmospheric Research），即美国国家大气研究中心，研究大气及相关科学问题，其研究的范围包括气候变化、大气成分变化、日地相互作用、天气信息与预报以及这些对人类社会产生的影响，研究领域涉及和大气相关的所有领域。

图 8-2　1985 年陶诗言率领中国季风代表团到美国 Monterey 参加中美季风研讨会，与美国海军研究院副院长 Shrady 合影

如陶诗言、何诗秀、杨祖芳在 1983 年发表的《1979 年季风试验期间东亚地区夏季风爆发时期的观测研究》，分析 1979 年季风试验期间 5—7 月从春到夏的季节转变过程，在亚洲南部和西北太平洋地区大范围夏季风爆发前高空西风急流有一次增强过程，对此进行了研究。

中美季风研究合作很有成效，在十年的合作中，美国著名的季风专家当时几乎都参与了这个合作。美国气象局长在合作十年总结中认为中美季风合作是中美合作中最有成就的一个。双方合作研究发表了很多文章，这些文章有的发表在美国期刊上，有的发表在中国的期刊上。促进了中国大气科学在这个领域整体水平的提高。陶诗言院士是这项合作的开创者和推动者之一，促进了中国大气科学在这个领域整体水平的提高。中美季风合作的良好发展也促进了中美其他方面合作的发展。

1985 年，陶诗言作为中方负责人，与日本文部省签订季风合作计划，1998 年后扩展成中、日、韩三国季风合作计划。陶诗言 1987 年指出，全球的季风气候区域主要位于东半球，从东经 20°—160° 的热带和亚热带范围内。季风气候的一个主要特点是有显著的年际变异性。由于年际变异性很大，在这些季风气候区域洪水和干旱灾害出现比较频繁，这种年际变异性的出现或是由于全球性的环流异常（如厄尔尼诺现象），或是由于中纬

第八章　东亚季风：指引研究方向　　*115*

度环流异常,或是由于热带的环流异常所引起。这种异常表现在每个季风系统中各个成员的位置和强度各年有较大变动。1997年,陶诗言在《东亚季风与我国洪涝灾害》中指出,我国洪涝灾害大多数出现在夏季,并与东亚夏季风的活动有密切关系,严重的洪涝灾害多是由于东亚夏季风活动异常所造成的。

第九章
走向世界的大学者

陶诗言熟知国际大气学科发展的新动向，不失时机地抓住新的研究课题，组织力量攻关，开拓了一个又一个新的领域。

陶诗言对气象事业的贡献，得到了党和人民的信任和尊敬。陶诗言本人也逐渐成长为国际大学者。1978—1984 年，陶诗言担任中国科学院大气物理研究所副所长、代所长。1980 年当选为中国科学院学部委员。1978—1992 年为第五届、第六届及第七届全国政协委员。还担任多种学术职务，并长期任联合国世界气象组织大气科学委员会中国首席代表和国际科联与联合国世界气象组织委员等等。陶诗言是《大气科学进展》、《大气科学》、《气象学报》等大气科学领域主要学术刊物的主编及编委。同时作为中国地理学会及中国环境科学学会的理事，担任《地理学报》、《中国环境学报》的编委，以他的影响促进了气象界与其他相关学科的联系。

研究气象灾害的领军人物

20 世纪末期，气象对经济社会造成的灾害影响越来越大，陶诗言时刻牢记气象要为国家服务的宗旨，与时俱进，在气象灾害和相关领域的研究上，一直走在前列。从20世纪50年代的寒潮路径研究开始，陶诗言始终关注灾害天气与气候的研究内容，并获得了丰硕的成果。早在60年代他就指出环流稳定性对于干旱期和大水时期都是一个基本特征，而持续性异常环流主要决定于由外强迫因子制约的大尺度（北半球）加热场。这个观点对于气候预测具有指导性作用。陶诗言和高由禧等人的工作则为东亚地区短期气候的预测提供了天气气候学基础。陶诗言分析了夏季江淮流域持久性旱涝时期高空环流的特征，指出旱涝持续期间、中纬度和副热带地区500百帕高度场环流型式均表现出异常性及稳定性。陶诗言还关注台风对中国的影响，在《台风预报手册》中，陶诗言指出我国是世界上受台风侵袭较多国家之一，台风给人民生命财产带来灾害，台风的预报是沿海各气象台的重要任务。

洪涝灾害是对我国影响最大的灾害之一，我国由于自然灾害所造成的经济损失占当年国民生产总值的3%—6%，其中有30%—40%的经济损失是由水灾造成的，严重洪涝灾害的年份这个比例更大。如1991年全国洪涝灾害造成的直接经济损失达779亿元，占当年所有自然灾害造成的直接经济损失的60%以上。我国洪涝灾害大多数出现在夏季，与东亚夏季风的活动有密切关系，严重的洪涝灾害多是由于东亚夏季风活动异常所造成的。我国的主要降雨带如5—6月的华南前汛期暴雨，6月中旬到7月初的长江流域梅雨，7月下旬到8月上旬的华北雨季都是这种情况。陶诗言等认为中期和短期预报，对抗洪减灾起着十分重要的作用，比如在1991年梅雨期第二、第三场（6月12—14日、6月29日—7月13日）暴雨期间，气象人员根据欧洲中期数值预报中心和北京气象中心的中期数值预报，再结合其他方法，预报将有两场强降水出现。决策者根据中短期预报，采取了有效的洪水调度和分蓄洪措施，大大减轻了灾害损失。

90年代中期开始，陶诗言将研究重点放在灾害天气的气候机理和预测研究方面。从1998年的长江严重洪涝，到2008年初的中国南方雨雪冰冻灾害等，他都带领研究组进行了深入研究。陶诗言建立了东亚季风区特大暴雨洪涝灾害时空位相变化的天气学概念模型，提出了中国夏季旱涝预测综合方法。他还十分关注世界天气研究计划中的观测系统研究和可预报性试验项目及其进展，研究如何提高一天至两周高影响天气预报的准确率，重视中长期天气预报与短期气候预测的有机结合的研究与应用。

陶诗言认为研究气象灾害需要从气候预测角度看问题。他着重研究了实现中期天气预报与短期气候预测之间无缝隙预报的突破点，提出对于季风尤其关注热带低频振荡，对于中高纬度尤其关注 Rossby 波的东传和阻塞形势的发展的思想。他认为在引发致洪暴雨的环流系统中，季风涌的作用非常重要，它提供了暴雨产生所必需的水汽。来自赤道印度洋的大气环流的 30—60 天振荡引起南海地区西风的加强，而南海西风的加强，触发中国南部大陆出现季风涌，季风涌与来自北方的冷空气交绥，造成静止锋上的致洪暴雨。陶诗言认为应将亚洲急流的 Rossby 波作为东亚夏季风系统的一个新成员，亚洲急流上的准静止 Rossby 波可以激发出我国沿海海岸长波脊的建立，西太平洋副热带高压朝着长波脊方向伸展，当长波脊持久维持时形成长江中下游高温酷暑。陶诗言由此提出我国南方夏季流域性致洪暴雨中、短期预报和季度气候预测的基本思路，对于我国的天气预报和季节预测有重要的指导意义。

2008 年，他从产生高影响性天气的几种动力机制，概括出中国出现强降水的大气环流，并利用中期天气数值预报产品进行可预报性研究。2008 年 1 月中旬至 2 月初，我国南方地区出现大范围持续性雨雪天气过程。陶诗言分析认为江淮流域降水出现类似某些夏季强梅雨期的降水过程，而且，江南的冻雨在历史上属少见。这次大范围冰雪天气过程的成因是由于欧亚大陆出现异常的大气环流。

从陶诗言在气象灾害方面的研究轨迹来看，他始终把国家需求和减少人民群众损失放在首位，因时而变，展现了一个领军人物的战略眼光和一个走向世界的大学者的风采。

推进国内外学术交流

由于在国际气象界的威望较高，陶诗言经常被邀请主持国际会议。

1978年10月,世界气象组织在上海召开关于台风的国际会议,鉴于陶诗言在这个领域的贡献和国际威望,专门邀请陶诗言作为会议主席主持召开了这个国际台风会议,说明陶诗言在中国气象学界的巨大威望,陶诗言请来了世界各地有名的台风专家,最后有50多个国家派代表参加,中方陈联寿等专家也在会上作了报告。会议的成功举办,鼓舞了刚刚经历"文化大革命"需要快速发展的中国气象学界的士气,提高了在国际同行中的知名度。陶诗言长期担任中美关于大气CO_2气候效应合作研究的中方首席科学家等,多次应美国、日本、法国等国邀请进行学术交流和讲学。

作为国际科联和世界气象组织的联合科学委员会成员,陶诗言参加了多项全球气候变化的大型研究计划的拟定。他先后参与了"世界海洋环流观测计划"、"全球能量和水分循环试验计划"、"气候变异和可预测性试验计划"三个大规模、国际合作的研究计划,这几个国际计划提高了中国学者在世界气象科学共同体中的话语权,对中国大气学界是一种很大鼓舞。

陶诗言凭借自己的威望,促进中国和美国之间的学术交流。如1982年召开的中美山地气象学术讨论会(图9-1),向国际同行展示了大气物理

图9-1 1982年中美山地气象学会议(前排右五为陶诗言,右九为叶笃正。大气所提供)

研究所在改革开放后最初几年的良好精神风貌。

陶诗言做了很多促进中美气象交流的工作，特别是推荐人才到美国学习，很多人经过陶诗言的推荐到美国科罗拉多大学学习，多数人学成归国，很快成为各自单位的骨干，还有人逐渐成长为院士。来找陶诗言推荐的不完全是陶诗言的学生，但陶诗言都能够很大度地去推荐这些人，为这些人写推荐信，表明陶诗言尽己所能来促进国际合作。

1982年，陶诗言当选为第20届中国气象学会副理事长（图9-2）。1986年，被选为第21届中国气象学会理事长。在他就任期间，学会的学术活动很活跃。每年气象学会召开几次学术讨论会，陶诗言总是亲自参加筹备，从确定会议的主题到论文的选择，他都提出意见，积极扶持学科领域的新课题、新学术思想和值得进一步讨论的有争议的学术观点。陶诗言对年轻同志尤为重视和关注，利用学会给他们提供良好的机会，开阔他们的学术思路。作为中国气象学会的理事长，他还十分注意发挥学会在促进各部门、各地区之间的学术交流方面的作用，得到了各地气象界极大信赖。许多学会的同志有意见和看法，总愿意与陶诗言商谈，希望得到学会的帮助和解决。陶诗言总是认真听取，尽自己所能给予帮

图9-2　第20届中国气象学会理事合影（前排右五为陶诗言）

助。平时，陶诗言的办公室和家里因此有很多拜访者。这可能是他一生为数不多的"领导活动"。

陶诗言在担任中国气象学会副理事长和理事长期间，对两岸气象交流起过直接的促进作用。中国气象学会在促进两岸气象科技水平的交往方面有独特作用。早在1979年5月，中国气象学会通过新华社和中央人民广播电台发布信息，邀请中国台湾气象同行来中国大陆参观交流和学术访问。1981年，又提出邀请中国台湾地区气象学会参加中国气象学会的活动，并向台湾气象部门赠送中国大陆出版的学术刊物《气象学报》。1982年在菲律宾气象学会的鼎力相助下，中国大陆、中国台湾和菲律宾三方气象学者聚会马尼拉，这是海峡两岸气象同仁在1949年后第一次接触，情景令人激动。类似的会议又在1984年、1986年举行。在中国气象学会倡议和陶诗言的推动下，借助美籍华裔气象学者和香港气象同仁的大力支持，于1989年7月，在香港首次举行了以海峡两岸学者为主体的东亚及西太平洋气象与气候国际会议，这是海峡两岸气象界隔绝40年后第一次进行的较大规模的学术交流，使两岸气象学者能够有机会具体和直接地了解对方的科研和发展水平。随后，1992年又在香港召开了第二届东亚及西太平洋气象与气候会议，促成了两岸气象业务主管部门负责人以学者的身份出席会议。

谈及海峡两岸的学术交流，陶诗言回忆："海峡两岸气象界本没有过节，我觉得两岸气象学界是否应该召开一些学术交流会，这是我提出来的建议。当初提出来这个建议之后，外交部有意见了，说你们怎么可以这样，不应该走得太快了。这就造成一定压力，时任中国气象局局长邹竞蒙提出，陶诗言的看法是对的，支持我们。我建议要进行学术交流，第一次会议我们不能到台湾，他们也不能到大陆，我们就到香港召开，这个会议是我发动的。后面又继续进行交流，后来（1994年）我到台湾去了一次，并且作了学术报告。台湾的气象学会代表来大陆的次数逐渐增多。现在双方来往很多。"[①]

---

① 陶诗言院士访谈（4），2010年12月23日，北京。资料存于采集工程数据库。

1993年1月，应中国气象学会的邀请，台湾地区气象学会负责人首次来大陆参观访问。1994年3月，中国气象学会名誉理事长陶诗言率团赴台湾参加海峡两岸天气与气候学术研讨会（图9-3），这也是大陆气象代表团第一次访问台湾，从而开启了两岸气象科技工作者直接双向交流的大门，会中协议订出"东亚气候的大气环流模式研究计划"。此后，执行顺利。会议期间大陆代表团参观考察了台湾大学、中央大学、民航气象中心、气象预报中心、气象卫星中心等气象科研、教学和业务单位。

在陶诗言的推动下，两岸气象界同仁的学术交流更加密切，感情进一步加深。台湾学者并没有忘记陶诗言在这方面的贡献。2007年4月2日，台湾中华文化大学董事长张镜湖、校长李天任以及教授刘广英一行来到中国气象局，与中国气象学会理事长秦大河院士进行了座谈。张镜湖等一行这次赴京主要是为了授予中科院院士陶诗言"中华文化大学荣誉博士学位"。

图9-3　陶诗言随团访问台湾（前排左五为陶诗言。大气所提供）

第九章　走向世界的大学者　　*123*

图9-4 陶诗言在中国文化大学授予荣誉博士仪式上发言（卫捷提供）

2009年9月13日，台湾地区气象学会组成20人的代表团来北京参加海峡两岸气象科学技术研讨会，会后又到中国气象学会诞生地——青岛观象台寻根，以此方式共同庆贺中国气象学会成立80周年。

两次青藏高原大气科学试验

二三百万年前，亚洲的造山运动促使青藏高原大范围崛起，喜马拉雅山迅速上升为"世界屋脊"，成为地质史上第四纪非常重要的事件。由于青藏高原大尺度的地形障碍对气流的强迫绕流、爬升和摩擦等动力作用，以及青藏高原冷、热源效应，使其对东亚、北半球甚至整个地球的天气和气候都产生着重要的影响，历来为世人所关注。而高原地—气系统物理过程对全球大气的动力与热力相互作用和对全球气候异常的影响有多大，成为当代大气科学界所关注的一个科学热点。

20世纪初，中国气象学家基于青藏高原对天气和气候的独特作用，逐渐开展对高原气象的观测试验和理论研究。40年代末到50年代，叶笃正、顾震潮和陶诗言研究了有关青藏高原的动力作用及其影响的许多事实，指出了青藏高原的冷源和热源作用以及对邻近地区天气和气候的影响。1960年，杨鉴初、陶诗言、叶笃正、顾震潮出版了《西藏高原气象学》（图9-5）。这本书总结了当时对于西藏高原气象学研究的成果。全书分为气候学、天气学和动力气象三个部分，其中不仅讨论了高原各地的气候特点，还讨论了高原上天气系统的重要性质和分析预报工具，同时还描述了高原上空环流的构造和变化，从理论上探讨了这些构造和变化的物理原因。

图9-5 《西藏高原气象学》封面书影

60年代后，我国科学家对珠穆朗玛峰地区气象进行了一系列综合科学考察，获得了温、压、湿、风、云、降水、辐射等珍贵资料。1958年11月至1960年5月我国第一支气象考察队在进驻珠穆朗玛峰地区期间，不仅获得了该地区第一手气象资料，还为中国登山队1960年5月25日第一次从北坡登上珠穆朗玛峰作了气象保障服务。1973—1977年，中国科学院青藏高原综合科学考察队对西藏全境进行了多学科的考察[①]。

1978年夏季，联合国世界气象组织在亚洲南部组织了一次大规模的夏季风活动的观测试验。青藏高原对季风的活动有很大影响。经国家科委批准，由中国科学院和国家气象局组织力量，联合在1978年5—8月进行了一次同步的青藏高原气象科学试验，先后由叶笃正和陶诗言担任技术总指导。这次试验取得了大量资料，分析和研究花费了四年时间。这次试验引起了陶诗言对季风进一步研究的兴趣。

---

① 汪勤模，刘维衡：向"第三极"进军.《中国气象报》，1998年4月16日。

胸怀大气　陶诗言传

　　1979 年，陶诗言和气象界著名学者叶笃正、程纯枢、谢义炳、黄士松、高由禧、章基嘉、巢纪平[①]等一起主持了我国第一次青藏高原大气科学试验，并取得了具有国际影响的研究成果。

　　进入 90 年代以后，研究环境与气候变化关系问题的迫切性更加突出。各国中长期数值预报能力低、气候模拟误差最大的地区主要是在青藏高原一带。通过 1991 年江淮洪涝原因的研究，我国气象工作者发现大部分致洪暴雨云系，均可利用卫星云图一直追踪到青藏高原地区。因此，对青藏高原大气问题进一步研究成为揭开中国、东亚灾害性天气以及世界性气候变异之谜的关键性战略目标[②]。考虑到第一次青藏高原大气科学试验对高原"地—气"系统物理过程的观测和研究不足，为了给提高数值预报水平和气候变异影响研究提供更为科学的高原"地—气"系统物理过程的描述及其参数化方案，中国气象局在国家科委支持下，决定组织"青藏高原"地—气"系统物理过程及其对全球气候和中国灾害性天气影响的观测和理论研究"（亦称第二次青藏高原大气科学试验）。

　　在陶诗言、陈联寿主持下，由科研院（所）、高校及有关省（自治区、直辖市）气象局近 50 名专家集中攻关，历时两年多，形成了总体计划。

图 9-6　第二次青藏高原试验专家组（前排居中者为陶诗言）

---

① 巢纪平（1932-），曾任国家海洋环境预报中心主任，1995 年当选为中国科学院院士。
② 汪勤模，刘维衡：向"第三极"进军.《中国气象报》，1998 年 4 月 16 日。

1995年5月，国家科委正式批准立项，"第二次青藏高原大气科学试验"隶属国家基础研究和应用基础研究重大项目（攀登B类）。1998年5—8月，陶诗言和陈联寿院士作为首席专家主持了第二次青藏高原大气科学试验。试验取得许多第一手宝贵的数据，取得许多重大原始创新成果。

第二次青藏高原大气科学试验也推动了中国与其他国家关于青藏高原研究的合作，自第二次青藏高原大气科学试验以来，中日双方继续高原合作研究，并取得了一系列丰硕的研究成果，中日科学家进一步认识到高原及周边地区大气动力、热力结构及其水分循环等过程是东亚地区灾害性天气、气候发生的"强信号"关键因素。研究"世界屋脊"地区与大范围周边下游地区的汛期灾害性天气业务化应用、监测预警和防灾能力，不仅对中国，包括对东亚乃至全球灾害天气与气候的监测都将具有重大科学价值。1999年12月，中日高原大气和水文领域的综合观测与研究被确认为双方政府间重点合作领域。2004—2009年，围绕青藏高原大气综合观测，组织实施了中日政府间科技合作项目——JICA（中日气象灾害合作研究中心）项目。

针对两次青藏高原大气科学试验，陶诗言做了详细解释："第一次的青藏高原大气科学试验主要内容是研究高原上的天气构成、天气系统、实际的变化等等，当初还没搞其他观测，一般的经典的天气气候观测（都有这些项目），还搞了个数值模拟。观测时间是7、8、9三个月，后续研究一共花了三年完成的。第二次青藏高原大气科学试验观测的重点放在边界层观测，边界层观测有两个，一个在那曲，一个在改泽，日本人也参加了。试验获得大量非常宝贵的观测资料，但是这些观测资料我们没有好好整理，日本人却整理资料，拿去发文章，我们的反倒没注意发表文章。这方面我们比人家差。第二次青藏高原大气科学试验中日本人得益很多，他们发表了好多文章，我们的反而不多，他们充分利用了我们的观测资料。这也怪不得人家，因为我们签了合同的，交换并且公开资料。这是一个教训，自己要有自己的力量，我们比日本弱，人家拿我们资料写文章，我们却写不出来。所以我们千万不能变成别人的观测员，我们其他方面的研究也有这种味道。"[①]

---

① 陶诗言院士访谈（4），2010年12月23日，北京。资料存于采集工程数据库。

从陶诗言院士的阐述中，可以看出这两次青藏高原大气实验对提高中国气象的整体学术水平有一定的促进作用，他对中国的数据被日本人拿去发表也提出了自己的看法。

两次青藏高原实验，提升了中国气象学界整体学术水平，提高了我国在世界大气科学共同体中的地位和话语权，对于未来气象科学的发展有直接的促进作用。陶诗言作为两次青藏高原实验的主要领导人物，展现了一个世界性大学者的严谨、求实和领导才能。陶诗言主编了《第二次青藏高原大气科学实验理论研究进展（一）（二）（三）》和《第二次青藏高原气象学实验研究》（原书为英文版），英文名称为 *The Second Tibetan Plateau Experiment of Atmospheric Sciences TIPEX-GAME/TIBET*，对有关成果进行了系统总结。

第十章
精心栽培大气科学人才

多年来，作为学术大家的陶诗言不遗余力地培养学生、提携后辈，桃李满天下。

勤奋一生育桃李

陶诗言经过自身勤奋和多年积累，完成了从大学毕业生到气象学一代宗师的嬗变，在作出辉煌成就的同时，他非常关注青年人的成长。陶诗言无论在哪儿工作，就会在哪儿传授知识，从未保留。在做预报、搞科研的过程中，陶诗言培养了大批青年业务骨干，他们当中很多人已成为一些省市气象局（台）的负责人。20世纪60年代，我国开展了核弹、导弹等的国防尖端科学技术研究工作，国防气象保障预报是一项艰巨的任务。在"文化大革命"期间，陶诗言等人毅然接受为原子弹和导弹发射试验提供天气预报的任务，十多次到试验基地工作。在那几年里，他不仅认真完成了"两弹"气象保障任务，还帮助部队培训气象人员，传授气象知识和前沿理论，为部队培养了一批从事军事气象保障的技术人员。当年的学生有些

图10-1 1979—1981年中科院研究生院课程表（卫捷提供）

已成为军队高级指挥员了。

陶诗言经常兼任有关高校或是中国科学院研究生院的课程（图10-1），每次总是认真备课，辛勤教学，陶诗言教过的学生中，很多成长为优秀人才，还有人成长为院士，像李崇银院士就是陶诗言教过的学生。可以说陶诗言在自己研究的同时亦为国家培养了一大批优秀人才。陶诗言退休后，培养学生却没有"退休"，即便在90岁高龄时，陶诗言依然专心指导着两名博士生。

陶诗言教学时，注重和学生讨论，并经常亲自帮助学生修改论文。在学生的论文草稿中，陶诗言经常密密麻麻地做了大量批注（图10-2）。从这来看，陶诗言对学生倾注了大量的心血。

陶诗言还注意培养学生自己的学术观点，鼓励学生有不同意见。他说："培养学生过程当中，我也

图10-2 陶诗言给学生的批注（吕俊梅提供）

希望他有不同意见,他们总听我的不行。我这个人从不傲慢,我和学生从没什么矛盾。我带学生的时候就是我帮他们,他们论文稿子写来给我,我全部给他们改,一本本改,英文摘要也帮他写,英文摘要他们写不好嘛。我带学生的模式就是按赵九章的培养方式来。"[1]陶诗言在给学生的信中非常详细地告诉学生如何研究,注意看哪些材料(图10-3),每封信对学生都相当于上一次课。

陶诗言担任中国科学院大气物理研究所副所长、代理所长期间,非常重视对所里青年研究人员的培养,经常凭借他在国际气象学界的威望和人脉,推荐青年人到国外学习,亲自为学生写推荐信。

天气会商对于气象工作者的重要性,就像歌唱家每天要练嗓子一样。但是学术单位往往不重视天气会商,也很难坚持。天气会商习惯源自芝加哥气象学派创始人罗斯贝教授,作为罗斯贝的学生,叶笃正从美国回国之

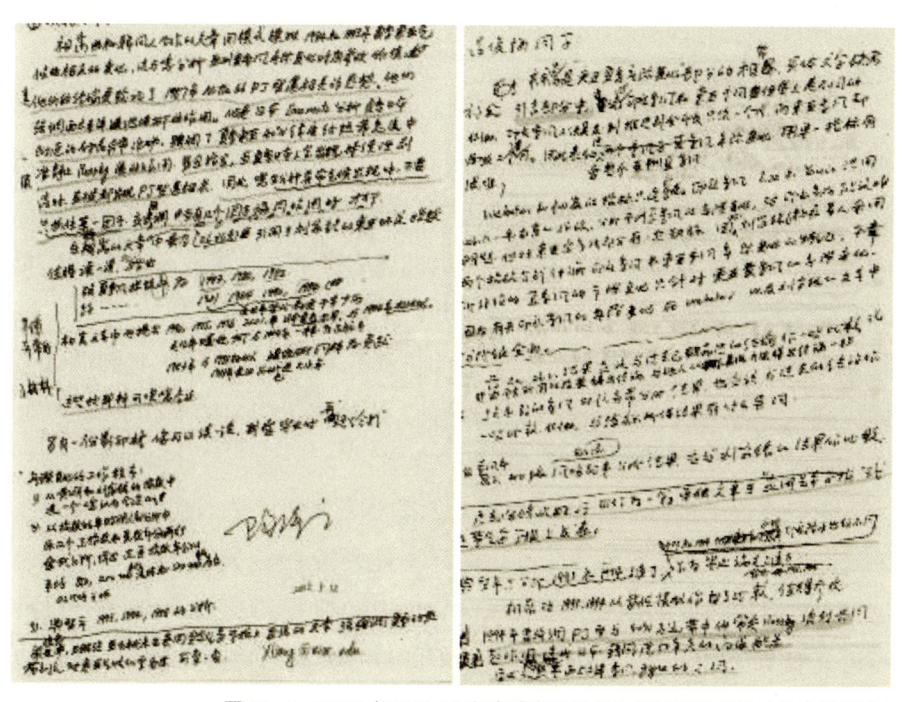

图 10-3 2005 年 5 月 12 日陶诗言写给学生吕俊梅的信件(吕俊梅提供)

---

[1] 陶诗言院士访谈(4),2010 年 12 月 23 日,北京。资料存于采集工程数据库。

第十章 精心栽培大气科学人才

后，在大气物理研究所建立了这种传统，也是芝加哥学派精神在中国的一种延续。因"文化大革命"影响，会商停止过一段时间，"文化大革命"之后，陶诗言和叶笃正一起又恢复了这个传统。陶诗言为提高科研人员对天气实践和解决实际问题的研究能力，亲自跑到电信局，开个专线拉到大气物理研究所，用于接收气象局的数据，便于会商。陶诗言每个星期都是亲自参与会商，带动大家参与，在陶诗言担任大气物理研究所副所长期间逐渐形成了一个制度性的座谈会，即每个星期一定要进行一次天气会商，基本上在每周五下午，所里全体同志都要来参加，不管是研究大气理论的，还是研究天气预报的，都要参加天气会商，特别研究生要求参加每周一次的天气会商，要有准备而且要发言。陶诗言指出了解一下全球的天气形势，对研究有很好的借鉴。中国夏季的天气比较复杂，因此每年6、7、8月的天气会商更为重要。当时很多研究文章都是通过天气会商得到灵感或是进一步扩充思路而写成的。因此天气会商会成为一个学术思想碰撞会，大家不断地在会商中发现问题，解决问题。这个制度从陶诗言担任副所长一直到现在还保持着，对培养人才起到积极作用。

陶诗言善于培养学生，桃李满天下。他培养造就了一批大气科学的专门人才。陶诗言的学生往往要从广义的角度去理解，除了他亲自指导过的研究生以外，在我国气象业务、科研和教学部门工作的不少气象工作者也是他的学生，有的听过他的讲课，有的接受过他的业务指导，有的通过写信得到过他的帮助。只要求教到陶诗言，他从未拒绝，如果他不能回答，会推荐对方去看某些材料或是请教某位学者。

陶诗言善于引导学生从气象事业的需要发展自己的兴趣爱好和特长。陈隆勋曾跟随陶诗言工作多年，1959年，他想报考陶诗言的研究生。陶诗言考虑到气象事业的发展急需天气学和动力学的密切结合，而陈隆勋已具有良好的天气学基础，根据他具有较好的数理基础的特点，陶诗言建议他去考叶笃正的研究生，并几次三番地做动员工作。对于陶诗言的这种不求名利、谦虚朴实的博大胸怀，陈隆勋至今难以忘怀。

为什么陶诗言能够培养出如此众多优秀的学生，大概有以下几方面的原因：一是中国当代气象学正处于起飞阶段，有很多有价值的问题值得进一步研究，经过陶诗言点拨，学生找到了努力的正确方向；二是陶诗言的学术造诣和思想境界代表了当代中国气象学的最高水平，所以能够为学生建议最前沿的研究课题；三是他极其有效的教学和指导学生的风格。前两个方面都是大家易于理解的，而后一方面则是许多人好奇和希望探讨的。从陶诗言指导学生丁一汇、徐国昌等人的过程中，我们可以从中找到陶诗言指导学生的风格。

图 10-4　陈隆勋

培养出的院士——丁一汇

1938年7月8日丁一汇生于安徽亳州。1963年毕业于北京大学地球物理系，后考入中科院地球物理所研究生，师从陶诗言。在陶诗言辛勤指导下打下扎实的学术基础，1967年毕业于中国科学院研究生院。在陶诗言直接关怀和指导下，丁一汇学术上不断取得进步，先后任中科院大气物理研究所副研究员，国家海洋局海洋环境预报中心副主任兼国家海洋预报总台台长，中国气象科学研究院副院长、国家气候中心主任，研究员、博士生导师，世界气象组织东亚季风研究委员会主席，政府间气候变化委员会（IPCC）第一工作组联合主席，世界气候研究计划（WCRP）联合科学委员会执行理事等。2005年当选中国工程院院士。

丁一汇多次参与和主持国家重大攻关和研究项目，为推动我国的气象业务发展作出了重要的贡献,并在气候变化、亚洲季风以及中国的灾害性天气气候方面取得了有理论意义和实用价值的创造性研究成果。获国家科技进步奖一等奖和二等奖,国家自然科学奖二等奖、三等奖。2002年获何梁何利科学进步奖。参与和主持编写IPCC第一、二、三、四次气候变化评估报告,是国际上气候变化研究领域中有影响、有贡献的科学家之一。2005年获世界气象组织世界气象组织杰出成就奖。

图10-5 丁一汇

丁一汇院士多次表示,陶诗言院士对其成长要重要的作用。作为"陶门弟子代表",从对丁一汇的培养中,可以看出陶诗言对学生的辛勤抚育和殷切希望。

师生结缘

1958年的"五四"青年节,有一个青年学子带着强烈的求知欲望,参加了北京大学举办的科学报告会。科学家的精彩报告让他茅塞顿开,对什么是大气科学、气象究竟应该研究什么有了深刻的感受。在那个火红的年代,天气和气候、台风的破坏、人工增雨等代表时代潮流的科学概念,都深深激发了他的学习热情,他就是丁一汇,从此他的一生和大气科学结下了不解之缘。

丁一汇,陶诗言最优秀的学生之一。1962年,丁一汇就读北京大学物理学,当时的本科学制是六年,第五年要求做学年论文,第六年要做毕业论文。丁一汇学年论文研究台风,做完台风之后开始做毕业论文了,从而接受到陶诗言的指导。丁一汇谈及认识陶诗言的过程,"做大学毕业论文时,我有幸得到了陶诗言先生的指导,从而成为他的学生。"① 作为非常有名望的学者，陶诗言对于求教于己的北大学生非常认真地指导他们写毕业论文。当时陶诗言正在研究平流层与对流层的关系，他需要一位懂德文的学生来协助他阅读德文文献。陶诗言问北大地球物理系主任谢义炳，希望找一个能懂德文的学生，而丁一汇正好符合这个条件。

如同当年涂长望把陶诗言推荐给赵九章一样，谢义炳就把丁一汇推荐给了陶诗言，陶诗言开始指导丁一汇的毕业论文。陶诗言指导丁一汇研究平流层对地面的大气有什么影响，这个问题在当时还是个新的领域，因为之前的研究都是注重对流层的天气变化，对平流层的研究甚少。平流层是大气圈中很重要的一层，大客机飞行一般在平流层中飞行，平流层对地面大气有何影响是个重要的课题。在这一年里，丁一汇在陶诗言指导下看了很多文献，主要研究平流层的热源怎么样影响平流层的环流，然后再影响对流层的环流，以便从平流层寻找预报对流层的指标和它前期的信号。陶诗言指导丁一汇从热源的角度出发来计算臭氧层加热，比如臭氧层加热产生的热源影响平流层的大气环流等。在陶诗言精心指导下，做了一年后，丁一汇算出了热源热汇。

这一年里，在陶诗言的认真指导下，丁一汇受益颇多。丁一汇回忆："当时作为一个大学生初出茅庐什么也不懂，大部分都是在陶诗言指导下工作，陶先生指导让看哪一篇文献，我就看哪篇文献，看完后马上向陶先生汇报。"② 陶诗言经常让丁一汇去他家里汇报，师生关系融洽。陶诗言多次和丁一汇讨论毕业论文，并且教导丁一汇如何做论文，如何写好论文。在陶诗言的认真指导下，在一年的时间里，丁一汇的毕业论文顺利完成。论文完成了以后，陶诗言很满意。丁一汇在这一年中受到了严格的科学训练，也坚定了一个想法：努力考到中国科学院师从陶诗言继续深造。

丁一汇大学毕业时，中科院地球物理所研究生考试开始了，陶诗言鼓励丁一汇报考他的研究生，希望丁一汇可以继续在原先方向研究下去。但

---

① 丁一汇院士访谈，2011年4月6日，北京。资料存于采集工程数据库。
② 同①。

是，丁一汇觉得自己没有把握，信心不足。"我上大学的最后一年，那时候中科院地球物理所研究生开始招生了，因为我已经跟着陶先生做毕业论文了，陶先生非常鼓励我去考他的研究生，他希望我能继续做下去，当时研究生招得非常少，地球物理所有 1500 人，是个很大的研究所，但是每年研究生名额也就招几个人，当时也觉得自己没有把握。"[1] 丁一汇回忆说。在陶诗言的鼓励下他终于报考，并且在 1963 年大学毕业后即如愿以偿考上了陶诗言的研究生。整个地球物理所该年只招了六个研究生。第二年，丁一汇转为中国科学院研究生院的首届学生。

丁一汇就在陶诗言的指导下继续研究平流层，当时陶诗言给丁一汇定下了研究领域是平流层爆发性增温的物理机制，主要研究平流层在冬天为什么会有非常大的突然增温，可以增温 10—20℃，这个和现在的气候变暖不是一回事，就是在冬天的时候温度突然增加到很高，当年这在平流层研究里是个很重大的问题，一增温以后平流层和中层大气环流都改变了。这个问题在当时被许多人讨论过，甚至国际上也有许多人在讨论，比如非常有名的美国科学家洽尼认为是行星波的能量往上传，往上传的波动主要是超长波、很长很长的波，能量不容易被对流层顶所吸收，所以它能够传上去，导致温度增高。当时陶诗言指导丁一汇研究认为，超长波只是个背景，并不是说所有的超长波都能够引发爆发性增温，它们是聚焦在大的超长波传上去之后，它一定要和平流层的环流有一个相互作用，这个还需要平流层的条件，陶诗言的这些观点非常深刻地说明了问题的关键所在。所以丁一汇在陶诗言的指导下就寻找这平流层的条件。为了使丁一汇能够更深入地了解平流层，陶诗言派丁一汇到新疆气象局学习平流层分析，同去者还有叶笃正的研究生张可苏。之所以选择去新疆学习，是因为新疆气象局当时能够接收全球电传电报，新疆是我国最靠近西方的自治区，当时电传报第一站就是新疆气象局收的，主要收德国资料中心传来的平流层电报数据。接收到这个电报以后，丁一汇就填平流层天气图，并且画平流层天气图。这些机会使丁一汇在新疆获

---

[1] 丁一汇院士访谈，2011 年 4 月 6 日，北京。资料存于采集工程数据库。

得了很多宝贵的实践经验,并且对气象学和物理学的认识更加深刻。这一方面说明陶诗言非常重视对丁一汇的培养,另一方面也说明陶诗言在教学中非常重视通过实践活动培养学生能力。

丁一汇回忆自己的学习生涯时,说有两件事使他终身难忘:"一是当时的所长赵九章非常重视培养研究生的外语应用能力,特意安排曾在抗美援朝战争中任中方翻译的曾令森先生做研究生的英语导师。在曾先生指导下,我英语水平越来越高。二是陶诗言和叶笃正先生非常注重培养学生解决实际问题的能力,比如要求研究生参加每周一次的天气大会商,并且要发言。"[1]

指导科研实践

在丁一汇的研究生学习后期,"文化大革命"开始了。遗憾的是,毕业论文还没有答辩,丁一汇就被派往塘沽的一家解放军农场接受劳动锻炼。两年后,他回到中科院大气物理所从事科研工作。当时参与的第一项任务是研究接收、分析和使用美国气象卫星云图的设备和方法。丁一汇回忆:"1970年,那时候总理要求接收美国的气象卫星的图片,陶诗言先生主持这件事,那时我正好回来,陶先生说你就参加我这件事情吧。我就在那里跟他一起干了,那时候我们的小组长是方宗义,技术指导就是陶先生,我们都在一个大组里面,还有曾庆存院士、李崇银院士、黄荣辉院士,都在那儿搞卫星,来收集美国的卫星资料,用在我国天气预报里面,我是作分析的。后来我们干得很不错,能够把美国的卫星图全部都接收下来,叫作自动图像接收仪,并且对于怎么分析这些数据,我们也搞出来一套方法。"[2]

在陶诗言和曾庆存带领下,经过五年艰苦研究,我国气象工作者不但设计和制造了接收美国气象卫星的全套设备,还在全国建立了120个接收站,培养了第一批卫星气象专业人才。丁一汇作为中央气象局、中国科学

---

[1] 丁一汇院士访谈,2011年4月6日,北京。资料存于采集工程数据库。
[2] 同[1]。

院大气物理所和北京大学地球物理系共建的联合分析组组长为我国卫星气象资料的早期应用做出了贡献。

这五年中,陶诗言认真指导丁一汇。每个星期与丁一汇交流两三次,主要指导丁一汇如何系统性地把卫星云图和资料(包括开始有的探空资料)用在预报上。还主要指导丁一汇和其他人写一本完整的卫星云图和资料使用手册[①],指导一节一节地怎么写,包括怎么监视台风,怎么监视气旋、高压系统、如何把原理说清楚等。这是我们国家第一次给预报员、研究人员编写这样的书。丁一汇觉得这本书非常重要:"当时我们在陶先生的指导之下共同完成了这本手册,这本手册我觉得到现在,应该还是比较有重要意义的,现在我觉得没有人再去好好搞这个东西,我们当时花了这么多的时间写了这本手册,是我们主要的成果。这本手册在农业出版社出版。我自己本人也花了很多精力,因为这本书是我们联合中心搞的。"[②]

在陶诗言指导下,丁一汇还参与编写了《中国之暴雨》,从1975—1979年研究了五年。1975年8月3—7日河南发生的特大灾难性暴雨。丁一汇跟着陶诗言到河南考察,参加暴雨会战。"我一共到河南七次,陶先生有一半是带我一起去的,老先生身体很好,我们两人至少一块去了三次到四次。"丁一汇说:"陶老先生,当年亲自出差都这么长时间,陶先生参加了南京和郑州两个(任务),我觉得他非常不容易,没有他的指导,我觉得很难完成这些(工作)。"[③]

1979年印度季风试验开始了,在陶诗言的推荐下,大气物理所派丁一汇和陈瑞荣去参加印度季风试验。当时丁一汇在印度去了很多地方,如印度洋、孟加拉湾等,陶诗言非常关心丁一汇等人的研究情况,在发信非常不容易的情况下不断地给丁一汇写信,询问他们的研究情况。丁一汇也不断地向陶诗言请示问题,陶诗言都很认真地回信。丁

---

① 这里所说的书就是《卫星云图使用手册》。中国科学院大气物理研究所、中央气象局气象台、北京大学地球物理系编著(陶诗言总编),《卫星云图使用手册》。北京:农业出版社,1975年。

② 丁一汇院士访谈,2011年4月6日,北京。资料存于采集工程数据库。

③ 同②。

一汇在试验期间和试验之后，发表了关于印度季风爆发和季风低压的数篇论文。

推荐机会

1979年5月，中国科学院的研究所开始选派留学生了。出国作为访问学者和留学生，这样的机会对于学者来说非常宝贵，因此很多人都想出去，但是名额有限，只能选派。丁一汇当时想去的是美国科罗拉多州立大学。陶诗言和叶笃正为丁一汇亲笔写了推荐信，使丁一汇成为我国第一批出国的公派留学生。科罗拉多州立大学的大气科学系主任对陶诗言与叶笃正非常敬仰，一听说丁一汇是陶诗言的学生，系主任马上就同意接收丁一汇，并且很高兴地说还愿意每个月给丁一汇1000美元的生活费，这在当时是很高的一笔生活费。丁一汇为获得这样宝贵的学习机会深感高兴，陶诗言作为丁一汇的老师，也非常欣喜，为自己的学生高兴。陶诗言平时不善言谈，也不会讲客套话，临行前他只对丁一汇说了一句话："你一定要回来。"

丁一汇在美国访学两年，中间又去夏威夷工作了半年多。丁一汇在国外期间，陶诗言经常向丁一汇的妻子询问他在美国的情况。后来科罗拉多州立大学的系主任想让丁一汇的妻子也去美国。丁一汇的妻子咨询陶诗言的建议，陶诗言为了国家挽留人才，坚决地对丁一汇的妻子说：你不能去，你要是去了以后，我怕你们两个以后就都不回来了。当时确实有回不来这个可能性，因为后来去的夫妻同在国外的几个人就没回来。陶诗言时时刻刻都在为国家着想，另外他也知道丁一汇在中国会取得更大成就。

在陶诗言的感召下，丁一汇按期回国。之后，陶诗言继续推荐人才到科罗拉多州立大学深造，有的即便不是陶诗言的学生，他也能很大度地推荐这些人，为他们写推荐信，而这些学生后来也都做出了很不错的成绩。可以说陶诗言在培养青年人才方面做了很大的贡献。丁一汇回国后回到了大气物理研究所工作，陶诗言爱惜人才，又为丁一汇搭好舞台，有两件事让丁一汇终身难忘。一件事是陶诗言介绍丁一汇入党，丁一汇父亲在"文化大革命"中因历史问题被批斗，后来证实他父亲历史上没有问题，陶诗言主动作为他的入党介绍人。第二件事，就是陶诗言认为丁一汇的研究能力很强，在1982年提拔丁一汇为副研究员。当时大气所里副研究员名额不多，有一些比丁一汇资格老的学者都没评上。当年只有两个人被提升副研究员，一个是丁一汇，另一个是赵燕曾，就是赵九章的女儿，科研做得很出色。这次提升以后就再没有人得到晋升，一直到了1985年才重新有人晋升副研究员。陶诗言敢于给有才能的年轻人机会，敢于提拔他们，这在当时需要很大的魄力和眼光。丁一汇说到此事，很感谢陶诗言，他说："那时还有很多老同志都没提呢，所以说就很不容易了，还有很多和我同辈的人也没提呢，包括现在很多院士。"[①]

还有一件事，也说明陶诗言培养领军人才的战略眼光。20世纪80年代巢纪平到海洋局建设海洋环境预报中心，要选个副手，请丁一汇加盟。丁一汇当时没有思想准备，就征求陶诗言和叶笃正的看法，陶诗言很支持，说："老丁，你现在不要光守在气象这一行，你要扩展到海洋里边去，你现在要扩大你的领域，把海洋和大气结合起来，并且你搞过台风、暴雨、强对流天气，你到海洋上同样也会遇到这些问题，还照样发挥你的专长。"[②] 叶笃正也支持丁一汇去。丁一汇进入海洋预报领域，在巢纪平领导下，通过丁一汇的努力，把海洋预报台变成一个真正的大预报台。海洋局对最后的研究结果很满意。"陶先生始终对我的成长很关心"，丁一汇说："陶诗言先生对我的帮助一直都非常大，我们的关系也一直都是非常密切的。"[③]

除了丁一汇，陶诗言对他的其他学生也都非常关心和负责，引导他们做研究，勇于给年轻人机会，陶诗言真是一位德高望重、名副其实的大家。

---

① 丁一汇院士访谈，2011年4月6日，北京。资料存于采集工程数据库。
② 同①。
③ 同①。

半个世纪师生情

徐国昌，1934年出生，甘肃省高级专家服务团成员，中国气象局兰州干旱气象研究所科学顾问，研究员，享受政府特殊津贴。领导组建了兰州干旱气象研究所和干旱试验研究基地。主要从事天气、气候生态、环境、水资源和灾害防治等方面的业务和研究工作，发表学术论文一百多篇。

如果说丁一汇是陶诗言"正宗"的学生，体现了陶诗言对学术的严谨和对学生的关怀，那么徐国昌就是"非正宗"的学生，但是陶诗言对不是自己名下却认真求教于己的学生一视同仁，体现了陶诗言的博爱和大师风范。

图10-6　徐国昌

徐国昌逢人就亲切称呼陶诗言为"自己的恩师"。徐国昌说，作为陶诗言的学生，回顾过去50年的师生之情，陶诗言给其留下的印象太深了，许多往事至今仍历历在目，陶诗言的优良品德，对其的关怀和培养，使其终身难忘[1]。

新中国成立初期，为了尽快把我国的天气预报业务建立起来，顾震潮、陶诗言到中央气象台担任联合分析预报中心正、副主任，当时陶诗言除了做预报外，还在气象预报短训班上课。徐国昌原来长期在兰州工作，由于很偶然的机会结识了陶诗言，从此开始了一段跨越50年的师生情（图10-7）。

---

[1] 徐国昌：《风云春秋——为新中国气象事业而奋斗回忆录》。北京：气象出版社，2011年。

图 10-7　陶诗言与徐国昌（右为陶诗言。徐国昌提供）

徐国昌第一次认识陶诗言是在 1954 年北京气象预报短训班上，徐国昌是短训班学员，在短训班即将结业的时候，陶诗言为短训班作了中国台风和中国寒潮的专题讲座。陶诗言的报告非常精彩，而且他的记忆力超人。对影响我国台风和寒潮大多数案例的具体日期路径和影响程度，陶诗言可以完全不看书稿，记得一清二楚。徐国昌对陶诗言有了崇拜的感觉。

1958 年，在兰州高原天气分析和中长期预报学术会议上，徐国昌作了关于 24 小时变压图的大会报告。会下陶诗言向其询问了许多有关高原天气的问题，这次谈话有一个多小时，陶诗言关心的问题很多，态度非常谦和，并且不时地做一些记录。当时陶诗言名气已经很大，而且是徐国昌的老师，而徐国昌还只是一位预报员。这反映了陶诗言谦虚谨慎、礼贤下士的大师风范。

1959 年，徐国昌代表兰州中心气象台参加《中国短期天气预报指导手册》编写工作，陶诗言任主编，工作地点在中央气象台。因此徐国昌得以直接和陶诗言交流，直接获得陶诗言的学术指导。陶诗言非常负责，每周都来检查指导工作，并且总是要抽出一些时间，带徐国昌到中央台预报值班室看天气图。同时向徐国昌传授分析预报长波的着眼点和经验。即便离开中央气象台后，徐国昌继续向陶诗言请教。几十年里，徐国昌和陶诗言一直保持着书信联系。徐国昌每次到北京出差总要去拜访陶诗言，除了问候，还请教学术问题，陶诗言也从不吝啬，常常介绍气象科学发展动向，建议徐国昌读些什么书并且如何工作。

20 世纪 70 年代初，徐国昌被下放到甘肃临夏，陶诗言十分关心其处境，不仅鼓励徐国昌继续研究，还寄去自己当时正在研究的卫星云图研究成果资料，希望徐国昌能做些研究。在基层台站，能够看到卫星云图的最新研究成果，非常难得，徐国昌因此非常感动。更让徐国昌感动的是，陶诗言还利用自己的影响尽量改善徐国昌的处境。陶诗言和徐国昌有多次通信，每份信件陶诗言都认真给予回复，或是鼓励、或是探讨，徐国昌精心保存这些信件，成为他的一种精神力量的来源（图10-8）。

陶诗言不仅指导徐国昌，而且推荐徐国昌的文章。60年代初徐国昌撰写了论文《我国西北陕、甘、宁、青地区的自然天气季节》。徐国昌将文章寄给陶诗言，请陶诗

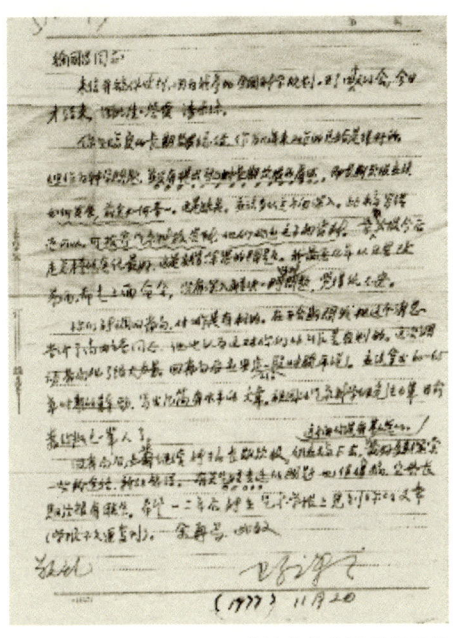

图 10-8　陶诗言给徐国昌的回信

言提些建议。陶诗言不仅对徐国昌等人的工作给予了充分的肯定，并且推荐文章到《地理学报》上发表。

徐国昌不仅在科研上得到陶诗言的指点，而且在科研机构的建立上也得到了陶诗言的诸多帮助。徐国昌在其回忆录中写道："兰州干旱气象会议以后，我就为成立兰州干旱气象研究所奔波，我先后征求了叶笃正先生、陶诗言先生和高由禧先生的意见，得到了他们充分的肯定和支持。我两次到国家气象局科教司汇报成立兰州干旱气象研究所的问题，得到认可。随后，我以甘肃省气象局的名义起草了一个正式报告，向国家气象局建议，在甘肃省气象科学研究所的基础上，成立兰州区域气象中心研究所——兰州干旱气象研究所，把干旱气象作为兰州区域中心研究所的主要研究方向。1987年国家气象局下文，正式批准成立兰州干旱气象研究所，与甘肃省气象研究所一套人马、两个牌子，同意了我们提出的兰州干旱气象研究所的研究方向和任务。兰州干旱气象研究所的成立是甘肃省和西北地区气象科研事业的一个里程碑式的事件。我们聘请了陶诗言先生和高由禧先生为兰州干旱气象研究所顾问，他们愉快地接受了我们的诚聘，我们

这样一个区域中心研究所能够得到两位大专家的多方面的支持和指导,是很荣幸的。陶诗言先生曾经建议我们研究所搞一个具有权威性的中国气象干旱指数,这是一个非常好的建议。"[1] 徐国昌担任了将近十年的研究所所长职务,直到1994年退休以前不久才卸任,最后十年的科技工作生涯就是在兰州干旱气象研究所度过的。

1987年,兰州干旱气象研究所成立以后,当年举办了第二届全国干旱气象学术会议,会议由兰州干旱气象研究所组织,陶诗言和高由禧主持了会议,在两位老先生的提议下,向中国气象学会建议成立干旱气象学专业委员会,以后每两年组织一次全国干旱气象学术会议,吸引同行注意干旱气象问题,促进了我国干旱气象研究水平的提高。1990年中国气象学会第23届理事会批准成立干旱气象学专业委员会,常设机构设在兰州干旱气象研究所。兰州干旱气象研究所在大区的研究所中成立的时间是比较晚的,但是相应的专业气象学术委员会却是最早成立的,这是中国气象学会对干旱气象问题的重视,是对我国干旱气象学研究进展的肯定,这与陶诗言的支持是分不开的。

80年代初期,陶诗言担任《中国大百科全书·大气科学篇·天气学》主编,初稿完成以后,陶诗言寄给徐国昌,请徐国昌提建议,徐国昌的建议得到了陶诗言的肯定,体现了陶诗言虚怀若谷的高尚情操。

徐国昌还从陶诗言处学到如何从哲学高度进行大气科学研究。比如,在寒潮爆发的研究方面,陶诗言首次提出了寒潮过程是高空大型天气过程急剧调整结果的理论观点,就具有哲学思维。60年代初期,陶诗言给徐国昌推荐了爱因斯坦和英费尔德合写的《物理学的进化》这本书。陶诗言告诉徐国昌,他已经认真地读过了这本书,这是一本哲学著作,记述了爱因斯坦提出相对论的思考过程,陶诗言在书中加注了批语。70年代后期,陶诗言又向徐国昌推荐了一本贝弗里奇写的《科学研究的艺术》。陶诗言不仅自己十分关注自然科学的哲学问题,在这方面有很高的修养,而且也引领徐国昌去学习自然哲学,对徐国昌的学术水平的提高

---

[1] 徐国昌:《风云春秋——为新中国气象事业而奋斗回忆录》。北京:气象出版社,2011年。

起了十分重要的作用。

徐国昌在其回忆录中写道:"(20世纪)60年代初期,在我担任长期预报组长的时候,我第一次比较自觉地用《矛盾论》的哲学思想研究自然季节的变化。在苏联穆尔坦诺夫斯基自然天气季节理论的启发下,着手分析研究东亚和我国西北的自然季节。当时叶笃正和陶诗言已经研究了东亚对流层上部副热带急流的季节变化,指出东亚的季节变化只有两次,分别发生在6月和10月,这是一个经典的研究工作,显然是对的。而刘框南则认为,东亚的夏季应该分为初夏和盛夏,初夏是长江中下游梅雨,盛夏是华北雨季,就是说,夏季有两个季节性的阶段,这个意见也是对的。能不能将二者统一起来?在一年中是否还有更多的季节性的阶段?我们根据多年候平均500百帕图和多年平均逐日气温降水量变化曲线的分析,认为在一年中有七个自然季节阶段。根据《矛盾论》矛盾的阶段性,矛盾的部分质变和整体质变的理论,我们认为七个自然季节的划分是合理的。上述研究结果写成了《陕甘宁青的自然天气季节》一文。兰州中心气象台总工程师曹恩爵将该文寄给陶诗言先生,请陶先生提意见,陶先生给了很高的评价,推荐发表在1963年《地理学报》上。后来我因此收到了美国芝加哥大学的贺信。"[1]

从对徐国昌的采访中了解到,徐国昌收到美国的贺信对于他比较重要,对他的影响也比较大。而能收到这封贺信与陶诗言对其文章的哲学思想方面的指导和肯定是密不可分的,从一个侧面也说明陶诗言来自于实践的哲学思维是很成功的。

我国有许多科技骨干都像徐国昌一样,曾得到过陶诗言在各个方面的关怀和帮助。陶诗言培养和造就了我国一大批气象青年科技骨干,丁一汇和徐国昌的成长是其中的典型事例,他们的进步和成功和陶诗言的关怀和教诲是分不开的。

---

[1] 徐国昌:《风云春秋——为新中国气象事业而奋斗回忆录》。北京:气象出版社,2011年。

第十一章
闲不住的晚年生活

  陶诗言在学术上成就，来源于远大的志向和勤奋精神。陶诗言一生都很勤奋，晚年退休在家，一直勤奋学习。陶礼光说："从他每天早上的灯光和每天晚上睡觉前的灯光，我看到的他给我们树立的榜样，我特别有感悟。"[①]

  初二时陶诗言有一次成绩不好，被老师训斥，从那以后，学习上陶诗言就特别勤奋，并且把这种刻苦勤奋的钻研精神保持终生。陶诗言进大学的时候，大学一年级学数学，80个人在一个大课堂学习。第一次考试，陶诗言大意了，只考了40分。陶诗言更加勤奋学习，力争在第二次考试补回来。第二次考试也是这门课程最后考试，称为大考，60分及格，好多人考得不好就放弃了，通过勤奋学习，陶诗言第二次考试考得很好，他考了90多分，任课老师平均两次考试成绩最后给了他68分。这种下功夫拼命学的态度和精神成为陶诗言学术进步的重要法宝，他扎进一个研究就扎到底，这是他的性格。和陶诗言同时研究气象的有许多人，但并不是所有人能坚持一生勤奋研究。

  陶诗言早上起来就读书，这个习惯一直保持到晚年。每天早上5点半到6点，陶诗言就起床看书了。他的家人很少见他早上没有读书的时候，

[①] 陶礼光教授访谈，2011年3月16日，北京。资料存于采集工程数据库。

陶礼光说:"早上5点半他肯定在那看书了,到6点他要是还没起床,或那灯要是不亮,就要想到是不是病了。"① 陶诗言看书有时在办公桌边,有时靠在床上看,他床头弄了一个很亮的灯。每天早上陶礼光起来做早饭时,陶诗言就已经起床,用10分钟洗漱,剩下的时间就是坐在那里读书,生活相对比较简单。

陶诗言这种勤奋做科研、孜孜不倦的精神也在潜移默化中影响着他的孩子们。陶诗言爱看书,爱看外文的书,为了学习英语,他坚持看《英汉字典》、英汉工具书,他还有个特别好的习惯就是不断地看数学,不断地做题。陶礼光回忆说从他父亲身上学到的,就是不断地学习,不断地做题。陶诗言还有一个很好的阅读习惯,就是在读书时,他会用不同颜色的笔,做不同的勾画标记。他经常教育自己的孩子,要做到分秒必争,做研究就得坚持不懈。陶诗言一生比较平静,与世无争,读书是他最大的爱好。

陶诗言晚年每天坚持不懈地读书,给了儿子陶礼光很大启发。对中小学的教育问题,陶诗言有时也跟陶礼光交流,比如说对素质教育的一些看法,对学校教育现在重视应试的倾向,陶诗言也有自己的看法。陶礼光搞教育研究,从陶诗言身上看到人应该怎么读书,从这个角度来审视,陶诗言成为陶礼光的研究对象。他从爸爸的经验中,开发出一套学生学习的方法。陶礼光说:"我给学校建构的课程是早上8:00上课,7:50学生到齐了,让学生三分钟诵读一首诗,目标就是一周背一首诗,12年基础教育,6年小学、6年中学,12年下来学生可以背500首诗,500首诗不重样,每天背,天天坚持,就会潜移默化给学生许多传统文化的营养。"② 所有这些方法都是从陶诗言那里学来的,所有这些感悟都是从陶诗言那里收获的。

2000年以后,由于身体的原因,陶诗言很少去办公室了,算是名义上进入"晚年生活",但确实不是赋闲在家,而是就在家里搞科研,并且在家里指导学生。90高龄的陶诗言对于指导学生非常认真负责,他说:"2000年以后我在家里呆着的,我走不动了。一些社会活动我都推掉了。(气象学会)的名誉理事长,我说算了,不当了。现在是卫捷一个月来两次,来

---

① 陶礼光教授访谈,2011年3月16日,北京。资料存于采集工程数据库。
② 同①。

discussion."①

秘书卫捷一个月去陶诗言家里两次,跟陶诗言讨论天气会商。陶诗言在家中一直不忘搞科研,不断有文章发表在《气象学报》等核心刊物上,甚至2011年还有文章发表。他十分关心我国的天气预报,中央气象台和国家气象中心经常咨询陶诗言有关天气预报的难题。

陶诗言晚年仍然孜孜不倦地追求学术最前沿,83岁参加由中国科学院、第三世界科学院和世界气象组织共同主办,中国气象局协办的在北京召开的"国际气候模拟和预报中的数学物理问题论坛(CTWF)"首次论坛会,表现出谦虚精神的学习态度。84岁时应新疆气象局、新疆气象学会的邀请,到新疆讲学考察,并作报告"新疆气候的变化"。85高龄时到兰州干旱研究所做学术报告,令人叹服的是他还到新疆的塔克拉玛干沙漠乘着越野吉普车奔波1000多公里在沙漠里作考察。

2008年那场突如其来雨雪冰冻给中国南方造成巨大损失,90高龄的陶诗言仍然带学生在研究。陶诗言对天气和气候现象的本质具有高度的概括力。陶诗言认为,天气预报发布应该统一起来,否则将对社会造成不良影响。冬季第一场雪和夏季第一场雨比较难报,但重要的是要引起预报员的警惕,领班要时刻关注并提醒预报员,同时社会各界也要理解预报员。2008年1月在中国气象局召开的冰雪灾害专家研讨会上,陶诗言以他五六十年的预报经验,对欧亚和东亚大气环流的异常概括为"冬行夏令",非常形象地说明了这次冰冻雪灾发生的异常性和共同性,引起了广泛的关注。最后研究结果形成一本专著,陶诗言亲自撰写了论文并发表。②

2008年北京举办奥运会,陶诗言急国家所急,发挥专家作用。以陶诗言院士为首的驻京有关气象科研院所专家们进行了"北京奥运会气象保障科技试验研究"项目可行性论证会。认为该项目十分必要和可行,建议要抓紧今后几年的时间,在组织和发挥首都和全国的气象科技人才及现代化设备的优势方面进行通力合作,其中主要在大气探测、气象预报、人工影

---

① 陶诗言院士访谈(5),2011年1月13日,北京。资料存于采集工程数据库。

② 陶诗言,卫捷:2008年1月我国南方严重冰雪灾害过程分析,《气候与环境研究》,2008年第13卷第3期,第337-350页。

响天气三大领域加快奥运气象保障科研步伐，提前做好各项准备。陶诗言还认真关注天气变化，积极参与奥运天气会商。事后证明，陶诗言等专家的奥运天气会商对保障奥运会的成功召开起到了积极作用。

图 11-1　2008 年在大气物理研究所天气会商中发言
（大气所提供）

2009 年秋冬季，北非、印度等地降水普遍偏少，气温偏高，这些地区发生了中度至重度干旱。我国西南大部地区降水偏少，特别是云贵地区降水量持续偏少 5—8 成，很多县市连续多日无雨。同时，气温偏高，干旱灾害影响严重。针对这些情况，陶诗言和许多老专家一起积极进行天气会商，形成《中科院专家关于我国西南地区干旱的成因分析及对未来天气形势的展望》的报告，为国家提供决策服务。

中科院专家关于我国西南地区干旱的成因分析及对未来天气形势的展望[①]

日前，中国科学院大气物理研究所有关专家对我国西南地区严重干旱的成因进行了初步的分析和讨论。

在冬半年，引起中国降水的主要天气系统为来自西方的低气压系统。这些低气压系统通常经由两条路径影响我国：一条是由斯堪的纳维亚半岛、经由俄罗斯影响中国北方以及东部地区，称之为北支路径；另一条来自北非和地中海地区，经过中东和青藏高原南部影响我国南方地区，称之为南支路径。两条路径在日本以东地区汇合。

2009 年的冬半年，北支路径的低气压系统非常活跃，冷空气和暴

---

① 材料来源于大气物理研究所，卫捷教授提供。

雪频繁袭击了北美、欧洲和东亚等地。以北京为例，自 11 月 1 日以来，北京经历的多次降雪以及近期的两次强沙尘天气，都是这类低气压系统引起的。相反，2009 年秋冬季，南支路径的低气压系统不活跃，特别是我国西南地区长时间受高压脊控制，降雨稀少，温度偏高，是导致气象干旱的重要原因。

大气所的专家们对未来天气形势提出如下意见：

干旱灾害是一个缓慢累积的过程，而旱涝的转换往往比较快，一两场透雨就可以缓解旱象。应密切监测大气环流形势的调整，若南支路径的低气压系统开始活跃，提供足够的水汽，西南地区严重干旱有望得到缓解。

陶诗言　赵思雄　卫捷　孙建华
中国科学院大气物理研究所
2010 年 3 月 23 日

从上面的材料可以看出，陶诗言虽然在家"赋闲"，但是仍然心忧天下，积极为国家发挥余热。中国气象局经常找陶诗言参加重要天气会商，每年他去中国气象局 4—5 次，把关会商重要天气预报。

86 岁时，陶诗言出席在北京举行的"2004 年全国重大天气过程总结和预报技术经验交流会"，并做了精彩的专题报告。2006 年，参加在北京召开的第二届全国灾害性天气预报技术研讨会，并应邀作学术报告。还参加在北京举行的 2006 年汛期全国气候趋势预测会商会。在 2010 年中央气象台会商上，主要讨论当年天气会不会像 2008 年一样出现坏天气，陶诗言不能亲自到会，特意让他的秘书卫捷代他在中央气象台会商上表达一个观点："prepare for the worst, hope for the best"。他坚信做预报的时候，为了国家和人民，一定要考虑最坏的情况，做到有备无患。

2012 年 7 月 21—22 日，北京发生特大暴雨，死亡 79 人，造成较大经济损失，这对现代化的大都市来说是一个重大气象灾害。陶诗言立即提出建议，请相关专家认真分析并开展研究。这是他去世前四个月的建议，或许也是最后一次向学界晚辈布置学术任务。

陶诗言晚年生活主要还是勤奋地做科研，对自己做了60年的气象预报，他写了一首诗，用于对自己一生事业的评价：

> 预报天气六十载，
> 成功失败四六开，
> 盼望早日出贤能，
> 报准天气保家乡。

这首诗是中央气象台成立60周年座谈会的时候陶诗言自己写的，但是当时陶诗言并没有公布。研究组前去采访时，陶诗言专门对笔者提到这首诗，也算是研究陶诗言学术成长的"独家新闻"吧。诗中，陶诗言谦虚的说自己失败多于成功，同时寄希望于后来人做出更大贡献。

陶诗言一心勤奋研究，对物质要求很低。晚年生活非常有规律，陶诗言一辈子不嗜烟酒，连茶叶都不用，他只喝白开水。陶诗言夫人张志伦1997年去世以后，一直都是儿子陶礼光照顾他的生活起居。陶诗言从不挑剔，生活非常简单，几乎没有任何物质上的追求。陶诗言穿着很朴实，20块钱的纯棉布衬衫有四五件，他还舍不得穿。有时袜子破了，自己补一补再穿。陶诗言心态一直非常平和，宁静致远，与世无争，生活非常简单，而且几乎所有家务事都是自己来，比如都是自己洗衣服，自己洗袜子。有一回陶礼光给病中的父亲洗袜子，看见袜子都是陶诗言自己补的，还舍不得扔。他的晚年生活正所谓"清如水，淡如菊"。他宁愿在家过平静的读书生活，也不愿去过五彩缤纷的外界生活。

晚年陶诗言除了看专业书、做科研之外，闲暇之余，阅读很多"闲书"。陶诗言住在中关村科学院家属区，离海淀图书城不远，他经常去逛图书城，遇到喜欢的就买回家。他的阅读范围很广，古今中外的，包括小说、武侠、各种百科全书。陶诗言的阅读量也是非常大的，所以买的书特别多，搁在几个书架上。陶礼光回忆父亲读书的情景，晚上吃完饭，陶诗言很少看电视，他宁愿听收音机里贝多芬的曲子，如果那些都没有了，就听样板戏。陶诗言经常把收音机里播放的音乐作为背景音乐，声音开得比较小，然后专心致志地读书。音乐是陶诗言的业余爱好，陶诗言曾经买过许多音乐家传记，还有整箱整箱的 VCD，包括他钟爱的贝多芬交响乐，从第一到第九，成套收藏。陶诗言爱听古典音乐，也许受到其夫人张志伦女士的影响，因为张志伦生前是音乐老师。

陶诗言的一生勤奋和其一直到晚年还保持浓厚的好奇心和旺盛的求知欲有密切关系。

陶诗言在参加云南国际季风会议时，会后代表们去石林游玩，天气又热又晒，车上的人全都困得打盹，一路上只有他好奇地向导游问许多感兴趣的问题。更加有趣的是，下车后会议主办方特意安排一名随行医生跟着陶诗言游览，没想到陶诗言健步如飞，比医生还快，医生只好中途返回。陶诗言兴致勃勃地登上最高峰后说："我 1992 年来过这里，是陪着一位日本客人来的，因为当时客人感到身体有些不适没有登山，我就留在下面陪他，没想到十几年后的今天，我还会故地重游，一了上回心愿。"

陶诗言旺盛的求知欲与他健康的体魄有一定关系。陶诗言很喜欢运动，喜欢踢足球，年轻时还是学校足球代表队成员，代表学校参加过校

图 11-2　陶诗言在甘肃燧峰山留影

级比赛。"小学时我就在家门口的体育场踢足球,中学时还是校队的右前锋。"陶诗言说:"大学时来到重庆,没有足球场,当时觉得好遗憾。现在我早踢不动了,但是电视转播赛,像欧洲杯、世界杯,只要时间排得开,我一定一场不落。"①

陶诗言在大气物理研究所工作期间,来回走着上下班。他就是一边走,一边听音乐,从中关村的家到大气物理研究所有三站地,陶诗言早上走着去单位上班,中午走回家,下午再走着去单位,晚上再走回家。省下的车钱陶诗言就给他年幼的儿子买两个苹果。长期的锻炼使他有一个非常强壮的身体,晚年90多岁了走路都不用拐棍。正因为陶诗言坚持不懈地锻炼身体,使他拥有了强壮的身体来支撑他的学术研究。

2012年12月17日,陶诗言走完漫长的94年人生历程,安然离开人世。他的去世引起中国气象界的震动,社会各界发起了各种纪念活动。在中科院大气物理研究所的网页上②,人们寄托了无限哀思。时值隆冬,来自社会各界上千人参加了陶诗言的追悼大会,向这位20世纪中国气象学的一代宗师做最后告别。

为弘扬和缅怀陶诗言的学术思想,中国气象学会2013年会专门举办纪念陶诗言学术思想的研讨会。为发扬陶诗言的创新和求实精神,"陶诗言基金会"不久将成为激励后人继续学术大师开创的道路前进的又一动力。

---

① 陶诗言院士访谈(5),2011年1月13日,北京。资料存于采集工程数据库。
② 中科院大气物理研究所网页,http://www.iap.cas.cn/qt/zthd/tsyxs/

结 语
本土成长的气象学一代宗师

陶诗言一生的学术成长表明，他是在中国本土成长起来的气象学一代宗师。结语试图通过对陶诗言的学术生涯和学术成长进行探究，阐明他是中国当代大气科学本土特性的典型代表。

大气科学在近代完成了学科建制化后，成为现代意义上的科学体系。大气科学因为研究对象是全球范围流动的气层，所以大气科学的基本理论也是全球性的理论，如大气长波理论反映了地球近地面大气层的一般规律。然而，与物理、化学等自然科学有所不同，大气科学研究的对象与区域下垫面和人群反应息息相关。这种知识体系既包括有一般性、全球性的大气与气候动力理论框架，也包括带有地域特色的、以本土实践为主的天气学知识体系。这就是说大气科学的理论体系由全球性基本理论框架和区域性大气理论组成。可以用如下公式表示：

$$\sum 现代大气科学理论体系 = \sum 全球性基本理论框架 + \sum 区域性大气理论$$

中国气象学在古代形成一些有中国特色的知识体系，但受到整个中国古代科学的影响，正如"李约瑟难题"所质疑的困境，没有自发转化成现代意义的大气科学。中国近代大气学科基本上以引进为主，在吸收和应用全球性大气基本理论的同时，自主创新的区域性大气理论得到充分发展，概括为"中国大气科学的本土特性"。其特点有二，其一，这种本土性与中国三级阶地和特殊的地形下垫面密不可分；其二，与中国独特的社会结构和历史进程密切相关。这两个特点并不是全球其他国家或区域具备，这是中国的独有特征，这使得中国大气科学在建制化过程中本土特性得到明显体现，同时为全球性大气理论贡献了自己独特的成果。

中国气象学家在"接受—引进—消化—创新"西方大气科学的历史进程中，客观上将会把西方大气科学基本原理与中国本土下垫面实际结合起来，出现带有中国印记（或说中国气派）的大气科学知识体系。在当代中国大气科学技术史上，陶诗言是体现中国大气科学本土特性的杰出和典型代表。有四个原因。第一，陶诗言接受了当代最先进的罗斯贝学派理论，并一直紧跟世界科学前沿，为世界范围内大气科学知识体系做出贡献。第二，陶诗言与中国当代大气科学知识体系共成长，尤其在天气学领域，几乎代表了一个时代。第三，陶诗言的大部分科学理论来源于中国本土气象实践和业务实际，又直接为预报实践服务。第四，陶诗言开创了中国大气科学的"实践学派"，为今后中国大气科学发展树立了一个科学范式。正是因为这四个特点，可以得出结论：陶诗言是中国大气科学本土特色的典型代表。

陶诗言作为这个历史进程中的典型和杰出代表，他的客观成果和主观努力促进了中国当代大气科学的本土特性。作为中国气象学代表性人物之一，陶诗言的学术成长轨迹对于世界各国气象学者的成长和自主创新有很多启示。

实践中走出的大家

在实践中开创和引领学科发展

陶诗言认为搞科研必须具备三个素质，第一是从实践中发现问题的能力，第二是找寻到解决方法的能力，第三就是要有不怕失败、不怕困难的勇气。而这三点中他最看重第一点：从实践中发现问题。在60多年的科研生涯中，陶诗言就是一直在实践中开创和引领学科发展，从国家之所急出发，抓住一个又一个实践中的关键问题进行研究。

如果将陶诗言的科学成就作了一个简要的回顾，可以发现，在新中国天气与气候学发展的各个时期，陶诗言的辛勤工作都是具有开创性的、引导性的。尤其在我国气象学发展的历程中，陶诗言总是根据实际问题，独创性地提出见解，引领着学科不断向前发展。

陶诗言是我国本土成长起来的天气预报理论和方法的奠基人之一。陶诗言在60余年的研究生涯中，始终抓住气象学实践中的关键问题进行研究。大气科学与其他自然科学有很多区别，其中实践性很强是其重要特点，再好的理论如果不是来自于实践，或者不能指导实践预报，那么都不是好的理论。陶诗言非常重视从实践中提炼问题，他的重要成就包括东亚大气环流、季风天气气候、寒潮和暴雨预报、卫星气象应用等方面卓越的研究成果，基本上都是来自业务和科研实践，在国际大气科学界享有崇高的声望。比如陶诗言对中国梅雨的研究，一反传统地从气团角度出发，而从东亚天气过程的实际变化来研究长江流域的梅雨，取得重大的成果。

黄荣辉院士指出："50年代我国在大气环流变化方面作出了许多国际领先的研究，我国学者分析了大量东亚大气环流演变的事实，提出了东亚大气环流季节转换是突变的，这个看法比80年代国际上许多学者提出大气环流的非线性突变要早20年之多。"[①] 这就指出了陶诗言等人在大气环流方面开创性的研究。竺可桢和涂长望是我国较早试图研究东亚大气环流的先驱者，但由于当时高空观测资料的稀少，只能对其进行框架性的描述和得到若干月份的东亚低层大气环流特征。50年代初，陶诗言就同叶笃正等共同研究东亚大气环流，揭示了东亚天气和气候的主要特征，最后完成了北半球以及青藏高原的热源分布计算，提出了亚洲大陆和青藏高原对全球大气环流的作用。陶诗言发现的北半球大气环流季节变化有跳跃突变现象，这是具有国际水准的创新，为天气预报和气候学的研究提供了事实和理论基础，并被广泛应用到气象业务和实践中，起到引领作用。

在中国的晚秋、冬季和初春时节，我国常遭北方寒潮的袭击，这些寒潮使气温急骤下降，如不及时防冻，会对工农业生产造成严重影响。陶诗言从50年代开始就对入侵我国的寒潮路径进行了深入研究，系统地总结了影响我国的几条寒潮路径。关于寒潮爆发的问题，陶诗言指出，寒潮不

---

① 黄荣辉：大气科学发展的回顾与展望。《地球科学进展》，2001年第16卷第5期，第643-657页。

是局部环流演变，而是北半球长波调整的结果。他从高低空流场相联系的观点来分析东亚寒潮的爆发，认为：一次东亚寒潮的爆发，实际上是与东亚大槽的一次替换和重建的过程，这种伴随寒潮爆发的低槽也是一种不稳定槽，槽后导致了一次冷空气爆发。他还发现亚洲阻寒形势的崩溃也是导致东亚寒潮的一种常见的高空环流形势。他的研究结果指导着寒潮预报方法，对寒潮预报有重要作用。60年代初期，陶诗言撰文指出，高空大型暖高压伸向极地，将极涡推向南方，是形成东亚大寒潮的一种重要形式。

这段历史在徐国昌回忆录中可以得到颇具个性化的印证。徐国昌在回忆录中写到："我国天气预报工作初建阶段，台站网比较稀疏，只能从比较大的天气系统抓起。1955年陶先生写了东亚寒潮的经验研究（内部发行）一文，在陶先生的指导下，我在编写《中国短期天气预报手册》东亚寒潮时，根据该文的要点，将东亚寒潮主要分成不稳定短波槽发展和横槽转向两个大的类型，抓住了寒潮爆发的本质特征。1958年叶笃正和陶诗言根据6月和10月高空急流在青藏高原上空突变式的北进和南退，将一年划分成冬夏两个自然季节，这是东亚自然天气季节的经典之作。60年代初期，陶先生撰文指出，高空大型暖高压伸向极地，将极涡推向南方，是形成东亚大寒潮的一种重要形式。陶诗言先生对影响我国台风和寒潮大多数个例的具体日期路径和影响程度，可以完全不看书稿，记得一清二楚，如数家珍，不下大功夫是绝对做不到的，第一次听他讲课，就对他从事气象科学事业的认真精神所折服。"①

1980年，陶诗言的《中国之暴雨》论著问世了。这是我国第一本系统论述暴雨各方面问题的专著，是从预报实践中总结和研究的成果。陶诗言提出，地面的锋带和气旋路径以及降雨带出现中和稳定的态势，因而引起持续性的暴雨和洪涝。这个论点比美国同行所提出与他类同的区域性暴雨的"集中机制"要早数年。这本著作也很好说明陶诗言是中国大气科学本土特性的典型代表。因为中国特殊的下垫面和"逢灾必难"的独特国情使得中国暴雨研究必须立足国内情况，而陶诗言研究成果就是立足于本土特性的反映。

---

① 徐国昌：《风云春秋——为新中国气象事业而奋斗回忆录》。北京：气象出版社，2011年。

陶诗言对实践中出现的问题的提炼和研究，从来就没有停止过。他敏锐的科研视角、卓越的洞察力和领悟力，常常让人赞叹。在学生眼里，他对科研的好奇心，从来没有停止过。陶诗言在指导学生时，不对别人说你应该这样做，不该那样做，但他会常常主动谈起某篇论文、某个作者、某个报告里特别具体的地方，使学生在看似不经意的交流中得到启发。

陶诗言常对学生说，一个东西你去看它，要从自己的角度看出它的价值来。读书，不是为读而读。比如看文献，有的是思想方法新奇，有的是文笔优美；有时甚至通篇看完，你认为这个推论是不成立的，但或许里头有一句话特别精彩，有一幅图比较独特，这都是可取之处。无论它有什么样的不足，都不应该妨碍你去欣赏它并从中获取所需。读书还需要的另一种眼光就是找不足，要看它有没有做得不够的地方，你应该怎么去完善它；如果看出了不对，要敢于质疑。张小玲，是陶诗言的1998级博士生，她说："在先生带我的三年里，他对我说得最多的是这个四个字：为我所用。"① 陶诗言的学生兼秘书卫捷说："除了在大方向上对学生的把握，他还纠正小的偏差。当先生将我看过的原版文献返给我时，我惊讶地发现，上面用笔密密麻麻地做满了记号。有一次，他很认真地对我说，你前天问我的一篇论文，我回家又想了一下，觉得还是换个词更好些。刚读陶先生的博士生时，听到有人问'先生的事务这么多，有精力管你们吗？再说了，先生年龄这么大了，还能教出多少新东西呢？'然而三年时间过去，我从先生那里得到的太多了。他一直在跟踪国际前沿课题，从来就没有停止过。"②

由于陶诗言在中国气象学界的巨大威望，2008年，在大气所庆祝建所80周年之际，也恰逢陶诗言院士的90岁生日，为向这位气象大家致敬，当日下午，陶诗言院士学术成就研讨会在大气所举行（图结-1，图结-2），气象界同仁共同探讨陶诗言院士几十年来在天气预报理论、季风研究等方面的学术成就。中国气象局也发来贺信，代表全局职工向陶诗言

---

① 丁继武：是什么流过时光的河——中国科学院院士陶诗言.《中国气象报》，2004年8月7日。

② 同①。

图结 -1　大气所王会军所长在陶诗言九十华诞学术研讨会上发言

图结 -2　曾庆存院士在陶诗言九十华诞学术研讨会上发言

结语　本土成长的气象学一代宗师

院士几十年来在气象领域的辛勤耕耘表示感谢。

庆祝大会高度概括了陶诗言一生从预报和科研实践中取得的丰硕成果，对陶诗言的实践方法和实践精神给予了很高的评价。

实践高于一切的学术风格

气象研究和气象业务有机地结合在一起，形成陶诗言气象理论与预报实践相结合、重视实践高于一切的学术风格。陶诗言始终站在国际气象科学前沿，同时又始终将国家重大需求作为自己的研究任务和方向，把气象研究和气象业务有机地结合在一起。同时在实践中拓展了中国大气科学的本土特色。

他的气象理论与预报实践相结合的学术风格给人们留下了深刻的印象。陶诗言指出："真正的气象学大家，比如比亚克尼斯[1]，提出锋面理论，他不是凭空出来的，而是通过画天气图，在实践中做出来的。罗斯贝的长波理论，也是罗斯贝在实践中提炼的结果，在挪威气象局每天画天气图，提炼规律，后来又到美国芝加哥大学继续研究，最后才提出长波理论，现在我们的预报就是利用的长波理论。作为一个预报员一定要善于总结，而且在每次预报之后，还得考虑一下，这场雪是不是历史上最大的。"[2] 这正是陶诗言的名言：长波理论是罗斯贝画天气图画出来的。

陶诗言始终坚持不唯书、不唯洋、只唯实的学风。他高度重视观测资料分析，该得什么结论就下什么结论。如陶诗言根据中国的实际情况，提

图结-3　比亚克里斯

---

[1] 比亚克里斯（Vilhelm F.K. Bjerknes，1862—1951）是挪威著名气象学家和物理学家，和其子小比亚克里斯（Jacob Aall Bonnevie Bjerknes，1897—1975）创立了极锋理论，形成大气科学的挪威学派。对当代大气科学产生了很大影响。

[2] 丁一汇院士访谈，2011 年 4 月 6 日，北京。资料存于采集工程数据库。

出了我国几种主要降水概念模型。他指出在中国气旋降水模型中存在着的三支气流，其气流的来源、位置及其对降水的作用，与国外的模型有很大不同。这些研究成果对我国降水预报的改进，有重大的理论意义和实际意义。他坚持了大气物理研究所几十年进行汛期天气会商的传统，身体力行。陶诗言关注并参与中国气象局每年汛期气候预测和暴雨、高温酷暑等高影响性天气分析和预报（图结-4）。陶诗言要求研究组要在预报中凝练科学问题，在预报中检验科研成果，使研究组成员受益匪浅。正是因为他始终坚持理论与实际相结合，实践出真知，他的研究工作经得起历史和时间的考验。

陶诗言对自己的成功，觉得自己最重要的一点就是通过实践做总结，作为预报员，他每一次预报后自己都要做总结。陶诗言年轻时几乎跑遍了全国所有省份，他的成功经验就是不断总结经验。总结预报成功或失败的经验教训，然后把这些经验教训变成文章。陶诗言经常说预报员做预报必须有很好的实践经验和一定理论的储备，一个好的预报员一定要不断总结自己失败经验与成功经验。

李麦村和徐国昌都是陶诗言先生的学生，他们不止一次地在一起议论

图结-4　陶诗言指导天气会商

结语　本土成长的气象学一代宗师

陶诗言先生的科学研究艺术，他们认为陶诗言有一种非常高超的从实践中去粗取精、去伪存真的科学研究本领。陶诗言可以在一大堆的天气图当中，选出一张天气图来代表最重要、最本质的天气气候特征。天气气候学的文章是比较难写的，弄不好就会变成流水账，抓不住要领。陶诗言的天气气候学文章堪称典范，之所以如此，就是因为陶诗言有深厚的理论基础和丰富的实践经验，体现了陶诗言实践高于一切的学术风格。

与学科和国家需求共发展

一直走在学科最前沿

陶诗言和其他取得巨大成就的科学家不一样，他并没有在国外留学，最多只在美国访学几个月，但却取得公认的杰出成果。这与大气科学发展背景和国家需求有关。尽管陶诗言没有出国留学，但却一直走在这门学科的最前沿。陶诗言说自己属于芝加哥学派的，因为大学学的是气象学挪威学派的理论，而挪威学派和芝加哥学派几乎一脉相承，气象学芝加哥学派的创始人罗斯贝原本就是挪威学派的骨干之一。而在20世纪，在大气环流与大尺度动力学研究发展史上最重要的研究应是1930—1940年以罗斯贝（Rossby）为首的芝加哥气象学派。新中国成立以后，陶诗言在中科院大气物理研究所工作，大气物理研究所来源于中央研究院气象研究所，在竺可桢、赵九章、涂长望等学界前辈的带领下，中央研究院气象研究所把世界最前沿的大气科学的理论引入中国，取得许多进展。新中国成立后，叶笃正逐渐开始负责中科院大气物理研究所的工作，而叶笃正正是罗斯贝的学生，是芝加哥学派在中国的代表性人物之一，所以陶诗言一直处于世界大气科学发展的最新潮流之中，接触最前沿的学术思想，没有在研究上走弯路。

如果说世界范围内，陶诗言接触的是最先进的学派和理论，那么在国内，陶诗言的研究环境在大气科学圈子里是第一流的，学界同仁在中国也是最有水平的气象学家。

中央研究院气象研究所作为新中国成立前气象科学的最高学术研究机构，一直从事气象科学的前沿研究。中央研究院气象研究所在做观测、服务、促进建立全国观测网及作好天气预报的同时，没有忘记当初建立时的重要使命——研究气象前沿学术问题。这是从竺可桢开始的。在竺可桢领导气象研究所的时候，他的日常工作十分繁忙，但他的科研活动从未间断。

1930年竺可桢发表《中国气候区域论》，这是气象研究所建所后以该所名义发表的第一篇有一定影响的学术论文。1933年竺可桢在第五届太平洋科学会议上提出的《中国气流之运行》一文，得到了会议很高的评价。文中分析了中国春、夏、秋、冬四季地面气流和高空气流的变化特征，并且指出中国各季气流的运行受北半球四个活动中心变化的控制，这是讨论我国大气环流的第一篇成功的研究论文，为以后陶诗言讨论大气环流、分析天气及气候成因问题提供了基础。1934年竺可桢在发表的《东南季风与中国之雨量》一文中，分析夏季风的活动与中国降水的关系，指出夏季风所带来的水汽是中国大陆夏季雨泽的来源。并指出当夏季东南季风强盛时，长江流域主旱，华北主涝；当东南季风偏弱时，长江流域主涝而华北主旱。这个观点在现时已是中国季风气候的一个人所共知的事实，但在当时是个创见。这篇论文是我国有关季风研究的经典著作，为以后的我国季风研究和长期预报研究提供了基础。陶诗言正是在此基础上研究季风和大气环流，起点一开始就很高，所以陶诗言的研究成果和结论不仅是最前沿的，而且很有价值。

涂长望在竺可桢研究的基础上，对中国气候区域的划分及各区的特点提出了新的见解，并于1936年发表了《中国气候区域》一文。竺可桢评价他的工作时说："不但继续进行，而且大为发展。"1938年和1939年涂长望又连续发表了《中国之气团》和《中国气团的特性》，不仅对气团的分类提出新的看法，而且还注意研究锋面与我国的天气变化，指出它对我国天气预报实践的意义，从而为我国现代天气预报打下了基础。对此，竺可桢给予了极高的评价，认为他开辟了前途广大的三度空间的中国气象学。1937年涂长望提出了长期天气预报的途径。在东亚环流方面的研究，他也有独到之处，1944年他同黄士松合作发表了《中国夏季季风之进退》，发现中国季风的进退有明显的跳跃现象，表征东亚季风环流的非线性特点。赵九章高度评价了上述成就，认为对我国研究长期预报、季风与旱涝关系有重要贡献。由于涂长望的工作，陶诗言可以在此基础上少走弯路，并且有较大创新。

从大气科学历史来看，陶诗言取得的巨大成就和大气科学自身发展有必然联系，体现了中国大气科学自身的本土特性。20世纪上半叶的大气科学处于发展的一个加速期和转折点。黄士松教授说："整个气象的发展，在这段时间里产生了一个质变。这个质变时段是从锋面学说之前一个时期到锋面学说之后一个时期，一直到大气长波理论出来，这段时间是当代气象学一个大的发展时期。之后在这些理论基础上计算机做数值预报也成功了。过去因为探测手段不同，高空探测是不可能的。在这个阶段是天气动力学、长波理论发展的阶段。总之那段时间发展得很快。"[1] 这种质变发展的阶段同样在中国出现，在20世纪中期，中国大气科学结合自身地理环境和气象、气候特点，发展了具有自身特色的中国大气科学。

陶诗言一直处于大气科学发展中最前沿，这弥补了他没有出国留学带来的不利条件，他在中国本土不仅接收到世界上最先进的大气科学理论，而且把这种先进理论应用到中国的天气学实践中，从而取得一流的学术成果。

始终围绕国家重大需求

回顾陶诗言的一生所做的成就，用陶诗言自己的话说，就是他所做的每一次新研究都是从他一次次接受国家的重大新任务来的。陶诗言说："我认为我这一生，我要感谢新社会，真的，在旧社会，大学毕业永远当不上教授，但是新社会来了，它就不这样了，到现在为止也不是必须非到外国留学才有成就。同时呢，新中国给了我好几次机会。"[2]

陶诗言一生的贡献很多，但自己总结一直强调他得益于机遇。从新中国成立初进入"联心"工作，就是抓住国家需要做好全国天气预报的机遇，这种机遇对陶诗言的成长无疑是至关重要的。"围绕国家需求"，陶诗言用自己一生践行着这个原则。

50年代初，国内气象资料奇缺，基础薄弱，很难做出正确的天气预

---

[1] 黄士松教授访谈，2011年5月6日，南京。资料存于采集工程数据库。
[2] 陶诗言院士访谈（5），2011年1月13日，北京。存地同上。

报。中国的天气又有自己的特点，国外的一些预报方法难以照搬使用，必须走中国自己的路，做开创性的工作。陶诗言等学习国外的新成果，创造出适合我国实际的天气预报方法和有中国特色的研究成果，丰富了我国的天气学理论。50年代联合天气分析预报中心的成立大大扩充了中国天气分析和预报业务，它每天所绘出来的图，在种类和数量上都可与当时任何国家的中央预报机构相比。

50年代中期，中央气象台加强了台风联防，霜冻区域性预报，冰雹、寒潮大风等灾害性天气预报。陶诗言在实践中建立和总结了各种天气预报方法，陆续发布了寒潮、台风、暴雨、霜冻、中期降水等预报，填补了中国天气预报史上的空白。在这期间，陶诗言为全国气象预报保障做出了具有历史意义的贡献，并积累了大量关于中国和东亚地区天气分析和预报方法的宝贵经验，为他以后的理论研究打下了坚实的基础。陶诗言当年在"联心"的工作从客观上讲就是抓住了国家的需求，在解决实际问题中提升了自己的学术水平和境界。

60年代，我国开展了原子弹、导弹的国防尖端科学技术攻关和试验，两弹的发射要求发射点和爆发点都有很好的气象保障，组织上把气象保障任务交给了陶诗言。他抓住国家需求，为我国"两弹"试验提供了准确的气象保障。陶诗言多次为这些国防科学技术的试验提供了准确的气象保障。当时这是个重大的贡献。身处"文化大革命"的混乱之中，多少科学家失去了进行科学研究的权利，甚至人身自由，而陶诗言却获得宝贵的机会，他一方面把这些任务作为政治任务来完成，另一方面当作是开辟新的业务领域的机会。独创的很多预报方法既显示了他特殊的才能，也展现了中国应用气象学的广阔前景。

60年代末期，不仅是为了填补我国卫星气象研究的空白，更是为打破冷战时期对中国气象资料的封锁，陶诗言响应国家重大需求率先开展了卫星气象资料的分析与应用研究，总结出一套卫星云图应用方法推广到全国，有力地推动了我国卫星气象学的发展。1975年8月中国河南发生了一次台风暴雨，经济损失严重。国家下达任务要研究这类暴雨，陶诗言当时正研究卫星气象学，而且很有成效，但是为满足国家需求，他接受这个任务去研究暴雨，按陶诗言的话说"这个暴雨是这么搞起来的"，也就是说陶诗言从这个时候又开始转了个方向，抓住国家需求，又开始研究暴雨，一直研究到1980年，他对暴雨以及中小尺度系统的天气学特征及动力学进行了系统而全面的研究。陶诗言主持这项研究，他放弃了自己喜爱的卫星气象学研究，专注于中国暴雨的研究，在暴雨发生的机制和预报方法方面做出了重要贡献。

80年代，他牵头在中科院大气物理研究所和中国气象局联合开展季风研究，使我国在季风研究方面跨进世界先进行列。90年代中期，陶诗言将研究重点放在灾害天气和气候机理和预测研究方面。从1998年长江大水、2007年淮河洪涝、2006年川渝酷暑，到2008年年初的雨雪冰冻等，他都带领研究组进行了研究。从陶诗言几十年的学术生涯来看，抓住国家发展中的重大问题，在解决问题中成长为"一代宗师"。

陶诗言60多年始终如一从国家发展大局出发，围绕国家需求开展科研工作，从我国气象业务应用的实际出发，注意研究与我国重大气象灾害有关联的主要科学问题，取得了一个又一个突出的成就，丰富了当代中国气象学的研究领域。一方面表明中国大气科学的本土特性，具有为国家经济建设和人民福祉服务的特点；另一方面，中国的独特国情使得中国的本土大气科学为世界大气科学贡献了自己的独特理论。

每次采访陶诗言时，他总是谦虚地说："我是个土生土长的专家，可以说是共产党和新中国给了我许多机会。用毛主席一句话，从实践经验上升到理论，新中国给我创造了这个机遇。"陶诗言说："我还领会到，我所取得的一些成就，机遇也是因素。新中国成立之后的20年中，国家对气象事业有迫切需要，当时国内气象人才太少，我并不是很优秀的人才，领导把我推到第一线，将许多重要任务交给我，使我有机会受到锻炼和培养，达到目前的境地。假如大学毕业后一直留学校教书，情形就可能不一样了。"[1]

陶诗言的人生经历非常有代表性，而且非常独特，和其他的院士不一

---

[1] 陶诗言院士访谈（5），2011年1月13日，北京。资料存于采集工程数据库。

样，因为其他很多院士都在国外留过学，而陶诗言是中国本土成长起来的一代宗师，所以他就非常具有典型意义，对教育后辈非常有作用。陶诗言说："我自己觉得一生中学术成长最重要的机遇，第一个就是联心，那个是最重要的阶段，其次就是'75·8'暴雨，驻马店不是死掉三万多人嘛，这次奠定了我对暴雨的研究地位，没有那场暴雨我不会去搞这个研究。第三个就是邹竞蒙要我主持中美季风的合作，给我机会研究季风。没有这三个机会，我就没有今天这样的成就。我前后去美国七次，以不同的身份去的。当时中美合作季风一共去了四次。在 NCAR 待了三个月最长，其他都是一个星期或两个星期。真正的讲，我是土生土长的专家，我没有喝过'洋墨水'，没有出国留学。我自己不是很聪明，所以机遇很重要。像季风研究，都是人家叫我去做，暴雨也是这样，都是任务，所以我是土生土长的专家。我得益于机遇。新中国成立前，在台湾你如果不出国，你永远拿不到教授，最多是个讲师。我没有喝过洋墨水，假如不解放，可能我就是在中央大学当个助教或讲师，解放了给了我好多次机会。"①

陶诗言并不是被动地接受国家任务，应付了事，而是每次全副身心投入，每接受一次任务，就得到一次发展这门分支学科的机遇，而且每次做得很好。

良师益友

陶诗言说："我的成功经验，一半是机遇，一半来自我的朋友、老师。关于老师和朋友，一是我有很好的老师，有竺可桢、赵九章、涂长望等，赵九章管得很严，涂长望对我有知遇之恩，我的成绩和他们是分不开的。二是我有几个很好的同辈，叶笃正、顾震潮等，这是我始终不能忘的。"②

陶诗言认为自己最多只能算个"中等资才"，要说优点，恐怕只有一个，就是有韧劲，不怕失败，始终锲而不舍；而得以遇见竺可桢、赵九章这样的良师，叶笃正、顾震潮这样的益友，则更是人生中的大幸。

---

① 陶诗言院士访谈（5），2011 年 1 月 13 日，北京。资料存于采集工程数据库。
② 同①。

图结-5 陶诗言在纪念竺可桢诞辰 120 周年座谈会上发言（卫捷提供）

陶诗言只要搞一项研究，就会锲而不舍，这种锲而不舍的科研精神来自于老师的熏陶。在纪念竺可桢诞辰 120 周年座谈会上，陶诗言评价竺可桢一生对研究锲而不舍（图结-5），比如对中国 5000 年的历史气候的变化，从 30 年代竺可桢到中央研究院气象研究所就开始研究，一直研究到 1972 年，他 83 岁完成关于中国 5000 年气候变化的文章，这篇文章是一个里程碑，竺可桢这种锲而不舍的精神对其完成 5000 年气候研究非常重要。竺可桢被陶诗言称为"太老师"。陶诗言受到了竺可桢影响，同时也具有锲而不舍的研究精神。陶诗言研究寒潮三个路径，是根据多次预报失败总结出来的。陶诗言的暴雨研究，也曾经经历了多次失败，但是他不断总结经验，锲而不舍，终致成功。关于季风研究的书出来之后，赢得了很多关注，这个也是他锲而不舍的成果。这种精神正是来源于陶诗言师长对其的影响。

除了竺可桢，还有几个影响陶诗言的重要师长。陶诗言多次表达这样一份情感：说这一生对其知遇之恩有三个人，一个是涂长望，一个是赵九章，还有一个是邹竞蒙。陶诗言说："涂长望推荐我到中央研究院气象研究所，假如他不推荐，也没有我的今天，可能最多也只是大学里的一个教授。另外，当年我们全家坐火车到北京，那个时候我还是助理研究员，涂长望亲自带着中央气象局的司局长到北京车站来接我。这让我很感动。涂长望在当中央气象局局长期间，一直对我的工作十分支持。还有一点让我佩服涂长望，新中国成立初全国实行'一边倒'，气象界要求学习苏联，但是我接受芝加哥气象学派的思想，早就知道苏联的气象是不行的。当初写了一篇文章，说苏联的预报方法不行，那个时候顾震潮说绝对不能讲这种观点，好多人都反对讲，因为这个属于反苏。但是涂长望鼓励我在会上讲。报告之后苏联专家说同意我的意见，当天晚上赵九章要慰劳我，请叶笃正作陪，赵九章专门请大家吃顿饭。我觉得涂长望对我有知遇之恩。"①

赵九章更是陶诗言的良师，由于赵九章的严格要求和扎实的学术训练，陶诗言才在学术上打下深厚而牢固的基础，成为"大师之路"的起点。

邹竞蒙（1929—1999），1973年起到中央气象局担任领导工作，1982年4月至1996年7月任国家气象局、中国气象局局长。在1983年召开的世界气象组织第10次大会，邹竞蒙当选为主席，并在第11次世界气象组织大会上连任主席。中国气象学会第23届理事会理事长。邹竞蒙对陶诗言的工作一直十分支持（图结-6）。

邹竞蒙局长十分赞赏陶诗言在大气科

图结-6 邹竞蒙

图结-7 1995年受聘为国家气候中心专家咨询委员会委员（受聘书者陶诗言，授聘书者为国家气象局局长邹竞蒙。大气所提供）

---

① 陶诗言院士访谈（5），2011年1月13日，北京。资料存于采集工程数据库。

结语　本土成长的气象学一代宗师　*169*

学上的许多重大原始创新，为加强气象业务部门的科学研究水平，非常希望陶诗言能够正式到气象部门任职，所以曾经推荐陶诗言做中央气象局副局长兼任气象科学研究院院长（图结-8），但陶诗言考虑到年龄原因而婉言谢绝。

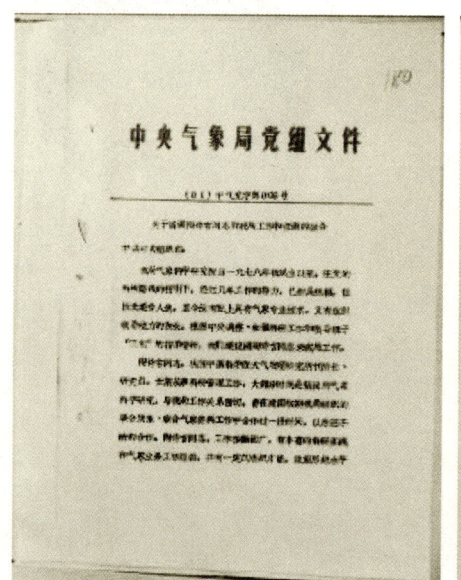

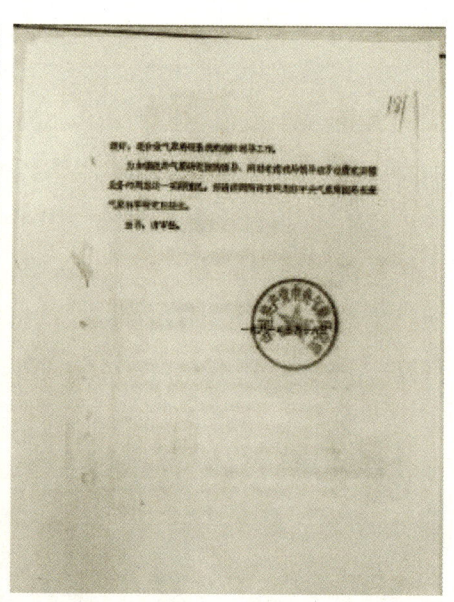

图结-8　中央气象局党组向中央组织部商调陶诗言任职的报告（中央气象局档案室提供）

　　陶诗言既有良师，也有益友。陶诗言称叶笃正和顾震潮是自己的"畏友"，就是值得尊敬的朋友。陶诗言和叶笃正是多年的同事、朋友，叶笃正比陶诗言稍大几岁，叶笃正和陶诗言长期合作，共同书写了20世纪中国大气科学的传奇。在气象界叶笃正和陶诗言都是很有声望的大家，他们的研究某种程度代表了中国大气科学不同的两种模式，陶诗言是重视预报实践的天气学，叶笃正是重视理论的动力学，但双方却有很好的协作。叶笃正1950年回国，回来就到中国科学院气象研究所① 工作。陶诗言认为叶笃正始终是他的老板，他在会议上一直讲"老叶一直是我的头儿, he is my boss"，叶笃正对陶诗言一直非常支持，非常器重。

---

① 这里指中国科学院地球物理研究所的气象研究室。

陶诗言和叶笃正学术上交流很多，互相启发。从在"联心"开始，两人精诚合作超过半个世纪（图结-9，图结-10）。陶诗言说他们两个同时当选学部委员，评选时，陶诗言同叶笃正、谢义炳三个人以超过 2/3 高票当选。

顾震潮和陶诗言原本是大学同学，顾震潮对祖国一片忠诚，当初在瑞典留学，导师就是著名的罗斯贝①，新中国成立后，顾震潮心血沸腾，马上就想回国，参与新中国建设，导师罗斯贝教授希望顾震潮再待半年，即可达到博士毕业，可以授予他博士学位，可是他放弃了博士学位和丰厚待遇毅然决定回国。这在陶诗言心中留下了很深刻的印象，陶诗言将他作为自己的行为准则的榜样。两人大学同窗，又是多年的好友，有很多交流，陶诗言对顾震潮评价很高，说顾震潮是中国数值预报的开创人之一，陶诗言认为如果他不过早去世，贡献会更大。

正是有了这些良师益友，陶诗言才有最好的学术交流环境，才会一直

图结-9　陶诗言和叶笃正在 1978 年全国科学大会上（右二为陶诗言）

---

① 上文提及的著名大气科学家罗斯贝（C.G.Rossby）。

图结 –10　叶笃正九十华诞庆祝会上合影（左为陶诗言）

图结 –11　两位寿星合影（左为陶诗言）

图结-12　陶诗言在顾震潮纪念会上发言（大气所提供）

走在学术前沿，取得辉煌的成就。

优良的个性品质

陶诗言取得巨大成就，除了外在的因素，包括学科发展的机遇、国家发展的机遇和良好的学术交往，还有他本人内在的个性品质。

淡泊谦逊

陶诗言一生淡泊名利，默默奉献，品德高尚，为人极其低调，堪为典范。从一些细节就可以看出。《中国之暴雨》在1980年完成后，他把承担过工作的所有人全都挂名。之后的十余年没有报奖，他说还要继续研究。在国家奖申报的时候，陶诗言坚决不同意申报国家奖，因为当时谢义炳也在做暴雨研究，他们也在报奖，陶诗言因此说我们就不要报了。这反映了陶诗言很谦让、很高尚。谢义炳由于其暴雨研究成果在天气预报中取得重大的社会经济效益，获1984年国家科技进步奖二等奖，其理论方面的研究获1987年国家自然科学奖二等奖。陶诗言的学生都力主把《中国之暴雨》尽快申报国家奖。但是陶诗言没有答应，最后经研究所、研究室和同事再三催促，最后勉强同意申报。结果该项研究获1992年中国科学院自然科学奖一等奖。陶诗言对这件事情看得很轻，反映了陶诗言淡泊名利的高尚情操。中国有三个主要的既有联系又有区别的暴雨区，陶诗言和谢义炳的暴雨研究的重点区域有所差别，因此陶诗言的《中国之暴雨》评奖应该不会影响其他地区的暴雨研究的获奖，但是之所以坚持不报奖，也许是因为陶诗言不愿"压住别人的风头"，这反映了陶诗言谦逊的大师风范。

80年代，陶诗言致力于季风和暴雨研究计划的实施，曾担任中国气象局主持下的"东亚季风及其旱涝预报"重点项目顾问，并成为这一项目的主要参加人之一，积极推动了长达十年的中美季风合作，取得了突出的成果。当这个项目获国家自然科学奖时，他坚决退出，将荣誉让给其他年轻的同志。显示了陶诗言的高尚情操和对荣誉的淡化处理。陶诗言的学生对研究组说过一件事，陶诗言写完有关中国南方流域性致洪暴雨等论文，有人希望他投国外SCI刊物，肯定可以发表而且可以得到一些名利，但他投给了发行量最大、读者最多的中文刊物。因为陶诗言更希望自己的论文为更多的中国同行服务，说明他对实际效果和应用非常重视。

陶诗言为人非常低调，一心只想做科研，对于名誉等看得都不重要，陶诗言一生得到那么多荣誉，他也并不在意。1956年，陶诗言被评上全国劳动模范，他的儿子陶礼光一直都不知道这件事，他也并未提起过，要不是他儿子看到他的全国先进劳模证书，恐怕他还是不会提起。

"我觉得他也并不在意，全国劳模都当过，1956年当过全国先进劳模，证书还是后来我看见，我说你还当过这个，他从来没跟我说。"陶礼光说[1]。采集小组在对陶诗言的采访中，对其低调深有感触，陶诗言不是低调，而是极其低

图结-13　陶诗言先进工作者核定通知书（摘自陶诗言档案）

---

[1] 陶礼光教授访谈，2011年3月16日，北京。资料存于采集工程数据库。

调,比如对自己的荣誉证书,陶诗言并没有精心收藏,很多重要的荣誉证书已经不知散落何处,剩下的一些,简单用线捆住,然后放在一个很旧而且有些破的塑料袋中,放到一个不起眼的角落里(图结-14)。

当笔者打开这个落满灰尘的塑料袋时,心中充满了真挚的崇敬。

图结-14　陶诗言部分荣誉证书(陶诗言捐赠)

与时下一些"很喜欢提高知名度"的人物相比,陶诗言实在太不把自己的荣誉当回事了。这里节选一段采访记录也许能说明问题。

陈正洪:您当上学部委员之后,当时您有什么感想吗?

陶诗言:我没有什么感想。好处就是工资多100块钱,我对这个倒没什么想法,我这个人对名利很淡薄的。

陈正洪:您一生得到了这么多荣誉和奖励,您是怎么看的?

陶诗言:我并不是觉得我很好,我自己有数,我自己的能耐到底有多大。

陶诗言在国际大气科学界享有崇高的声望,然而其宁静平和却远出世人所料。作为大气科学领域的权威和资深院士,一生从不为盛名所累。陶诗言的低调除了在荣誉上,对于自己的文章甚至都不怎么关心,陶诗言本人并不关心自己到底有多少著作、多少论文。采集小组发现陶诗言很少提到自己的文章。他会很直接地对学生说,关于这方面的研究,我认为某某做得比我好,建议去找他请教,效果会更好。

陶诗言从不摆架子,采集小组第一次去采访陶诗言时,90高龄的老人家竟然站在门口等着我们,然后一手一个拉着进屋。参与《大家》栏目拍摄这件事就反映了陶诗言的随和。陶诗言带着助手自己打车到摄影棚,然后打车回去,不愿意让单位派车接送。陶诗言说要为司机着想,不愿麻烦别人。采访人郭改云写到:"送走陶老,我站在原地好一会儿没动,眼睛有些酸酸的。直到今天,他仍为国家的气象事业做着巨大的贡献,却如此低调!"①

陶诗言的母校——嘉兴实验小学100周年校庆后,该校校长张晓萍到北京看望陶先生,亲身感受了这位国际大家的亲和与慈祥。"一路说着,我们就来到了六楼的陶院士家,听到我们进门,陶院士从里屋迎了出来,'应该我来看你们,应该我来看你们'一口亲切的江浙口音,语调很平和,但节奏急促,中气十足。他紧紧攥着我们的手,把我们带进了小客厅,一坐定他就说:'你们看,现在我们搬了家,昨天下这么大的雨,你们怎么找得到的呢?我真怕你们过来时路上发生意外。昨天正巧我儿子又不在,否则应该我过来看你们。'听了陶院士这番话,我和王羽左再次不知所措,如果是一位国际知名的气象学家来看望我们,用古语说,岂非折煞我俩?"②

陶诗言特别不爱抛头露面,很少接受记者采访。比如陶诗言关于1998年大洪水和2001年大旱的预报后,引起各方关注,社会反响较大,中央各媒体的记者准备采访陶诗言,都被其婉言谢绝。

超然专注

1978年陶诗言任中国科学院大气物理研究所副所长,随后担任代理所长,在他的领导下所里的规模不断扩大。但是在陶诗言心中,他是个无为而治的副所长,他始终不忘自己的研究,一心扑在科研上,把他的研究工作放在第一位,一直没有被行政事务所干扰。

回忆这段经历,陶诗言说:"1978年叶笃正先生当科学院的副院长,我是大气副所长。我代行所长,但不是所长,我始终就是副所长,管理这个所的事情。代所长,就是acting。因为当时所长比较好当,所以我光管我的研究,我不管所里的行政事情,我专搞我的研究。行政事务还有一个副所长,他进来了我不管行政了,我这个叫无为而治,只管我的研究。我只管我的研究写文章,我是书生。所以我当了几年所长,当时是党委领导

---

① 郭改云:《陶诗言》编导手记。央视国际网站,2005-08-17。
② 张晓萍:与院士有约。http://218.75.188/1905/showid.asp?id=147

下的所长负责制,我是能够不管就不管。我是喜欢钻图书馆,老在图书馆转,当了所长后还是这样子,图书馆的管理员老说,老先生您好久没来了。那时图书馆进书少,因为外国书涨价嘛,不能再进口了,那时最头疼,好多书要删。但是没那么多钱,必须得删,删的时候很痛苦,舍不得删,但是经费不够。"①

从陶诗言的讲话中,可以看出他把学术看得比一切都重。陶诗言宁静平和,一生好像对政治不是太热衷,超然物外。不热衷政治,这样反而有利于陶诗言安心从事学术研究。陶礼光说:"新中国成立后的政治运动,陶诗言都亲身经历过的,比如三反五反、反右、四清,等等,凡是涉及知识分子的运动经历他都经历过了,而且他也不是完全与世隔绝,对哪个领导的所作所为,陶诗言也是有评价的,比如说对新中国成立以后的一些做法,也是有一些看法,毕竟生活在这个时代。他能判断对和错,只不过几乎不在公开场合谈论此类事件。"②

新中国成立前陶诗言就读中央大学,当时国民党三青团有很多活动,陶诗言从没参加,他几乎不参与各种学生运动。陶诗言对大学里的学生运动不太积极,只是安心学习。陶诗言并不是没有是非感,而是有很强的正义感。"文化大革命"中造反派要他写材料揭发叶笃正,陶诗言坚决不写。造反派也叫他写揭发顾震潮的材料。陶诗言认为顾震潮有很多方面是值得他学习的,所以坚决不写揭发材料。为避免造反派可能的攻击和对家人的影响,陶诗言要他的儿子陶礼光给他准备一个包,包里放了一把牙刷、一个牙膏、两块毛巾、一个杯子、一个勺,全准备好了,就是准备随时被造反派带走。如果哪天回不来了,陶诗言对家里人都交代好了。但是要说让陶诗言揭发什么,他说没有什么好揭发的,宁可准备被带走,这足以反映了陶诗言高尚的品德。

反右运动时,起初大家可以在自由论坛发表各自建议,等于通过自由论坛给党委提意见,当时有些学者比较活跃,经常提意见。陶诗言在这些论坛中,他就听着,他也能想明白,但从不上台发言。陶诗言有超然物外的境界,不仅超然物外,而且非常敏锐。陶诗言对政治运动看得比较透

---

① 陶诗言院士访谈(5),2011年1月13日,北京。资料存于采集工程数据库。
② 陶礼光教授访谈,2011年3月16日,北京。存地同上。

彻，随着"三反"、"五反"历次运动过来以后，一直到"文化大革命"，他很明白其中缘由。新中国成立后某些阶段不正常的政治生活的氛围，陶诗言有清晰的认识，比如外行领导内行，他也有自己的判断，但是从未在公开场合说过什么。有时候事后到家里他发些牢骚，但是工作中很少表露出来。陶诗言一心扑在业务上，对各种各样的运动、政治都不是太感兴趣，超然物外，这是个很重要的经验。

陶诗言对名利很淡薄，而且不张扬，1978年2月起，陶诗言被选为中国人民政治协商会议第五届全国委员会委员，1983年6月继任中国人民政治协商会议第六届全国委员会委员，其后又为第七届委员。担任全国政协委员期间，陶诗言从不张扬。在担任气象学会理事长和中科院大气所长期间，陶诗言总是谦虚地说自己行政上举动不多，主要是自己研究，基本上是无为而治，这与他的个性特点一致的。正如陶礼光教授所说："让他说官场的话，他可能还真学不会，当所长、理事长得会官场的话，开门结尾怎么讲话有套路，这不是他的长项。但是对某个学术的问题，可以15分钟、30分钟、一个小时都可以。官话他不会讲，这不是他的长项，他就适合搞点研究，他天生就是适合做研究。"[1]

陶诗言对政治超然，对学术非常专注。在吸收西方先进的大气理论的时候，必须要驾驭外语。陶诗言可以用英语、德语、俄语、日语做科研。陶诗言就是凭着高中和大学的英语开始了研究之路。他的英语基础打得好，非常扎实。至于德语他也能看，大学里他学了两年德语，全部都是自己看字典学的。俄文也是他自己学的，还翻译了好几本俄文书。日文也是自学的，他看日文，凭字典就可以解决问题。陶诗言说能看原文，指的不是文学书，而是气象专业书，这难度要大很多。退休之后，陶诗言经常坐车到图书馆，查阅外文文献，看到好的文献就专门复印下来。

陶诗言在图书馆博览群书，阅读了许多英语、俄语的原版书籍。最后连图书管理员都成了他的好朋友。90岁高龄时，不能亲自坐车去图书馆，就让秘书把国外气象杂志的目录打印给他看，发现需要的，请秘书复印后

---

[1] 陶礼光教授访谈，2011年3月16日，北京。资料存于采集工程数据库。

送给他阅读。丁一汇每次去陶诗言家里拜访他，陶诗言每次要问的都是：最近有什么新书给我带来了没有，丁一汇知道陶诗言爱看书，每次有新书都不忘为陶诗言复印一本并拿给他看。陶诗言对气候变暖的争论也很关心，他是相信气候还是变化的，让丁一汇找找这方面的书，丁一汇后来找到了一本书，是芝加哥大学编的，把200年来所有关于气候变暖的经典文献都汇集在一起，丁一汇赶紧复印后，给陶诗言送去一本。丁一汇说："每次去看陶先生，他脑子清醒得很，而且现在的文献他亲自读的，说明他在读最近的文献，很具体，什么都知道。"① 凡是大气科学的新书陶诗言都要看，他非常喜欢读书，读完书以后，他就告诉人家应该读什么。学生们不读新书，他说："你们这个都不读，我听你们再去讲发言，我听你们讲得都不对。"

陶诗言认为，"不管怎么样都要抓住国际动态和前沿的东西，我养成这个习惯从大学念书得来的，我每个礼拜一定要去图书馆的查书的，去溜一下，这个到了80年代我始终保持，但是到了2000年以后，身体不行了，所以现在我靠什么呢？我靠卫捷（秘书），叫她查杂志的书名给我，我看好了叫她复印给我看。到现在为止我还注意最近的动态，至少天气学的、气候学的是什么内容，这个是关键。对于卫捷，我训练她，如果自己做文章，就要养成这个习惯，要自己找文献。"②

陶诗言书架上有很多英文词典和语法书。陶诗言说隔一段时间就把张道真语法看看。他说外语学习要勤奋，还给儿子陶礼光讲顾震潮的例子，当年住在他楼下的顾震潮在等公交车时还拿出来字典记单词，顾震潮是分秒必争的那种人。所以学外语要勤奋。深厚的外文基础给陶诗言获取国际前沿知识以极大的帮助。

远 瞻 未 来

作为中国本土成长的气象学一代宗师，陶诗言对很多问题有许多真知灼见，对理解中国大气科学的本土特性和其本人的学术成就有很好的启示，就是对今天的气象业务发展也有一定的借鉴作用。关于对天气预报发

---

① 丁一汇院士访谈，2011年4月6日，北京。资料存于采集工程数据库。
② 陶诗言院士访谈（5），2011年1月13日，北京。存地同上。

展看法与观点，陶诗言认为从大气科学历史发展来看，洛伦兹[①]提出混沌理论之后，长期精确天气预报显然是不可能的，大气是遵循混沌理论，所以要报精确的话是不可能的，因此中长期预报比较困难。现在的数值天气预报，每个网格点的相关系数，超过0.6以上才有用。

天气预报理论上数值预报可以达到20天，但实际上我们现在预报时效只有9.6天。要想延长预报时效，陶诗言觉得首先要做到预报理论体系的突破，这个很难，但是必须攻克。中国同英国、美国、日本等国还有点距离。但这种差距主要是理论方面的差距，因为在设备方面和国外都差不多了。这是我们气象上一个难关，需要攻克的难题。

陶诗言说："我搞了一辈子的中国天气预报包括暴雨预报，我自己在思考一个事情，就是重要天气还抓不住，希望早日出一个能人能够改善我们国家的这种状态。预报非常复杂，我们教科书上面涉及预报的理论往往是典型的，但是不典型的东西可以预测很大的暴雨，这个怎么解决？所以现在预报员对冬天第一次雪是比较难预报准的。我们的预报到目前为止在世界上的水平还很差，欧洲中心的预报是很好的，可以预报八天，但我可以说，他们对第一场雪也是预报不准的。预报时效平均每十年提高一天，理论上短期预报不是可以报三个星期吗？现在实际不到10天，以后要提高相当难。美国虽然预报15天，但是他自己告诉你10天以上是不准的，所以搞我们天气预报这一项是一个相当难的课题，因为大气不是稳定的。我搞了一辈子，多少年来，我自己有数。英国今年两次大雪都没报，英国气象局的长期预报今年停了，就是几场雪没预报出来，群众有意见。"[②]

关于预报员，陶诗言做了一辈子预报，在"联心"期间还做了五年的预报员，所以对预报员反复强调要注意实践和总结。陶诗言说预报员做好预报必须有很好的实践经验和一定的理论储备，一个好的预报员一定要不断总结自己的失败经验和成功经验，不一定要最后写文章发表，但不管成功与失败，自己要总结。

---

① 洛伦兹（Edward Norton Lorenz，1917-2008）。美国气象学家，美国科学院院士。1963年提出洛伦兹方法，计算模拟出非周期现象，证明用逐步延伸方法从事长期天气预报是不可能的。

② 陶诗言院士访谈（5），2011年1月13日，北京。资料存于采集工程数据库。

陶诗言说："我能看出来，有时预报员不总结，一次预报就过去了。不管你成功与失败，你自己要总结，我的经验是什么，我自己要有一个小本子，这次失败了。失败的原因是什么，这个原因不一定对，可能记到后来会找到原因，在我的记忆里面，不能放弃一次失败的预报，也不要轻易放弃一次成功，成功有成功的经验，这个要不断总结。这个小本子是当初当预报员的时候自己养成习惯了。这个小本子就是我后来写文章（的基础），所以一个预报员的好坏就是是否能够自己不断总结预报经验，一般的预报员报垮了就放弃了，就完了，知不知道？成功也完了。所以我年轻时各个省都跑的。我的成功的经验就是不断总结经验。"[1]

陶诗言对气象科技史比较重视，曾经写过这方面的文章，并翻译过苏联的气象学发展简史。陶诗言认为从挪威学派到芝加哥学派再到洛伦茨（混沌）理论，这三个是气象科学发展的里程碑，到现在为止，就是1970年以后没新的里程碑。在此之前天气图的出现，也可以算是一个里程碑。现代意义上的大气科学诞生，应该是从50年代开始，因为长波理论比较成熟了，数值天气预报开始，这个时候大气科学差不多成为现代意义上的大气科学了。

---

[1] 陶诗言院士访谈（5），2011年1月13日，北京。资料存于采集工程数据库。

附录一　陶诗言年表

1919 年

8月1日（农历七月初六）出生于浙江省嘉兴县一个知识分子家庭。父亲陶传鼎曾是一位小学教员，后为国民政府一位小公务员，母亲是一个勤劳、善良的家庭妇女。祖上是当地有名望的大户人家。弟兄姐妹六人，排行第二。

1927 年

是年在嘉兴集贤小学（今嘉兴实验小学）读书半年。集贤学校由王琬青女士在嘉兴城内道前街贞节祠首创道前街女子小学堂，后为嘉兴县立第三小学、嘉兴县集贤小学、嘉秀镇第一中心国民学校等，新中国成立后更名为嘉兴建设中心小学，1987 年被命名为嘉兴市实验小学。

1928—1931 年

在嘉兴第二小学读书。

1932 年

上半年在嘉兴第二小学读书，之后到嘉兴一中读初中。嘉兴市第一中学前身嘉兴府学堂，创办于 1902 年（清光绪二十八年）。辛亥革命后，学校改称浙江省立第二中学，抗战时期更名为浙江省立嘉兴中学。1937 年 11 月抗战期间迁校至丽水碧湖。1946 年浙西一中复员迁回，恢复省立嘉兴一中。1954 年起改为现名。

1933 年

在嘉兴一中读初中。

1934 年

在嘉兴一中读初中。

1935 年

离开嘉兴，到南京读高中。

1936 年

在南京中学读高中。

1937 年

抗日战争开始，从南京跋涉到重庆，进入国立四川中学学习半年。

1938 年

以优异的成绩被保送到国立中央大学（现在的南京大学）工学院的水利工程系。

1939 年

就读于中央大学水利工程系，出于对天气变化的研究有兴趣，不久转入理学院地理系气象专业。当时学气象学专业的人还有顾震潮、黄士松、陈其恭，所学课程有气象学、测候学、天气预告、理论气象等。

1940 年

就读于中央大学气象专业。

1941 年

就读于中央大学气象专业。

1942 年

从重庆中央大学毕业，并留校任中央大学地理系助教，主管气象实习课。他在任教期间撰写了《等变压场及其在天气预报上的应用》以及《天气预报之前瞻与后顾》等总结性文章。

1943 年

任中央大学地理系助教，主管气象实习课。

1944 年

任中央大学地理系助教，主管气象实习课。

1945 年

是年，由涂长望介绍，到中央研究院气象研究所做研究工作。

5月8日，在北极阁天气组办公室作"欧亚大陆大气环流之型种"的报告。

6月5日，在北极阁天气组办公室作"热带气象概论"的报告。

10月5日，与朱岗崑、顾震潮、毛汉礼、朱和周在北极阁图书馆讨论。

10月26日，参加本年度第十四次讨论会，并与朱岗崑先后作了报告。

12月27日，参加本年度第十五次讨论会，并作了"中途岛战役之天气"的报告。

12月，被派到南京北极阁做接收代表助手，任中央研究院气象研究所助理员。

是年，与张志伦在南京结婚。1945—1948年张志伦在集贤小学（今嘉兴实验小学）任教。

1946年

在南京北极阁工作，时任中央研究院气象研究所助理研究员。

1947年

在南京北极阁工作，时任中央研究院气象研究所助理研究员。

1948年

11月10—12日　参加在南京召开的中国气象学会联合年会，并被选为编辑委员。编辑主任赵九章，理事长竺可桢。

是年，在南京北极阁工作，时任中央研究院气象研究所助理研究员。

1949年

10月23日，参加在南京大学气象系召开的中国气象学会南京分会第一次会员代表大会。大会选举徐尔灏、冯秀藻、刘匡南、廖铁生、章震越、史延庆、陶诗言和束家鑫八人担任理事会成员，徐尔灏为常务。当时中国气象学会正在积极筹备重建学会组织。

是年，在南京北极阁工作，时任中央研究院气象研究所助理研究员。与卢鋈到南京大学大气科学系教课。

1950年

6月25日，参加在军委气象局召开的中国气象学会第49次理事会议。

10月至次年3月，担任中央气象台天气预报实习班教师。

冬，偕家属从南京搬到北京，中央气象局长涂长望率领司长们到火车站迎接。

12月22日，中国科学院地球物理研究所与军委气象局合作成立联合天气分析预报中心，由地球物理研究所顾震潮任主任，陶诗言任副主任。

12月，为中央军委气象局气象干部训练班上课。

是年，任中国科学院地球物理所助理研究员。

1951年

2月中旬，中国气象学会北京分会召开会员大会，经全国科联同意，陶诗言等15人为特邀代表出席会议。

12月1日，著作《高空分析与天气预报》在中央人民政府军事委员会气象局出版。

是年，陶诗言等对冬半年入侵东亚的寒潮进行系统研究，于1955年发表新中国冬半年东亚寒潮研究论文。

1952年

9月6日，参加中国气象学会在北京召开第五次常务理事会与北京分会联合会议。

12月1日，《高空分析与天气预告》一书在中央人民政府军事委员会气象局出版。

是年，晋升为副研究员。

1953年

3月，在《气象学报》上发表《冬季由印缅来的低槽对于华南天气的影响》。

5月1日，《锋生与高空变形场的改变》在人民革命军事委员会气象局出版。

6月，中国气象学会组成《气象学名词》审查小组，被聘为成员。

12月，在《气象学报》上发表《苏联的中期预告法》。

1954 年

7—8 月，长江流域发生了百年未遇的洪水，与同事们做出准确天气预报，预测暴雨即将终止，向上级提出上游不分洪的建议。最终汉口脱险，国家和人民的生命财产避免了重大损失。因这一成功的预报，受到了国务院的嘉奖。

8 月 17—25 日，中国气象学会在北京召开第二次全国会员代表大会，选出第二届理事会及各机构成员。陶诗言等 23 人被选为理事。

12 月，组织翻译了 A.A. 巴邱林娜和 B.A. 杜尔克吉著的《大气的锋》一书，在财政经济出版社出版。

同月，在《气象学报》上发表《关于苏联的平流动力分析法在东亚应用的几个问题》。

是年，利用当时日益稠密的地面气象观测站和少数的高空观测站，对中国的寒潮作了较系统的研究总结，系统、准确地划分了入侵中国的寒潮的三条主要路径，并且指出其与东亚冬季风环流变化相联系。一直到 1957 年为北京大学地球物理系兼任教授。

1955 年

7 月，组织翻译了 X.II. 帕哥乡著的《大气环流》，在财政经济出版社出版。

是年，回到中国科学院，继续搞预报研究。

1956 年

12 月，在《气象学报》上发表《冬季中国上空平直西风环流条件下的西风波动》。

是年，由于气象工作的突出成绩和科学研究方面的重要贡献，晋升为中国科学院地球物理所研究员，同年获全国先进生产者称号。

1957 年

2 月，在《气象学报》上发表《阻塞形势破坏时期的东亚一次寒潮过程》的论文。

5月，在《气象学报》上发表论文《东亚的梅雨期与亚洲上空大气环流季节变化的关系》。

是年，与叶笃正、顾震潮等一起合作完成《东亚大气环流的研究》等论文三篇，于1957—1958年先后发表在国际著名气象学杂志 Tellus 上，受到国际大气科学界的重视。

1958 年

是年，论著《中国的梅雨》出版，发表在《中央气象局气象论文集》，第4号。

1959 年

8月，在《气象学报》上发表论文《十年来我国气候学研究的成就》和《十年来我国对东亚寒潮的研究》两篇论文。

12月6—10日，出席中国气象学会与中国科学院在北京共同举办的大气环流学术会议。

1960 年

4月，杨鉴初、陶诗言、叶笃正、顾震潮等著的《西藏高原气象学》在科学出版社出版。

1961 年

与叶笃正等对北半球阻塞形势进行研究，于1962年5月出版《北半球阻塞形势的研究》一书。

同年，任中国科学技术大学地球物理系教授，一直到1964年。

1962 年

3月，在《气象学报》上发表论文《夏季江淮流域持久性旱涝现象的环流特征》。

6月，在《气象学报》上发表论文《夏季东亚热带和副热带地区经向和纬向环流型的特征》。

8月2—8日，参加中国气象学会在北京召开的1962年年会暨代表大会，被选为理事。

1963 年

3月10日，参加全国农业科学技术工作会议。

12月21—27日，北京召开中小尺度天气系统学术会议，作会议总结。

1964 年

2月，《平流层大气环流及太阳活动对大气环流影响的研究》一书在科学出版社出版。该书是陶诗言对平流层大气环流及太阳活动对大气环流影响的研究总结。

5月，圆满完成在基地负责的核武器发射气象保障任务，获中国人民解放军二等功一次。

8月21—31日，参加世界科协北京中心举办在北京科学会堂召开的"一九六四年北京科学讨论会"，并作了东亚夏季大气环流的研究报告。

11月，在《气象学报》上发表论文《夏季亚洲南部100毫巴流型的变化及其与西太平洋副热带高压进退的关系》。

同年，为原子弹和导弹发射试验提供天气预报任务，多次到试验基地工作。一直到1976年。

1965 年

5月，在《气象学报》上发表《东亚对流层上部和平流层中下部大气环流的初步研究》。

是年，《中国夏季副热带天气系统若干问题的研究》一书在科学出版社出版。

1966 年

3 月，在《气象学报》上发表《论我国的气象站中期天气预报》。

12 月 1 日，在基地承担并出色完成发射核武器的气象保障任务，成绩卓著，获立中国人民解放军一等功一次。

是年，任中国科学院大气物理所研究员。

"文化大革命"中坚持气象卫星云图的研究，一直到"文化大革命"结束。

1972 年

12 月，与丁一汇组织翻译的《卫星云图在天气分析和预报中的应用》一书，在科学出版社出版。

1973 年

大气物理研究所决定编辑出版大气所集刊，任主编，在科学出版社出版。1973 年出集刊第 1 号，1990 年出最后一集（第 14 号）。

1974 年

夏，与到中央气象台访问讲学的美籍华人气象专家张捷迁座谈。

9 月，《热带天气预告手册》在上海人民出版社出版。

1975 年

8 月，河南省驻马店的特大暴雨酿成严重洪灾，和谢义炳等人一起组织了一场由中国科学院、国家气象局和各有关大专院校参加的大规模暴雨会战。

10 月，组织中国科学院大气物理所等单位的同仁共同编写的《卫星云图使用手册》在农业出版社出版。

是年，应邀率中国气象学会代表团访美，并在美国国家飓风中心讲学。

1976 年

春夏，带领数名研究人员多次参加"75·8"河南特大暴雨会战研究，会战组写出总结。此后暴雨组多次深入现场对华南、华中暴雨进行研究。

6月，最后一次在酒泉发射场执行任务。

1977 年

1月，在《气象》上发表论文《天气预报技术的现状》。

3月，在《大气科学》杂志上发表《有关暴雨分析预报的一些问题》的论文，介绍当时的暴雨预报水平。

8月，在《气象》上发表论文《怎样分析卫星云图（二）几类主要云系的基本特征》。

是年，获中国科学院先进工作者称号。

同年，任联合国世界气象组织中国首席代表，一直到1986年。任联合国世界气象组织大气科学委员会中国首席代表，一直到1996年。

1978 年

2月起，被选为中国人民政治协商会议第五届全国委员会委员。

3月8日，参加中国气象学会第12次常务理事。

3月18—31日，参加在北京举行的全国科学大会，由于气象卫星资料在日常业务中获得应用获全国科学大会成果奖，并获得全国科技大会先进科技工作者称号。

4月11日，参加中国气象学会在中国气象局召开的在京理事会。会议决定增补陶诗言等九人为调整后的第18届理事会常务理事会成员。

5—8月，该年夏季联合国世界气象组织在亚洲南部组织一次大规模的夏季风活动的观测试验。青藏高原对季风的活动有很大影响，经国家科委批准，由中国科学院和国家气象局组织力量，联合进行了一次同步的青藏高原气象科学试验，先后由叶笃正和陶诗言担任总技术指导。这次试验取得了大量资料，分析和研究花费了四年时间。这次试验引起陶诗言对季风研究的兴趣。

10月，作为会议主席主持召开由WMO组织的有50多个国家参加的国际台风会议，并一直担任中美关于大气CO_2气候效应合作研究的中方首席科学家。

12月8—18日，参加中国气象学会在河北邯郸市召开的1978年年会暨全国代表大会，并被选为常务理事。

是年，与叶笃正、杨鉴初、朱抱真等合作完成的"北半球冬季阻塞形势的研究"获得中国科学院重大科研成果奖。

是年，"冬半年东亚寒潮的研究"获得中国科学院重大科研成果奖。

同年，加入中国共产党。任中国科学院大气物理研究所副所长、后为代理所长，一直到1985年。历任第五届、第六届、第七届全国政协委员，直到1992年。

1979年

7月20日，出席在中央气象局召开的中国气象学会第19届理事会第三次常务理事会会议。

9月22日，参加在中央气象局召开的中国气象学会第19届理事会第四次（在京）常务理事会会议。会议推荐叶笃正、谢义炳、陶诗言、程纯枢四人为中国科学院学部委员候选人。

9月，在《大气科学》上发表论文《气象卫星资料在我国天气分析和预报上的应用》。

是年，和叶笃正、程纯枢、谢义炳、黄士松、高由禧、章基嘉、巢纪平等共同主持，进行我国第一次青藏高原大气科学试验，并取得了具有国际影响的研究成果。

1980年

3月15—23日，出席中国科学技术协会第二次全国代表大会。

7月，主要代表作之一《中国之暴雨》在科学出版社出版。

10月6—11日，作为团长率中国代表团40人参加世界气象组织在上海召开的国际台风学术讨论会。会上应邀作了"中国台风预报科研业务述评"的报告。

12月，受美国大气研究中心邀请，前去合作研究、讲学。

是年，当选为中国科学院地学部学部委员（院士）。作为中国最早将卫星资料用于天气分析和预报方面的研究者之一，获得1980年中华人民共和国科学技术委员会和中华人民共和国农业委员会颁发的科学技术成果推广应用奖。任中国环境科学学会常务理事。

同年，参加中央气象台天气会商，并提出了重要见解。

1981年

1月，与丁一汇合作在 Bulletin of the American Meteorological Society 上发表题为"Observational evidence of the influence of the Qinghai—Xizang (Tibet) Plateau on the occurrence of heavy rain and severe convective storms in China"的论文。

5—12月，叶笃正在美国普林斯顿大学地球流体力学实验室合作研究，陶诗言副所长代行大气所所长职务。

8月，国务院批准大气所为首批博士授予单位之一，设置天气动力学、气候学和大气物理学三个专业的博士点，同时首批批准叶笃正、陶诗言为博士生导师。

11月23日，出席中国气象学会在中央气象局召开第19届常务理事会第八次会议。

是年，任国务院学位委员会第一、第二届学科评议组成员。

1982年

2月26日，参加中国气象学会在中央气象局召开的第19届理事会常务理事会第九次（扩大）会议。

5月18—23日，作为中方会议领导小组成员出席在北京召开的首届中美山地气象会议。

7月20日，任地学部大气物理学科组组长。

10月25日—11月1日，出席中国气象学会在成都召开的全国会员代表大会暨1982年学术年会，并被选为副理事长。

11月，接受菲律宾气象学会的邀请，于1982年11月台风委员会年会后，赴马尼拉出席了会议。

同月，在《科学通报》上发表论文《大尺度锋面降水的边界层结构分析》。

同年，在南京大学兼任教授，一直到1987年。为中国环境科学学会常务理事、中国地理学会理事，一直到1990年。任成都气象学院名誉教授。任"中－美东亚夏季风双边合作计划"中方首席科学家。获国家科委和国家农委的科学技术成果推广应用奖。

从1982年开始在中－美大气科学双边合作计划中，增加一项东亚夏季风的合作研究，被推举为中方首席科学家。

1983年

6月，任中国人民政治协商会议第六届全国委员会委员，后继任第七届委员。

8月，在《气象学报》上发表论文《四年来我国气象卫星资料分析应用研究》。

12月3—7日，中国气象学会卫星气象专业委员会成立暨学术交流会在北京召开，到会讲话并作了学术报告。

12月，在《大气科学》上发表《1979年季风试验期间东亚地区夏季风爆发时期的观测研究》。

1984年

1月3日，出席中国气象学会第20届理事会常务理事在北京京丰宾馆召开的第四次会议。

2月，《中国自然地理·气候分册·中国自然地理气候卷》在科学出版社出版，全书由陶诗言审阅修改，陶诗言、程纯枢、王德辉负责全书的汇编和定稿。

7月，在《气象》杂志上发表《1979年5—8月青藏高原气象科学实验及其观测系统》。

9月19日，出席中国气象学会第20届理事会常务理事在北京召开的第五次会议。

10月17日，出席在南京召开的中国气象学会第20届理事会常务理事会第六次会议。

12月10日，出席中国气象学会第20届理事会常务理事会第七次会议。

1984年，任国家海洋局海洋环境预报研究中心顾问。

是年，开展中美季风合作研究，中国科学院、中央气象局和高等院校等单位参加，一直到1999年。中方由陶诗言负责，1987年改由李崇银负责。

1985 年

8月，在《中国科技史料》第4期上发表《中国气象界的功臣——顾震潮教授》一文。

是年，"用气象卫星云图分析预报台风的方法"（排名第三）获国家科委颁发国家科学技术进步奖三等奖。

同年，任中国科学院大气物理研究所研究员、所学术委员会主任；国家气象局气象科学研究院科学技术顾问；空军气象学院兼任教授。作为中方负责人，与日本文部省签订季风合作计划。该计划于1998年后扩展为中、日、韩三国季风合作计划。

1986 年

2月3日，参加中国气象学会举行的1986年迎春学术座谈会。

4月15日，视察南京梯度气象测试站。

10月，在《气象科学研究院院刊》上发表《评〈中期天气预报〉》。

同月，《中国气候新论（原名中国气候概论）》在台湾明文书局出版。

12月20—23日，出席中国气象学会在北京召开的全国代表大会，被选举为理事长。

是年，关于"青藏高原隆起对人类活动和自然环境影响的综合研究"获中国科学院科学技术进步奖特等奖。

同年，获国家科技进步奖三等奖。任南京气象学院名誉教授。

1987 年

3月9日，作为理事长主持在京召开的中国气象学会第21届理事会常务理事会第二次会议。

3月，在《地理学报》上发表论文《评张家诚、林之光著〈中国气候〉》。

5月，与朱文妹、赵卫在《气象科学技术集刊》上发表《1978和1980年夏季江淮流域典型旱涝异常年份东亚季风环流的特征》一文。

同月，在《气象科学技术集刊——东亚夏季风》上发表《1978和1980年夏季江淮流域典型旱涝异常年份东亚季风环流的特征》。

6月28日，参加中国气象学会与北京科学会堂共同举办的气象学家活动日。

8月19日，与叶笃正作为中方首席科学家，有大气所、地理所等单位参加，与美国能源部正式签署关于"温室气体效应导致气候变化"的中美技术合作协议。

10月，作为专家组成员出席由黑龙江省农垦系统气象学会副理事长、五九七农场气象站站长、高级工程师蔡尔成主持的"暴雨云型预报技术"的鉴定会。并对该方法给予了高度评价，引起了英国有关专家的关注。

11月，在《全球气候变化研究专集》上发表《东亚和世界季风气候问题》论文摘要。

12月3—5日，出席由中国气象学会牵头，与14个全国性学会共同在北京召开的中国一万年来海平面变化及其与温度变迁关系学术讨论会，并作了专题报告。

年底，出席中国气象学会天气学专业委员会在北京召开的天气学前途及其发展座谈会。

是年，"东亚大气环流"获国家科委自然科学奖一等奖，该成果是与中国科学院大气物理研究所的叶笃正、朱抱真、陈隆勋等科学家共同完成的。

同年,"中国卫星气象学研究"获国家自然科学奖三等奖。同年提出了东亚季风系统的重要概念。在 Monsoon Meteorology 上发表 A Review of Recent Research on The East Summer Monsoon in China。

1988 年

1月7日,主持中国气象学会召开第 21 届理事会常务理事会第三次会议。

2月9日,出席在北京科学会堂举办的首届气象科技工作者龙年联谊活动。

3月22日,应邀出席围绕"气象与宣传媒介"、中国气象学会与国家气象局在北京召开的记者招待会。

10月,在《气象科学研究院院刊》上发表《评〈台风预报手册〉》和《介绍〈南半球数值分析资料图集〉》的论文。

11月,在《大气科学特刊(1928—1988)》发表《论梅雨的年际变异》一文。

12月22日,参加在京召开的气象科学研究院成立十周年座谈会,并发言。

是年,任世界科联和联合国世界气象组织联合科学委员会委员,一直到 1992 年。

1989 年

1月10日,主持中国气象学会在北京召开的第 21 届理事会常务理事第四次会议。

2月10日,写给《中国气象报》的贺信被载于《中国气象报》1989 年 4 月 5 日第 1 期第 4 版。

5月8日上午,参加中美大气科技合作议定书签订十周年庆祝大会,并在庆祝大会上致辞。

7月6—8日，以中国气象学会理事长身份，作为团长带领代表团一行21人参加在香港举行的首次东亚及西太平洋气象与气候国际会议，并作主题报告。

7月18—22日，陶诗言为组长，数值预报专家廖洞贤为副组长组成的专家鉴定组出席国家科技进步奖评审委员会在北京召开第四次会议，对"暴雨数值预报模式及其业务应用"课题进行了评价，该课题荣获国家科技进步奖二等奖。

10月7日，国家气象局第2届科学技术委员会召开第一次正副主任工作会，确定程纯枢、陶诗言为科技委顾问。

12月，出席中国科学技术协会召开的第三届全国天地生相互关系学术讨论会。任领导小组副组长。

1990 年

2月10日，作为理事长，主持在京召开的中国气象学会第21届理事会第五次常务理事会会议。

2月28日，作为特邀代表参加国家气象中心（中央气象台）40周年纪念会，并发表讲话。

2月，在《气象学报》上发表题为《竺可桢先生——我国近代气象学的奠基人（纪念竺可桢先生诞生一百周年）》的论文。

10月22—26日，参加中国气象学会在青岛召开的全国会员代表会议并致开幕词。会议选举产生了第22届理事会及各机构成员，被选为名誉理事长。

是年，为国家气象局科学技术委员会顾问。"东亚季风研究"获国家气象局科技进步奖二等奖。参加黑龙江省农垦系统气象学会第五届会员代表大会。

同年，在《气象知识》创刊10周年之前，为刊物题词。

1991 年

1月7日，深入到天津塘沽盐场，调查研究。

2月8日，作为验收组组长，对"长江三角洲灾害性天气预报研究"进行了验收。

2月11日，参加中国气象学会迎春座谈会并发言。

4月5—10日，会见来访的台湾气象专家王时鼎。

4月6日，参加中国气象学会在京举行的纪念《气象知识》创刊十周年座谈会。

5月23—27日，参加中国科学技术协会第四次全国代表大会。

7月17日，参加了在北京举行的国家气象部门"七五"重点科研项目——长期天气预报理论、方法和资料库建立的评审。

9月24—26日，参加在京召开的由国家气象局科教司主持、中国气象科学研究院组织的1991年江淮流域特大暴雨过程成因研讨会。

10月14日，应邀出席世界气象组织在北京举办卫星资料应用培训研讨班开幕式。

10月16日，参加《气象》编辑委员会在北京气象学院召开的庆祝《气象》出版200期座谈会。

10月24日，任大气物理研究所大气边界层物理和大气化学开放实验室学术委员会主任。

10月28日，出席在京召开的涂长望诞辰85周年纪念大会。

11月13—15日，参加在海口举行的海南省气象事业发展十年规划和"八五"计划审议会。

11月25—27日，受中国国际咨询工程公司的委托，以陶诗言为组长的专家评估组对气象卫星综合应用业务系统进行了可行性论证评估。

12月底，参加了在京举行的第22届天气与极地气象学委员会第一次会议，并发表讲话。

是年，任中国气象学会名誉理事长。

同年，与陈烈庭、金祖辉、罗绍华等合作研究"印度洋—南海海温、季风和我国夏季短期气候异常的关系"获得中国科学院自然科学奖三等奖。

1992 年

8月2日，参加全国暴雨研究学术交流会并作了专题发言。

9月7—10日，参加在香港召开的气象学术会议。

11月9日，"中国暴雨的研究"获中科院自然科学奖一等奖，与纪立人等的合作项目"中期数值天气预报"获中科院科技进步奖一等奖。

1993 年

1月6—18日，会见来访的台湾气象学家陈泰然教授。

4月19日，参加风暴实验室年度学术讨论会，作了专题报告，介绍了中尺度气象学的研究进展，并指出了有待解决的五个问题。

8月17日，作为论证委员会主任出席中国气象局国家气候中心组建问题可行性论证会。

10月，出席世界实验室北京分部干旱与沙漠化研究中心在中国科学院大气物理研究所大塔院内举行的揭幕仪式。

11月9日，出席黑龙江省气象局承担的"森林火险天气预报技术研究"课题鉴定会。

1994 年

3月22—26日，作为中国气象学会代表团团长，率团一行13人前往台北参加海峡两岸天气与气候学术研讨会，会议期间参观考察了台湾大学、中央大学、民航气象中心、气象预报中心、气象卫星中心等气象科研、教学和业务单位。

6月，为《大气科学辞典》撰写词条"中国现代的大气科学"。

8月18—20日，出席由中国气象局主办的在北京举行的"九五"科技攻关气候项目建议书研讨会，并作了专题介绍。

8月19日，出席由国家卫星气象中心研制的多功能自动卫星云图接收设备成果鉴定会。

8月23日，出席在北京召开的大气科学基础研究发展战略研讨会开幕式，并作了报告。

8月27—28日，出席在北京举行的北京暴雨监测预警人工影响天气系统方案论证审定会。

8月29日上午，专程到北京市气象局为多普勒天气雷达试运行剪彩。

10月5日，参加在北京举办中国气象学会成立70周年纪念大会，并宣布向美国气象学会终身名誉秘书长斯班格勒博士授予中国气象学会名誉会员称号。

10月7日，参加在北京召开的海峡两岸天气气候学术研讨会，并就近期的研究作了报告。

10月9日，出席在京举行的中国气象学会第23届全国会员代表大会。

10月17—22日，参加在京举行的《中国三千年气象记录总集》审定会。

同月，与访问大气物理所的台湾气象界代表团座谈。

11月2—6日，出席在广州召开的亚洲季风及其变异国际学术讨论会。

12月2—4日，参加由中国气象局、广东省人民政府和深圳市人民政府联合召开的在深圳市举行深圳城市防灾气象服务系统论证审定会。

12月11日，参加河北省人工增雨的气象条件与作业技术研究成果鉴定会。

1995年

1月10日，参加国家气候中心成立大会，并受聘为国家气候中心专家咨询委员会委员。

3月6日，为纪念中央气象台成立45周年题词。

3月17日，出席在北京召开的静止气象卫星中规模利用站鉴定会，并任主任委员。

5月3—6日，应邀参加在广州举行的'94华南特大暴雨洪涝学术研讨会，并作了题为"1994年夏季风的异常活动与华南6—7月的特大洪水"的学术报告。

7月28日，参观成都区域气象中心，赞叹八年来成都区域气象中心发生了巨大的变化。

8月1—3日，主持在北京召开的第一届青藏高原"地—气"系统物理过程观测和理论研究国际会议（IWTE—1）。

9月1日，出席人民气象事业创建五十周年纪念大会。

9月14日，参加中国科学院减灾中心成立大会，并担任该中心学术委员会主任。

9月15日，参加在北京召开的1995特大气象灾害与防灾减灾专家座谈会，并作了大会发言。

12月20—21日，出席了中国气象局和中国气象学会在北京召开的行业专家座谈会并发言。

1996年

2月26日，出席中国气象学会和中国气象局在北京为叶笃正从事气象工作60周年暨八十华诞举行的庆贺会并致词。

3月2日，在中国气象局气候咨询与评议委员会成立大会上，受聘为国内委员。

3月16日，出席国家科委主持召开的国家"九五"重中之重科技项目"我国短期气候预测系统的研究"总体实施方案同行专家评审会。

3月22日，作为主任出席"八五"国家重点科技攻关项目"台风、暴雨灾害性天气监测、预报技术研究"的评审验收。

8月12—14日，参加由中国气象学会和中国气象科学研究院共同主持的在北京召开的海峡两岸及邻近地区暴雨试验研讨会，并从各个角度论述了暴雨试验的重要性和意义。

10月8日，何梁何利基金评选委员会发布通告，宣布大气所陶诗言院士荣获1996年度何梁何利基金科学与技术进步奖，颁发奖励证书及奖金10万港币。

10月17日，参加何梁何利基金颁奖大会。

10月22日，受聘为正研究员级专业技术职务任职资格评审委员会主任。

11月8—10日，作为特邀代表出席了在京召开的南海季风试验组织委员会第一次会议。

12 月，参加在日本京都召开的亚洲季风系统国际学术研讨会。

1997 年

2 月 4 日，参与鉴定并通过了"北京地区夏季降水概率预报研究"成果鉴定。

2 月 19 日，参加在北京举行的程纯枢遗体告别会。

3 月 11 日，出任"中华气象人才基金"理事。

8 月 3 日，出席"山西省气候预报研究"课题评审，充分肯定了该成果，指出该研究选题准确、技术路线正确、所用资料可靠，技术方法新颖、工作量大、难度大，且有较好业务应用前景。

8 月 25 日，作为专家组成员，出席了中国气象局在国家卫星气象中心召开的风云二号气象卫星在轨测试评审会。

9 月，在《地理学报》上发表文章"一套国内最新的有关气候变化的专著"，介绍了施雅风院士主编的《中国气候与海面变化及其趋势和影响》系列专著（共四册）。

11 月，在《中国减灾》上发表"东亚季风与我国洪涝灾害"一文，讨论东亚夏季风与我国洪涝关系。

是年 4 月，夫人张志伦去世。

1998 年

4 月 6 日，作为组长的专家鉴定组，在京对"长江三峡工程大江截流气象保障服务技术开发研究"课题进行了评审。

5 月，在 Chinese Science Bulletin 上发表论文 The Boundary-layer structure of the macroscale frontal precipitation。

5—8 月，陶诗言和陈联寿院士为首席主持了第二次青藏高原大气科学试验。

7 月 30 日，参与中央气象台长江汛期大会商，并观看了实时的天气资料，同气象科技人员交流了意见，在会商时发表了自己的看法。

7月，在《大气科学》上发表论文"亚洲冬夏季风对ENSO事件的响应"。

9月29日，出席大气所举办的建所70周年所庆，《科学时报》和《大气科学》均刊登整版专题报道，同时出版纪念陶诗言院士八十华诞的《东亚季风和中国暴雨》文集精装本。

12月，在《气候与环境研究》上发表论文《1998年长江流域洪涝灾害的气候背景和大尺度环流条件》。

1999年

1月15日，为大气物理研究所1999年两院院士候选人推荐小组成员。

3月4日，出席在北京八宝山举行的邹竞蒙的遗体送别会。

4月3—5日，出席中国气象局国家气候中心与水利部水利信息中心联合召开的1999年全国汛期气候趋势预测会商会。

6月，主编的《第二次青藏高原大气科学试验理论研究进展（一）》在气象出版社出版。

8月24日，为大气物理研究所知识创新基地科学指导委员会委员。

11月11—13日，参加中国气象局在北京召开的"提高短期气候预测质量研讨会"。

12月8日，出席中国气象局隆重举行庆祝五十华诞活动并发言。

12月17日，出席在空军气象科技培训中心举行的纪念空军气象工作50周年座谈会。

12月25日，作为验收委员会主任出席在国家气象中心举行的神威中期集合数值天气预报系统投入准业务运行仪式。

2000年

3月21日，出席在北京中国科技会堂举行的竺可桢先生诞辰110周年纪念日并发言。

4月1—4日，出席国家气候中心与水利信息中心联合主持的在北京召开的2000年全国汛期气候趋势预测会商会，并作专题报告。

4月10日，为中国科学院成立的地学部风沙问题咨询专家组成员。

6月，主编的《第二次青藏高原大气科学试验理论研究进展（二）》在气象出版社出版。

8月，主编的《第二次青藏高原大气科学试验理论研究进展（三）》在气象出版社出版。

9月，与周秀骥合作编写的《20世纪中国学术大典大气科学》在福建教育出版社出版。

10月，主编的《涂长望文集》在气象出版社出版。

11月17日，到南京气象学院访问，并为师生作了学术报告。

11月21日上午，出席大气物理研究所召开的第五届第八次学位委员会会议。

12月11—12日，作为专家组成员出席了由甘肃省科技厅主持的"九五"国家重中之重科技项目"西北地区干旱预测系统研究"专题暨"甘肃省干旱预测系统研究"课题鉴定会；同时对"西北地区干旱预测系统研究"专题暨"西北气候变化趋势和旱作农业适用技术研究"课题进行了验收。

12月25日，由陶诗言院士任主任，吴国雄、李泽椿院士任副主任，丑纪范、赵柏林、陈联寿院士和周建明、陈德辉、徐家奇等22名专家组成的鉴定委员会，在北京通过对空军航空中期数值天气预报业务系统的鉴定。

是年，完成的"大中尺度波与流相互作用理论研究"荣获中科院自然科学奖二等奖。

2001年

1月，参加河南省人工影响天气优化技术研究鉴定会。

2月24日，出席中国科学院大气物理研究所召开的知识创新基地咨询顾问委员会第二次全体委员会议。

4月15日，陶诗言为组长，工程院院士李泽椿、中科院院士丑纪范等为副组长的项目论证专家组对"重庆市（三峡库区）灾害性天气监测预警系统二期工程"在北京进行论证。

5月14日，项目首席科学家陶诗言院士、陈联寿院士及有关专家66人参加的中国第二次青藏高原大气科学试验"青藏高原地—气系统物理过程及其对全球气候和中国灾害性天气影响的观测和理论研究"通过验收。

6月29日，参加中国气象局国家卫星气象中心学术厅庆祝中国卫星气象事业30年活动。

7月21—22日，作为专家评委参加中国气象科学研究院院长面试答辩会，并对这种竞聘方式给予了高度评价。

9月25—29日，参加由中国科学院、第三世界科学院和世界气象组织共同主办，中国气象局协办的在北京召开的国际气候模拟和预报中的数学物理问题论坛（CTWF）首次论坛会。

10月14日，陶诗言、赵柏林、李泽椿院士等11位专家组成的鉴定委员会出席了由河北省人工影响天气办公室主持，中国气象科学研究院灾害性天气研究中心、河北省气象台、河北省气候中心、邢台市气象局、保定市气象局等单位协办的河北省"九五"重大科技攻关项目"人工防雹与农业减灾的研究"的鉴定会。

11月16日，在中国气象局参加国家"九五"重中之重科技项目"我国短期气候预测系统的研究"鉴定会。

11月，《1998夏季中国暴雨的形成机理与预报研究》在气象出版社出版。

12月，在《气象学报》上发表论文《夏季北太平洋副热带高压系统的活动》。

2002年

1月17—18日，出席在北京召开的LASG和LAPC国家重点实验室2001年度联合学术年会。

2月5—6日，参加中国气象科学研究院在国家气象中心四楼多功能厅召开的2001年度学术年会，并作了报告。

2月6日，应邀参加国家卫星气象中心组织召开的拓宽服务领域座谈会，并提出卫星气象中心应该在资料分析方面做更多的工作，要有新的变化。

2月10日，中国气象局局长秦大河等到家中为其拜年。

3月24—25日，受特邀参加国家气象中心2001年度学术年会并作报告。这是国家气象中心重组后召开的第一届学术年会。

6月14日，以陶诗言院士为首的驻京有关气象科研院所专家们参加《北京奥运会气象保障科技试验研究》项目可行性论证会。

9月23—24日，应新疆气象局、新疆气象学会的邀请，到新疆讲学考察，并作报告《新疆气候的变化》。

9月，负责编写的《20世纪中国学术大典：大气科学》在福建教育出版社出版。

10月11—12日，出席武汉暴雨所学术委员会召开第一次会议，并担任武汉暴雨研究所首届学术委员会主任，重点讨论了中国气象局武汉暴雨研究所3—5年科研发展计划。与会专家建议，武汉暴雨所应在未来3—5年确立四大主攻目标。所作学术报告"暴雨与强对流天气预报的新思路"。

10月16—18日，出席在北京召开的中国气象学会第25次全国代表大会暨学术年会开幕式，并被聘为中国气象学会第25届理事会名誉理事长。

11月21日，中国科学院院长路甬祥视察大气物理研究所，陶诗言等参加座谈。

11月28—29日，作为项目组顾问成员应邀参加中国科学院知识创新工程重要方向项目"亚洲季风区海—陆—气相互作用与我国气候变化的影响"项目年度总结暨学术大会。

12月16日，出席在中国气象局国家气象中心学术厅召开的气候变化国家评估报告及其支撑性研究项目领导小组会暨启动会议。

12月31日，出席"北京城市规划与气象条件及大气污染关系研究"课题鉴定会，在北京市规划委员会通过了由市科委主持的鉴定验收。陶诗言、李泽椿院士和多名气象、环保、规划方面的专家组成的鉴定委员会听取了课题组的工作报告和技术报告，审阅了有关技术资料文档。

是年，主编的 The Second Tibetan Plateau Experiment of Atmospheric Sciences TIPEX-GAME/TIBE 在中国气象出版社出版。

2003 年

1月16—17日，应邀出席中国科学院大气物理所2002年度学术年会，并作主题报告。

1月29日，中国气象局局长秦大河看望了陶诗言，并与其畅谈气象事业的发展。秦大河同时拜访了叶笃正、曾庆存院士，三位院士对中国气象局一年来的工作给予了高度的评价，并提出宝贵的建议和意见。

4月15日，在兰州干旱研究所作学术报告。

7月17日，出席中国气象局召开的《中国气象事业发展战略研究报告》专家评议会。

7月，在《大气科学》杂志发表论文"天气学和天气预报的研究进展"。

10月16—17日，出席中国科学院大气物理研究所建所75周年华诞，并在会上发言。

11月，作为专家验收组成员参加了中国气象科学研究院承担的国家重点基础研究发展规划项目（简称"973"项目）"我国重大天气灾害形成机理和预测理论研究（中国暴雨）"项目课题结题验收会。

12月3日，作为验收专家组组长出席了在北京举行的科技部攀登计划专项"海峡两岸及邻近地区暴雨试验研究"（简称华南暴雨试验、HUAMEX）项目。

12月8—10日，出席在北京举行的中国气象学会2003年年会并作大会报告。

是年，受聘为中国气象学会2003年会顾问。

2004 年

3月3—5日，出席在北京举行的2004年全国重大天气过程总结和预报技术经验交流会，并作了精彩的专题报告。

3月4日，出席由中国气象局组织的气候变化应对战略研讨会并在会上发言。

7月16日，参加大气物理研究所云降水物理与强风暴实验室成立大会并揭牌。

7月22日，出席在北京中国科技会堂召开的《竺可桢全集》（1—4集）出版座谈会。

9月13日，出席在北京举行的海峡两岸气象科学技术研讨会，并作了《东亚地区降水的季节变化及其与东亚季风季节变化的关系》的学术报告。

10月18日，出席在北京中苑宾馆举行的中国气象学会成立80周年庆祝大会，并获气象科技贡献奖。

11月15—19日，出席由中国气象科学研究院和中国气象局灾害天气国家重点实验室主办的在北京举行的东亚中尺度对流系统与暴雨国际学术研讨会（ICMCS），并为本次研讨会作特邀报告。

11月，主要代表作《长江流域梅雨锋暴雨灾害研究》在气象出版社出版。

12月2日，出席中国气象局预测减灾司在京组织召开的灾害性天气预报服务交流研讨会。

12月初，出席在北京市气象局举行的北京城市气象灾害监测预警及奥运气象服务系统建设可行性论证会。

12月15日，出席在江苏苏州举行的2004年全国干旱监测预警和评估研讨会，并作专题报告。

2005年

1月18日，出席在中国气象局科技大楼举行的涂长望先生铜像落成仪式并讲话，寄予了深切的缅怀之情。

2月20日，出席在北京举行的大气科学前沿学术报告会暨叶笃正先生九十华诞庆祝大会，并致辞。

3月9—11日，作为顾问组成员参加在北京九华山庄召开的中国科学院知识创新工程重要方向项目"亚洲季风区海—陆—气相互作用与我国气候变化的影响"年度会议。

3月22日，出席在北京举行的中国气象科学研究院灾害天气国家重点实验室第一届学术委员会第一次会议，并担任顾问专家委员会委员。

4月4日，出席中国气象局2005年汛期全国气候趋势预测会商会开幕式。

5月23—25日，作为顾问组成员之一，参加在甘肃兰州召开的干旱气候变化与可持续发展国际学术研讨会。

6月6日，出席国家气象中心与湖北、湖南、江西、安徽、江苏、浙江和上海六省一市气象台的联合天气会商会。

7月27日，受邀与中国气象局、农业、水利等部门的专家共同会商2005年1—6月天气气候，并就共同防灾减灾问题交流了意见。

8月，对温景嵩教授所著《创新话旧——谈科学研究中的思想方法问题》一书进行了评价："这是我国大气科学界的光荣。"

同月，陶诗言主持，陈述彭、徐寿波等数十位院士以及我国能源环保专家和北京奥组委等方面官员参加的"山西省大气污染物中距离输送对北京的影响"课题论证鉴定会在北京举行。

11月18日，参加《现代大气科学丛书》编辑委员会组织编著的《现代大气科学丛书》（八卷）首发式，并对该丛书的编著和出版给予了充分的肯定。

12月初，作为验收专家组组长出席"十五"国家科技攻关计划"水安全保障技术研究"重大项目"人工增雨技术研究及示范"在京的课题验收，对该课题的创新性给予了好评。

2006年

1月5—6日，参加在北京召开的第二届全国灾害性天气预报技术研讨会，并应邀作学术报告。

1月25日，应邀参加"十五"国家重点科技攻关项目"全球环境变化对策与支撑技术研究"验收，并与13位专家组成专家组。

1月24日，秦大河局长一行到家里进行春节慰问。

3月30日，应邀参加中国科学院大气物理研究所季风系统研究中心成立大会并发表讲话。

4月4—5日，参加在北京举行的2006年汛期全国气候趋势预测会商会。

5月18日，出席在北京人民大会堂举行的涂长望同志诞辰100周年座谈会。

6月10日，参加卫星气象研究所20周年庆祝。

6月12日，应邀参加中国气象局举行的2006年梅汛期天气大会商。

9月1日，参加在京举行的台风防灾减灾科学问题高层研讨会。

10月9日，参加已故著名气象科学家顾震潮先生诞辰85周年活动，并发表讲话。

10月14日，作为论证专家组组长出席科技部召开的"十一五"国家科技支撑计划重点项目"灾害天气精细数值预报系统及短期气候集合预测研究"可行性论证会。

10月24日，在中国气象学会第26届理事会成立大会上受聘为名誉理事长。

10月27日，应邀作为专家组组长，出席在中国气象局组织召开《气象灾害监测预警与应急工程项目建议书》评估会议。

10月，在《应用气象学报》上发表论文"再论夏季西太平洋副热带高压的西伸北跳"。

11月23日，应邀参加国防科工委和中国气象局在北京联合召开的评审会，对"风云三号气象卫星应用系统一期工程初步设计"进行评审。

12月13—14日，出席在中国气象局召开的2006年灾害性天气预报技术高层研讨会，并作特邀报告。

12月28日，出席在北京召开的2007年全国气象局长会议。

2007年

2月12日，参加国家级数值预报业务发展咨询会。

2月26日，应邀参加在北京举行的我国南方暴雨野外科学试验

（SCHeREX）计划的论证会，并担任科学顾问。

2月26日，作为主任委员出席中国气象局在北京主持召开的风云二号D星在轨测试评审暨总结会。

3月，在《气象》上发表论文《夏季中国南方流域性致洪暴雨与季风涌的关系》，提出我国南方夏季流域性致洪暴雨中、短期预报的基本思路。

4月2日，被授予台湾中华文化大学荣誉博士学位。

4月12日，作为专家组组长，出席奥运会期间的人工防雹和人工消雨研究成果验收会。

4月17日，出席由北京市科委主持的《奥运会气象保障科学技术试验与研究》项目验收会。

5月22—23日，参加在北京召开的国家"973"项目"我国南方致洪暴雨监测与预测理论和方法研究"项目专家组扩大会议和后三年启动会议。

6月29日，出席中国气象局举行的提高预报准确率研讨会，和与会的各位专家在会上就如何提高预报准确率畅所欲言。

10月16日，作为论证组组长出席在京举行的国家科技支撑重点项目"我国主要极端天气气候事件及重大气象灾害的监测、检测和预测关键技术研究"可行性报告专家论证会。

10月30日，出席中国科学院大气物理研究所召开的纪念赵九章先生诞辰100周年座谈会。

11月7日，出席在北京召开的第四届全国灾害性天气预报技术研讨会。

2008年

2月21日，出席中国气象局在京召开的低温雨雪冰冻极端气象灾害研讨会，陶诗言以他五六十年的预报经验，反复讲到"冬行夏令"的说法。

2月22日，出席在北京召开的由中国气象科学研究院主持的国家"973"项目"我国南方致洪暴雨监测与预测的理论和方法研究"项目专家组与课题组长联席会议。

4月，在《气象》杂志上发表论文《2007年梅雨锋降水的大尺度特征分析》。

5月1日，以陶诗言院士担任野外试验科学顾问的一场全国最大规模的"捕捉暴雨"行动——2008—2009年我国南方暴雨野外科学试验（SCHeREX）在广东、湖北、上海、安徽等14个省市展开。

6月17日，出席了由灾害天气国家重点实验室主持召开的近期南方强降水过程成因分析研讨会，畅谈了自己的看法，为我国南方强降雨过程成因的进一步研究提出了许多意见和建议。

6月22日，以陶诗言院士为科学顾问的国家"973"项目"我国南方暴雨结构与机理分析与研究"讨论会在京召开。出席会议并为会议作了指导性发言。

6月26日，出席在国家气候中心举行的2008年7月和盛夏气候趋势预测电视电话会。

6月29日，出席中国气象局召开的提高预报准确率研讨会。

7月，在《气候与环境研究》上发表论文《2008年1月我国南方严重冰雪灾害过程分析》。

8月4日，参加大气物理研究所会商会，并针对天气状况提出了很多宝贵意见。

9月26—28日，出席在北京召开的由大气物理研究所"973"项目"我国南方致洪暴雨监测与预测的理论和方法研究"和灾害天气国家重点实验室联合主办的2008年我国南方暴雨学术研讨会，对会议报告进行点评，并对参会报告进行现场指导。

10月24日，出席中科院大气物理研究所80周年庆典与陶诗言院士学术成就研讨会，并发言。

2009年

1月22日，中国气象学会领导、中国气象局局长郑国光一行六人看望气象学会名誉理事长陶诗言，并到家中拜年，赠送了鲜花和由学会秘书处组织编撰的《中国气象学会史》、《大气科学学科发展回顾与展望》等书刊，并就新的一年学会工作和中国气象事业发展问题听取了意见和建议。

4月1日，应邀参加在北京召开的由中国气象局国家气候中心、水利部水利信息中心共同主办的2009年汛期全国气候趋势预测会商会。

4月14日，参加在北京召开的气候预测业务技术发展高层研讨会。

4月29日，参加GRAPES全球数值天气预报系统版本发布会。

4月，在《气象》上发表论文《2008—2009年秋冬季我国东部严重干旱分析》。

2010年

3月20日，出席在中国气象局科技大楼举行的中央气象台成立60周年全国气象台长论坛，并作了20分钟的主题发言。

3月26日，作为院士代表出席中国科学院联合中国气象局、国家自然科学基金委员会、中国科学技术协会、浙江大学、上海科学教育出版社等单位于3月26日在京举行的纪念竺可桢先生诞辰120周年座谈会，回顾和怀念了竺可桢先生的成就和贡献。

3月30日，参加由国家气候中心、水利部水利信息中心共同主办的2010年汛期全国气候趋势预测会商会。

4月29日，参加在京召开的"十二五"气象科技发展院士专家座谈会，共商气象科技发展大计。

7月，在《气象》上发表论文《Rossby波的下游效应引发我国高影响天气的分析》。

9月，当选第27届中国气象学会名誉理事长。

12月，在《纪念竺可桢先生诞辰120周年文集》上发表了"在纪念竺可桢先生诞辰120周年座谈会上的发言"，评价了竺可桢两篇重要论文和学术研究的地位以及对自己的帮助。

2011年

1月30日，中国气象局局长郑国光等到家中看望。

5月，原中央大学气象系同学黄士松到京访友，陶诗言与其畅谈。

6月20日,为徐国昌自传回忆录《风云春秋——为新中国气象事业而奋斗》撰写序言。

2012 年
12月17日,在北京逝世。

附录二 陶诗言主要论著目录

论 文

[1] 赵九章,陶诗言,高由禧,刘匡南. 中纬度大气环流之统计研究 [J]. 气象学报,1949(20):5-12.

[2] 陶诗言. 中国近地面层大气之运行 [J]. 气象学报,1949(20):14-17.

[3] 陶诗言. 中国各地水分需要量之分析与中国气候之新分类 [J]. 气象学报,1949(20):43-49.

[4] 陶诗言. 冬季从印缅移过来的高空低槽 [J]. 气象学报,1952(223):172-192.

[5] 陶诗言. 苏联的中期预告法 [J]. 气象学报.1953(24):253-295.

[6] 陶诗言,廖洞贤. 关于苏联的平流动力分析法在东亚应用的几个问题 [J]. 气象学报,1954(25):233-250.

[7] 陶诗言. 冬季中国上空平直西风环流条件下的西风波动 [J]. 气象学报,1956(27):345-360.

[8] 陶诗言. 阻塞形势破坏时期的一次东亚寒潮过程 [J]. 气象学报,1957(28):63-74.

[9] Staff Members of Academia Sinica. On the general circulation over the Eastern Asia（1）[J]. Tellus, 1957（9）：432-446.

[10] Staff Members of Academia Sinica. On the general circulation over the Eastern Asia（2）[J]. Tellus, 1957（9）：58-75.

[11] Staff Members of Academia Sinica. On the general circulation over the Eastern Asia（3）[J]. Tellus, 1957（9）：299-312.

[12] 陶诗言, 赵煜佳, 陈晓敏. 东亚的梅雨期与东亚上空大气环流季节变化的关系[J]. 气象学报, 1958（29）：119-134.

[13] 陶诗言. 十年来我国对东亚寒潮的研究[J]. 气象学报, 1959（30）：226-230.

[14] 陶诗言, 徐淑英. 夏季江淮流域持久性旱涝现象的环流特征[J]. 气象学报, 1962（32）：1-10.

[15] 陶诗言, 徐淑英, 郭其蕴. 夏季东亚热带和副热带地区经向和纬向环流型的特征[J]. 气象学报, 1962（32）：91-103.

[16] 陶诗言, 朱福康. 夏季亚洲南部100mb流型的变化及其与西太平洋副热带高压进退的关系[J]. 气象学报, 1964（34）：385-396.

[17] 陶诗言, 李毓芳, 温玉璞. 东亚对流层上部与平流层中下部大气环流的初步研究[J]. 气象学报, 1965（35）：155-165.

[18] 陶诗言. 有关暴雨分析预报的一些问题[J]. 大气科学, 1977（1）：64-72.

[19] 陶诗言, 方宗义, 李玉兰, 肖稳安. 气象卫星资料在我国天气分析和预报上的应用[J]. 大气科学, 1979（3）：239-246.

[20] 陶诗言, 丁一汇, 周晓平. 暴雨和强对流天气的研究[J]. 大气科学, 1979（3）：227-238.

[21] TAO Shiyan, and DING Yihui. Observational evidence of the influence of the Qinghai—Xizang（Tibet）Plateau on the occurrence of heavy rain and severe convective storms in China [J]. Bull. Amer. Meteor. Soc., 1981（62）：23-30.

[22] 柳崇健, 陶诗言. 副热带高压北跳与月尖突变[J]. 中国科学（B

辑），1983（5）：474-480.

[23] 陶诗言,何诗秀,杨祖芳. 1979年季风试验期间东亚地区夏季风爆发时期的观测研究[J]. 大气科学,1983（7）：347-355.

[24] 陶诗言. 四年来我国气象卫星资料分析应用研究[J]. 气象学报,1983（41）：263-274.

[25] 邹美恩,陶诗言. 湖南强风暴暖盖环境场研究[J]. 大气科学,1984（8）：135-142.

[26] 陶诗言,王昂生,黄美元. 中国气象界的功臣——顾震潮教授[J]. 中国科技史料,1985（4）：41-46.

[27] 黄真,陶诗言. 亚洲南部夏季风区在夏季风爆发前后风场的季节变化特征[J]. 气象科学研究院院刊,1986（1）：142-148.

[28] 陶诗言. 评《中期天气预报》[J]. 气象科学研究院院刊,1986（1）：219-220.

[29] 盛华,陶诗言. 北美和东亚背风气旋的统计分析[J]. 气象科学研究院院刊,1987（2）：215-219.

[30] 朱文妹,赵卫,陶诗言. 1978和1980年夏季江淮流域典型旱涝异常年份东亚夏季风环流的特征[J]. 气象科学技术集刊,1987（11）：36-44.

[31] TAO Shiyan, CHEN Longxun. A review of recent research on the East Asia summer monsoon in China[J]. Monsoon Meteorology, Oxford University Press, 1987, 60-92.

[32] 盛华,陶诗言. 青藏高原和落基山对气旋的动力影响[J]. 气象学报,1988（46）：130-141.

[33] 刘月贞,丁一汇,陶诗言. 热力强迫对台风次级环流的作用[J]. 气象学报,1988（46）：432-444.

[34] 陶诗言,朱文妹,赵卫. 论梅雨的年际变异[J]. 大气科学,1988,（特刊）,13-21.

[35] 盛华,陶诗言. 青藏高原与落基山背风气旋的对比分析——（一）天气结构[J]. 大气科学,1988（12）：233-241.

［36］盛华，陶诗言. 青藏高原与落基山背风气旋的对比分析——（二）诊断分析［J］. 大气科学，1988（12）：337-345.

［37］陶诗言. 评《台风预报手册》［J］. 气象科学研究院院刊，1988（3）：223.

［38］SHENG Hua and TAO Shiyan. A comparison between lee cyclones of the Rocky Mountains and the Tibetan Plateau, Part I：Synoptic Structure［J］. Chinese J. Atmos. Phys. ，1988（12）：271-281.

［39］SHENG Hua and TAO Shiyan. A comparison between lee cyclones of the Rocky Mountains and the Tibetan Plateau, Part 11：Diagnosis［J］. Chinese J. Atmos. Phys. ，1988（12）：373-382.

［40］高守亭，陶诗言，丁一汇. 表征波与流相互作用的广义 EP 通量［J］. 中国科学（B 辑），1989（7）：774-783.

［41］陶诗言. 介绍《南半球数值分析资料图集》［J］. 气象科学研究院院刊，1989（4）：331.

［42］邓爱军，陶诗言. 我国汛期降水的 EOF 分析［J］大气科学，1989（13）：289-295.

［43］邓爱军，陶诗言，陈列庭. 印度洋海表温度的时空分布特征及其与我国汛期降水关系的探讨［J］. 大气科学，1989（13）：393-399.

［44］LIU Yuezhen, DING Yihui and TAO Shiyan. Effect of the thermal forcing on the secondary circulation of typhoons［J］. Annual Report, Academy of Meteorological Sciences，1989：88.

［45］TAO Shiyan, ZHU Wenmei and ZHAO Wei. The interannual variability of rainfalls in Meiyu period［J］. Annual Report, Academy of Meteorological Sciences，1989：52-54.

［46］DENG Aijun, TAO Shiyan and CHEN Lieting. Temporal and spatial distributions of the SST in the Indian Ocean and its relationship with the precipitation in summer monsoon season in China［J］. Chinese J. Atmos. Phys. ，1989（13）：401-410.

［47］DENG Aijun, TAO Shiyan and CHEN Lieting. The EOF analyses of the precipitation during summer monsoon season in China [J]. Chinese J. Atmos. Phys., 1989（13）: 311-319.

[48] 陶诗言. 竺可桢先生——我国近代气象学的奠基人（纪念竺可桢先生诞生100周年）[J]. 气象学报, 1990（48）: 1-3.

[49] 赵瑞星, 陶诗言. 几种诊断模式的比较 [J] 应用气象学报, 1990（1）: 135-141.

[50] 黄真, 陶诗言. 夏季热带经向环流双圈结构的观测研究 [J]. 应用气象学报, 1990（1）: 271-278.

[51] 陶诗言. 中国的气象灾害 [J]. 百科知识, 1990（4）: 35-38.

[52] LIU Yuezhen, DING Yihui, and TAO Shiyan. Effect of the thermal forcing on the secondary circulation of typhoons [J]. Acta Meteor. Sinica, 1990（4）: 60-73.

[53] GAO Shouting, TAO Shiyan, and DING Yihui. The generalized EP flux of wave-meanflow interactions [J]. Science in China (Series B), 1990（33）: 704-715.

[54] 高守亭, 陶诗言. 高空急流加速与低层锋生 [J] 大气科学, 1991（15）: 11-22.

[55] 盛华, 陶诗言. 非绝热加热对江淮气旋影响的数值模拟 [J]. 大气科学, 1991（15）: 55-65.

[56] SHENG Hua, and TAO Shiyan. Numerical simulation of influence of diabatic heating on extratropical cyclone along the East Coast of China[J]. Chinese J. Atmos. Phys., 1991（15）: 163-173.

[57] GAO Shouting, and TAO Shiyan. Accelaration of the upper—level jet stream and the lower —— level frontogenesis[J]. Chinese J. Atmos. Phys., 1991（15）: 38-49.

[58] 黄真, 陶诗言. 1982年夏季热带大气环流异常与ElNino事件的发展机制的探讨 [J]. 大气科学, 1992（16）: 62-68.

[59] 高守亭, 陶诗言, 丁一汇. 寒潮期间高空波动与东亚急流的相互作用 [J]. 大气科学, 1992（16）: 718-724.

[60] 黄真, 陶诗言. 1983年亚洲夏季风爆发过程的诊断研究 [J]. 气象学报, 1992 (50): 210-217.

[61] 赵瑞星, 陶诗言. 梅雨锋暴雨的不平衡场 [J]. 应用气象学报, 1992 (3): 108-113.

[62] 黄真, 陶诗言. 对1983年夏季热带大气环流异常的分析 [J]. 中国科学院研究生院学报, 1992 (9): 28-35.

[63] RICHES. M. R., ZHAO Jianping, W. C. WANG, and TAO Shiyan. The U. S. Department of Energy and the People's Republic of China's Academy of Sciences joint reseach on the greenhouse effect: 1985-1991 research progress [J]. Bull. Amer. Meteor. Soc., 1992 (73): 585-594.

[64] 李玉兰, 陶诗言, 杜长萱. 梅雨锋上中尺度对流云团的分析 [J]. 应用气象学报, 1993 (4): 278-285.

[65] TAO Shiyan, ZHU Wenmei, and ZHAO Wei. Interannual variability of Meiyu rairdall [J]. Frontiers in Atmospheric Physics. Institute of Atmospheric Physics: New York, Alerton Press, 1993: 18-28.

[66] KAISER, D., TAO Shiyan, FU Congbin, ZENG Zhaomei, ZHANG Qingyun, Wei Chyung WANG, and Thomas KARL. Climate data bases of the People's Republic of China, 1841-1988. Washington, D. C., U. S. Department of Energy, Office of Energy Research, Office of Health and Environmental Research, Carbon Dioxide Research Program, 1993: 1-55.

[67] 伊兰, 陶诗言. 东亚季风区地气系统的水平衡 [J]. 气候与环境研究, 1996 (1): 63-79.

[68] 伊兰, 陶诗言. 一个降水再循环模型的建立及分析 [J]. 水科学进展, 1997, 8 (3): 1-7.

[69] 伊兰, 陶诗言. 定常波和瞬变波在亚洲季风区大气水分循环中的作用 [J]. 气象学报, 1997 (55): 532-544.

[70] 陶诗言, 李吉顺, 王昂生. 东亚季风与我国洪涝灾害 [J]. 中国减灾, 1997, 7 (4): 17-24.

[71] 陶诗言. 一套国内最新的有关气候变化的专著[J]. 地理学报, 1997, 52（5）: 477-478.

[72] 张庆云, 陶诗言. 亚洲中高纬度环流对东亚夏季降水的影响[J]. 气象学报, 1998（56）: 199-211.

[73] 陶诗言, 张庆云. 亚洲冬夏季风对ENSO现象的响应[J]. 大气科学, 1998（22）: 399-407.

[74] 张庆云, 陶诗言. 夏季东亚热带和副热带季风与中国东部汛期降水[J]. 应用气象学报, 1998（增刊）. 17-23.

[75] 陶诗言, 张庆云, 张顺利. 1998年长江流域洪涝灾害的气候背景和大尺度环流条件[J]. 气候与环境研究, 1998, 13（4）: 290-299.

[76] 金祖辉, 陶诗言. ENSO循环与中国东部地区夏季和冬季降水关系的研究[J]. 大气科学, 1999, 23（6）: 663-672.

[77] 张庆云, 陶诗言. 夏季西太平洋副热带高压北跳及异常的研究[J]. 气象学报, 1999, 57（5）: 539-548.

[78] 陈隆勋, 李薇, 赵平, 陶诗言. 东亚地区夏季风爆发过程[J]. 气候与环境研究, 2000, 5（4）: 345-355.

[79] 张顺利, 陶诗言. 青藏高原积雪对亚洲夏季风影响的诊断及数值研究[J]. 大气科学, 2001, 25（3）: 372-390.

[80] 张庆云, 陶诗言, 张顺利. 1998年嫩江、松花江流域持续性暴雨的环流条件[J]. 大气科学, 2001, 25（4）: 567-576.

[81] 郑新江, 陶诗言, 罗敬宁, 朱福康, 徐建芬. 1998年7月21-22日特大暴雨过程的中-β尺度云团特征[J]. 气象学报, 2001, 59（5）: 625-632.

[82] 陶诗言, 张庆云, 张顺利. 夏季北太平洋副热带高压系统的活动[J]. 气象学报, 2001, 59（6）: 747-758.

[83] 张顺利, 陶诗言. 雅鲁藏布江流域地—气系统的水平衡[J]. 水科学进展, 2001, 112（4）: 509-515.

[84] 薛秋芳, 任传森, 陶诗言. 1998年长江流域洪涝的成因分析[J]. 应用气象学报, 2001, 12（2）: 246-250.

[85] 张顺利,陶诗言,张庆云,张小玲. 1998年夏季中国暴雨洪涝灾害的气象水文特征[J]. 应用气象学报,2001,12(4):442-457.

[86] 高守亭,陶诗言. 大中尺度波流相互作用理论的研究[J]. 中国科学院院刊,2001(2):126-129.

[87] 冯强,陶诗言,王昂生,李吉顺,徐乃璋. 暴雨洪涝灾害对社会经济和人民生活的影响分析[J]. 灾害学,2001,16(3):44-48.

[88] 张顺利,陶诗言,张庆云,卫捷. 长江中下游致洪暴雨的多尺度条件[J]. 科学通报,2002,47(6):467-473.

[89] 徐祥德,陶诗言,王继志,陈联寿,周丽,王秀荣. 青藏高原—季风水汽输送"大三角扇型"影响域特征与中国区域旱涝异常的关系[J]. 气象学报,2002,60(3):257-267.

[90] 张顺利,陶诗言. 青藏高原对1998年长江流域天气异常的影响[J]. 气象学报,2002,60(4):442-452.

[91] 张小玲,陶诗言,张庆云. 1998年梅雨锋的动力热力结构分析[J]. 应用气象学报,2002,13(3):257-268.

[92] 张小玲,陶诗言,张庆云. 1998年7月20—21日武汉地区梅雨锋上突发性中-β系统的发生发展分析[J]. 应用气象学报,2002,13(4):385-397.

[93] 王建捷,陶诗言. 1998梅雨锋的结构特征及形成与维持[J]. 应用气象学报,2002,13(5):526-536.

[94] 金祖辉,陶诗言. 南海夏季风建立、活跃和中断期的特征[J]. 气候与环境研究,2002,7(3):267-278.

[95] 卫捷,陶诗言,张庆云. Palmer干旱指数在华北干旱分析中的应用[J]. 地理学报,2003,58(增刊):91-99.

[96] 张庆云,陶诗言. 夏季西太平洋副热带高压异常时的东亚大气环流特征[J]. 大气科学,2003,127(13):369-380.

[97] 陶诗言,赵思雄,周晓平,纪立人,孙淑清,高守亭,张庆云. 天气学和天气预报的研究进展[J]. 大气科学,2003,27(4):451-467.

[98] 吕达仁,王普才,丘金桓,陶诗言. 大气遥感与卫星气象学研究的进展与回顾[J]. 大气科学, 2003, 27 (4): 552-566.

[99] 高守亭,赵思雄,周晓平,孙淑清,陶诗言. 次天气尺度及中尺度暴雨系统研究进展[J]. 大气科学, 2003, 27 (4): 618-627.

[100] 张庆云,陶诗言,张顺利. 夏季长江流域暴雨洪涝灾害的天气气候条件[J]. 大气科学, 2003, 127 (16): 1018-1030.

[101] 徐祥德,陈联寿,王秀荣,苗秋菊,陶诗言. 长江流域梅雨带水汽输送源－汇结构[J]. 科学通报, 2003, 48 (21): 2288-2294.

[102] 张庆云,陶诗言,陈烈庭. 东亚夏季风指数的年际变化与东亚大气环流[J]. 气象学报, 2003, 61 (4): 559-568.

[103] 卫捷,张庆云,陶诗言. 近20年华北地区干旱期大气环流异常特征[J]. 应用气象学报, 2003, 14 (2): 140-151.

[104] 张庆云,卫捷,陶诗言. 近50年华北干旱的年代际和年际变化及大气环流特征[J]. 气候与环境研究, 2003, 18 (13): 307-318.

[105] 廖清海,高守亭,王会军,陶诗言. 北半球夏季副热带西风急流变异及其对东亚夏季风气候异常的影响[J]. 地球物理学报, 2004, 47 (1): 10-18.

[106] 张小玲,陶诗言,张顺利,张庆云. 1996年7月洞庭湖流域持续性暴雨过程分析[J]. 应用气象学报, 2004, 15 (1): 21-31.

[107] 卫捷,张庆云,陶诗言. 1999及2000年夏季华北严重干旱的物理成因分析[J]. 大气科学, 2004, 128 (11): 125-137.

[108] 张小玲,陶诗言,张顺利. 梅雨锋上的三类暴雨[J]. 大气科学, 2004, 128 (12): 187-205.

[109] 孙建华,卫捷,张小玲,陈红,赵思雄,陶诗言. 2003年夏季的异常天气及预测试验[J]. 气候与环境研究, 2004, 9 (1): 203-217.

[110] 陈隆勋,高辉,何金海,陶诗言,金祖辉. 夏季东亚和印度热带季风环流系统动能和对流扰动的纬向传播特征[J]. 中国科学（D辑）, 2004, 34 (2): 171-179.

[111] 孙建华,张小玲,齐琳琳,张高英,赵思雄,陶诗言. 2002年6月20—24日梅雨锋中尺度对流系统发生发展分析 [J]. 气象学报, 2004, 62 (4): 423-438.

[112] 张小玲,孙建华,陶诗言,赵思雄. 2002年8月湖南致洪强降水过程与成因分析 [J]. 气候与环境研究, 2004, 19 (13): 475-493.

[113] 孙建华,张小玲,齐琳琳,张高英,赵思雄,陶诗言. 2002年中国暴雨试验期间一次低涡切变上发生发展的中尺度对流系统研究 [J]. 大气科学, 2004, 128 (15): 675-691.

[114] 冯强,叶汝杰,王昂生,陶诗言,许焕斌,高守亭. 中尺度地形对暴雨降水影响的数值模拟研究 [J]. 中国农业气象, 2004, 25 (4): 1-4.

[115] 廖清海,陶诗言. 东亚地区夏季大气环流季节循环进程及其在区域持续性降水异常形成中的作用 [J]. 大气科学, 2004, 128 (16): 835-846.

[116] 高辉,陈隆勋,何金海,陶诗言,金祖辉. 亚洲赤道地区大气动能的纬向传播 [J]. 气象学报, 2005, 63 (1): 21-29.

[117] 孙建华,卫捷,张小玲,赵思雄,陶诗言. 2004年夏季的天气及预测试验 [J]. 气候与环境研究, 2005, 10 (1): 1-18.

[118] 卫捷,张庆云,陶诗言. 2004年夏季短期气候集成预测及检验 [J]. 气候与环境研究, 2005, 10 (1): 19-31.

[119] 陶诗言,卫捷. 再论夏季西太平洋副高的西伸北跳 [J]. 应用气象学报, 2006, 17 (增刊): 513-525.

[120] 梁丰,陶诗言,张小玲. 华北地区一次黄河气旋发生发展时所引起的暴雨诊断分析 [J]. 应用气象学报, 2006, 17 (3): 257-265.

[121] 孙建华,卫捷,赵思雄,陶诗言. 2005年夏季的主要天气及其环流分析 [J]. 气候与环境研究, 2006, 11 (2): 138-154.

[122] 卫捷,孙建华,陶诗言,张庆云. 2005年夏季中国东部气候异常分析 [J]. 气候与环境研究, 2006, 11 (2): 155-168.

[123] 张小玲,陶诗言,卫捷. 20世纪长江流域3次全流域灾害性洪

水事件的气象成因分析[J]. 气候与环境研究, 2006, 11 (6): 669-682.

[124] 卫捷, 陈红, 孙建华, 陶诗言, 张庆云, 赵思雄. 2006年夏季中国的异常气候[J]. 气候与环境研究, 2007, 12 (1): 1-7.

[125] 陈红, 卫捷, 孙建华, 赵思雄, 陶诗言. 2006年夏季主要天气系统及环流特征分析[J]. 气候与环境研究, 2007, 12 (1): 9-19.

[126] 陶诗言, 卫捷. 夏季中国南方流域性致洪暴雨与季风涌的关系[J]. 气象, 2007, 33 (3): 10-18.

[127] 吕俊梅, 张庆云, 陶诗言, 琚建华. 东亚夏季风强弱年大气环流和热源异常对比分析[J]. 应用气象学报, 2007, 18 (4): 442-451.

[128] 梁丰, 陶诗言. 1998年7月河套气旋强烈发展时的暴雨过程分析[J]. 应用气象学报, 2007, 18 (5): 577-585.

[129] 卫捷, 陶诗言, 梁丰. 2007年夏季中国大陆85°E以东的异常天气与气候[J]. 气候与环境研究, 2007, 12 (6): 699-712.

[130] 陶诗言, 卫捷, 张小玲. 2007年梅雨锋降水的大尺度特征分析[J]. 气象, 2008, 34 (4): 3-15.

[131] 张庆云, 陶诗言, 彭京备. 我国灾害性天气气候事件成因机理的研究进展[J]. 大气科学, 2008, 32 (4): 815-825.

[132] 布和朝鲁, 施宁, 纪立人, 卫捷, 陶诗言. 梅雨期EAP事件的中期演变特征与中高纬Rossby波活动[J]. 科学通报, 2008, 53 (1): 111-121.

[133] 陶诗言, 卫捷. 2008年1月我国南方严重冰雪灾害过程分析[J]. 气候与环境研究, 2008, 13 (3): 337-350.

[134] 卫捷, 陶诗言. 2008年1月南方冰雪过程的可预报性问题分析[J]. 气候与环境研究, 2008, 13 (3): 520-530.

[135] 陶诗言, 卫捷, 孙建华, 赵思雄. 2008/2009年秋冬季我国东部严重干旱分析[J]. 气象, 2009, 35 (4): 3-10.

[136] 陶诗言, 卫捷, 梁丰, 张小玲. Rossby波的下游效应引发我国高影响天气的分析[J]. 气象, 2010, 36 (7): 81-93.

著作（包括译著）

[137] 陶诗言. 高空分析与天气预告[M]. 北京：中央人民政府军事委员会气象局，1951.

[138] N.∏.梵脱洛夫著，陶诗言译. 锋生与高空变形场的改变[M]. 北京：人民革命军事委员会气象局，1953.

[139] A.A.巴邱林娜，B.A.杜尔克吉著，陶诗言，李琼芝译. 大气的锋[M]. 北京：财政经济出版社，1954.

[140] ∏.H.特纬尔斯柯伊著，李榆，杨鉴初，陶诗言，顾震潮合译. 苏联气象学发展简史[M]. 北京：财政经济出版社，1954.

[141] X.II.帕哥乡著，陶诗言，杨鉴初译. 大气环流[M]. 北京：财政经济出版社，1955.

[142] 陶诗言，赵煜佳，陈晓敏. 中国的梅雨[M]. 北京：中央气象局气象论文集，第4号，1958.

[143] A.∏.卡茨著，周恩济译，陶诗言校订. 中期天气预告[M]. 北京：中央人民政府人民革命军事委员会气象局印，1955.

[144] 杨鉴初，陶诗言，叶笃正，顾震潮. 西藏高原气象学[M]. 北京：科学出版社，1960.

[145] 叶笃正，陶诗言，朱抱真. 北半球冬季阻塞形势的研究[M]. 北京：科学出版社，1962.

[146] 陶诗言. 中国夏季副热带天气系统若干问题的研究[M]. 北京：科学出版社，1963.

[147] 陶诗言，杨鉴初，等. 平流层大气环流及太阳活动对大气环流影响的研究[M]. 北京：科学出版社，1964.

[148] 陶诗言，等. 中国夏季副热带天气系统若干问题的研究[M]. 北京：科学出版社，1965.

[149] Weather Bureau of United States.中国科学院大气物理研究所译. 陶诗言，丁一汇主要执笔翻译. 卫星云图在天气分析和预报中的应用[M]. 北京：科学出版社，1972.

[150] [美] 阿特金森著, 中国科学院大气物理研究所译 (陶诗言等译并校订). 热带天气预告手册 [M]. 上海：上海人民出版社, 1974.

[151] 陶诗言, 丁一汇, 乌元康, 蒋尚城, 范惠君, 方宗义. 中国气象卫星云图使用手册 [M]. 北京：农业出版社, 1975.

[152] 陶诗言, 等. 中国之暴雨 [M]. 北京：科学出版社, 1980.

[153] 陶诗言, 程纯枢, 王德辉. 中国自然地理·气候卷 [M]. 北京：科学出版社, 1984.

[154] 陶诗言, 等. 中国气候新论（原名中国气候概论）[M]. 台北：台湾明文书局, 1986.

[155] 陶诗言, 仇永炎. 中国大百科全书·大气科学海洋科学水文科学·天气学 [M]. 北京：中国大百科全书出版社, 1987.

[156] 陶诗言, 倪允琪, 赵思雄, 陈受钧, 王建捷, 等. 1998年夏季中国暴雨的形成机理与预报研究 [M]. 北京：气象出版社, 1998.

[157] 陶诗言, 陈联寿, 徐祥德, 萧永生主编. 第二次青藏高原大气科学试验理论研究进展（一）[M]. 北京：气象出版社, 1999.

[158] 陶诗言, M.R.里奇斯, 陈泮勤, 王纬强主编. 温室效应与气候变化研究 [M]. 北京：海洋出版社, 1999.

[159] 陶诗言主编. 涂长望文集 [M]. 北京：气象出版社, 2000.

[160] 陶诗言, 陈联寿, 徐祥德, 章国材主编. 第二次青藏高原大气科学试验理论研究进展（二）[M]. 北京：气象出版社, 2000.

[161] 陶诗言, 陈联寿, 徐祥德, 萧永生主编. 第二次青藏高原大气科学试验理论研究进展（三）[M]. 北京：气象出版社, 2000

[162] 陶诗言, 倪允琪, 赵思雄, 等. 1998年夏季中国暴雨的成因、机理和预报研究 [M]. 北京：气象出版社, 2001.

[163] 陶诗言, 周秀骥. 20世纪中国学术大典——大气科学 [M]. 福州：福建教育出版社, 2002.

[164] Tao S.Y., Chen L.S., Xu X.D., et al. The Second Tibetan Plateau Experiment of Atmospheric Sciences TIPEX-GAME/TIBET [M]. Beijing: China Meteorological Press, 2002.

[165] 陶诗言, 张小玲, 张顺利. 长江流域梅雨锋暴雨灾害研究 [M]. 北京: 气象出版社, 2004.

参考文献

[1] Tao S.Y., Chen L.S., Xu X.D., et al. The Second Tibetan Plateau Experiment of Atmospheric Sciences TIPEX-GAME/TIBET[M]. Beijng: China Meteorological Press, 2002.

[2] A. A. 巴邱林娜，B. A. 杜尔克吉著，陶诗言，李琼芝译．大气的锋[M]．北京：财政经济出版社，1954.

[3] N. Π. 梵脱洛夫著，陶诗言译．锋生与高空变形场的改变[M]．北京：人民革命军事委员会气象局，1953.

[4] X.II. 帕哥乡著，陶诗言，杨鉴初译．大气环流[M]．北京：财政经济出版社，1955.

[5] Π.H. 特纬尔斯柯伊著，李榆，杨鉴初，陶诗言，顾震潮合译．苏联气象学发展简史[M]．北京：财政经济出版社，1954.

[6] 白延铎，黄真，陶诗言．刘东生主编．中国科学技术专家传略·理学编·地学卷（3）．北京：中国科学技术出版社，2004，461-470.

[7] 陈洪鹦．中国当代地球物理学的开拓者——陶诗言[J]．国际地震动态，1993（7）．

[8] 陈宜瑜，路甬祥主编．国家自然科学一等奖获得者——陶诗言[A]．中国当代杰出的科学家选（图集）[C]．北京：清华大学出版社，2008，228-231.

[9] 当代中国丛书编委会．当代中国的气象事业[M]．北京：中国社会科学出版

社，1984.

［10］丁一汇. 陶诗言［A］. 中国现代科学家传记（第三集）［C］. 北京：科学出版社，1992，366-371.

［11］冯秀藻，中国气象学会召开第二届全国会员代表大会［J］. 科学通报，1954（10）：80-81.

［12］顾震潮. 大气环流［J］. 气象学报，1956，27（1）：73-76.

［13］胡永云. 我所知道的芝加哥学派［A］. 北京大学物理学院大气科学系编. 江河万古流——谢义炳院士纪念文集［C］. 北京：北京大学出版社，2007.

［14］［美］阿特金森. 中国科学院大气物理研究所译（陶诗言等译并校订）. 热带天气预告手册［M］. 上海：上海人民出版社，1974.

［15］全国热带夏季风学术会议文集编写组. 东南亚夏季季风研究会议论文［M］. 昆明：云南人民出版社，1983.

［16］任丽新，卫捷，张庆云. 北京：地震出版社，2007.

［17］陶诗言，M.R.里奇斯，陈泮勤，王纬强主编. 温室效应与气候变化研究［M］. 北京：海洋出版社，1999.

［18］陶诗言. 良师与机遇助我成功［A］. 科学的道路［C］. 上海：上海教育出版社，2005.

［19］陶诗言. 陶诗言自述［A］. 中国科学院院士自述［C］. 上海：上海教育出版社，1996.

［20］陶诗言，周秀骥. 20世纪中国学术大典——大气科学［M］. 福州：福建教育出版社，2002.

［21］陶诗言. 高空分析与天气预告［M］. 北京：中央人民政府军事委员会气象局，1951.

［22］陶诗言，等. 中国夏季副热带天气系统若干问题的研究［M］. 北京：科学出版社，1965.

［23］陶诗言，杨鉴初，等. 平流层大气环流及太阳活动对大气环流影响的研究［M］. 北京：科学出版社，1964.

［24］陶诗言，张小玲，张顺利. 长江流域梅雨锋暴雨灾害研究［M］. 北京：气象出版社，2004.

［25］陶诗言，等. 中国之暴雨［M］. 北京：科学出版社，1980.

［26］陶诗言，倪允琪，赵思雄，陈受钧，王建捷，等. 1998夏季中国暴雨的形成

机理与预报研究[M]．北京：气象出版社，2001．

[27] 陶诗言，等．中国气候新论（原名中国气候概论）[M]．台北：台湾明文书局，1986．

[28] 陶诗言主编．涂长望文集[M]．北京：气象出版社，2000．

[29] 陶诗言，陈联寿，徐祥德，章国材主编．第二次青藏高原大气科学试验理论研究进展（三）[M]．北京：气象出版社，2000．

[30] 陶诗言，陈联寿，徐祥德，萧永生主编．第二次青藏高原大气科学试验理论研究进展（二）[M]．北京：气象出版社，2000．

[31] 陶诗言，陈联寿，徐祥德，萧永生主编．第二次青藏高原大气科学试验理论研究进展（一）[M]．北京：气象出版社，1999．

[32] 陶诗言，仇永炎．中国大百科全书．大气科学海洋科学水文科学．天气学[M]．北京：中国大百科全书出版社，1987．

[33] 陶诗言，赵煜佳，陈晓敏．中国的梅雨（第4号）[M]．北京：中央气象局，1958．

[34] 徐国昌．风云春秋——为新中国气象事业而奋斗回忆录[M]．北京：气象出版社，2011．

[35] 杨鉴初，陶诗言，叶笃正，顾震潮，等．西藏高原气象学[M]．北京：科学出版社，1960．

[36] 叶笃正，陶诗言，朱抱真，杨鉴初，陈隆勋，等．北半球冬季阻塞形势的研究[M]．北京：科学出版社，1962．

[37] 中国科学院大气物理研究所．东亚季风和中国暴雨——庆贺陶诗言院士八十华诞[M]．北京：气象出版社，1998．

[38] 中国科学院大气物理研究所．庆贺陶诗言院士九十华诞专刊．大气科学[M]．北京：科学出版社，2007，31（6）．

[39] 中国科学院大气物理研究所，中央气象局气象台，北京大学地球物理系编著（陶诗言总编）．卫星云图使用手册[M]．北京：农业出版社，1975．

[40] Weather Bureau of United States．中国科学院大气物理研究所译（陶诗言，丁一汇主要执笔翻译）．卫星云图在天气分析和预报中的应用[M]．北京：科学出版社，1972．

[41] 中国科学院大气物理研究所所史编写组．创新结硕果，奋斗铸辉煌——纪念中国科学院大气物理研究所建所75周年[M]．北京：科学出版社，2003．

［42］中华人民共和国农业部计划司编. 中国农村经济统计大全［M］. 北京：农业出版社，1989.

［43］中国气象学会. 中国气象学会史［M］. 上海：上海交通大学出版社，2008.

［44］中国气象学会. 中国气象学会史料简编［M］. 北京：气象出版社，2002.

［45］李玉海. 竺可桢年谱简编（1890—1974）［M］. 北京：气象出版社，2010.

后记

　　探讨科学家学术成长轨迹并非是仅仅为了明了科学家的过去，而是为了更好地把握当前和面对未来。虽然陶诗言的成长历程并不能为当前所有的气象学问题提供详细的答案，然而却可以为我们某些研究提供新思路和新方法。可以说，陶诗言一生的学术成长轨迹是中国气象之未来发展可以借鉴的最好的史料之一。

　　很显然，陶诗言是"独领风骚而且是本土成长的一代气象学宗师"，是我国当代天气预报理论和实践方法的开拓者之一。在气象学诸多分支领域皆有杰出贡献。然而在此之前，其生活、工作、学术成长的脉络很少展示于众；今天，我们发现它是一座史料宝库。本报告整合了陶诗言的有关传记、学术成果、信件、手稿，特别是人物访谈以及诸多珍贵历史资料，力求全面完整还原陶诗言的人生轨迹和学术历程，折射现代中国的气象学学科发展的历史进程，是活生生的教科书。陶诗言的学术成长历程表明，特殊的历史和学术背景下，陶诗言孜孜不倦的勤奋努力是其成功的首要元素，老师的良好学术训练和同辈的帮助是其成功的重要保障，一定的机遇也是必不可少，然而机遇是建立在个人努力之上的。

　　陶诗言先生一生淡泊名利，默默奉献，品德高尚，堪为典范。他心系国家、超然专注的科学态度是他学术上不断进取，取得辉煌成就的关键。

在耄耋之年，陶诗言仍以"老骥伏枥，志在千里"的精神，继续为我国的大气科学事业作贡献，令笔者心扉涌动，激情难抑。陶诗言先生虽然已经谢世，但是他的精神将永远鼓励青年一代。

本报告在撰写过程中得到了陶诗言院士本人的大力支持，使得人物访谈和信息采集、实物收集得以顺利完成；陶诗言先生的众多学生、同行、助手、家人和朋友给予了多方的关怀与大力帮助，一并致以衷心的感谢！特别感谢丁一汇院士、徐国昌研究员、卫捷教授、陶礼光教授等对于这项研究工作的大力支持。《中国气象报》丁继武同志对初稿进行了部分修改，研究生倪志云、平亚敏等为资料采集和整理做了大量辛苦的工作。感谢浙江嘉兴实验小学、嘉兴一中、宁海中学、南京大学、南京气象局北极阁气象博物馆、南京第二历史档案馆、上海图书馆、中国科学院大气所档案馆和中国气象局图书馆、档案馆和国家图书馆等单位有关同志对资料采集提供的便利和帮助。在本书编写中，还参考了有关传记、书籍、学术评价等资料，由于版面有限，部分参考文献未能列入，文中叙述多处直接参考了陶诗言院士的论文，没有一一注明，谨向有关文献和著述的作者表示真诚的感谢。

陶诗言院士生前很支持气象史的研究，并为笔者所在研究团队题词"预祝中国气象史研究取得成功"。本书受到国家自然科学基金（41220001）资助，也是中国气象局支持的"气象科技史研究"总体框架下的一部分成果。希望本书的完成能为推进气象史的研究增添一抹细土。

陶诗言院士一生业绩卓著，其资料浩繁，由于水平有限，来不及详细逐一学习与汲取，行文中难免有遗漏或谬误之憾，由于笔者并非气象专业科班出身，"恶补"相关知识仍然不能准确把握大气科学的某些道理，对于少数气象知识理解可能有偏差，诚望读者、师长赐教匡正，对您的热心与真诚致以深深的谢意。

陈正洪　杨桂芳

2011 年 12 月于北京　一稿

2012 年 3 月于北京　二稿

2013 年 6 月　三稿